陕西师范大学出版基金资助、陕西师范大学
“211工程”三期重点学科建设项目资助

长安文化与中国文学研究

汉碑文学研究

何如月　著

商务印书馆

2010年·北京

图书在版编目(CIP)数据

汉碑文学研究/何如月著.—北京:商务印书馆,2010
(长安文化与中国文学研究)
ISBN 978-7-100-07123-9

Ⅰ.汉…　Ⅱ.何…　Ⅲ.碑文—文学研究—中国—汉代
Ⅳ.K877.424

中国版本图书馆CIP数据核字(2010)第067555号

国家"211工程"三期重点学科建设项目

《长安文化与中国文学研究》

长安文化与中国文学研究
汉碑文学研究
何如月　著

商务印书馆出版
(北京王府井大街36号　邮政编码100710)
商务印书馆发行
三河市尚艺印装有限公司印刷
ISBN 978-7-100-07123-9

2010年8月第1版　开本787×1092　1/32
2010年8月北京第1次印刷　印张　12 5/8

定价:28.00元

《长安文化与中国文学研究》编委会

《长安文化与中国文学研究》工作委员会

三老掾赵宽碑　立于灵帝光和三年(180 年),为圜首碑,上圆下方,碑首有藻饰。

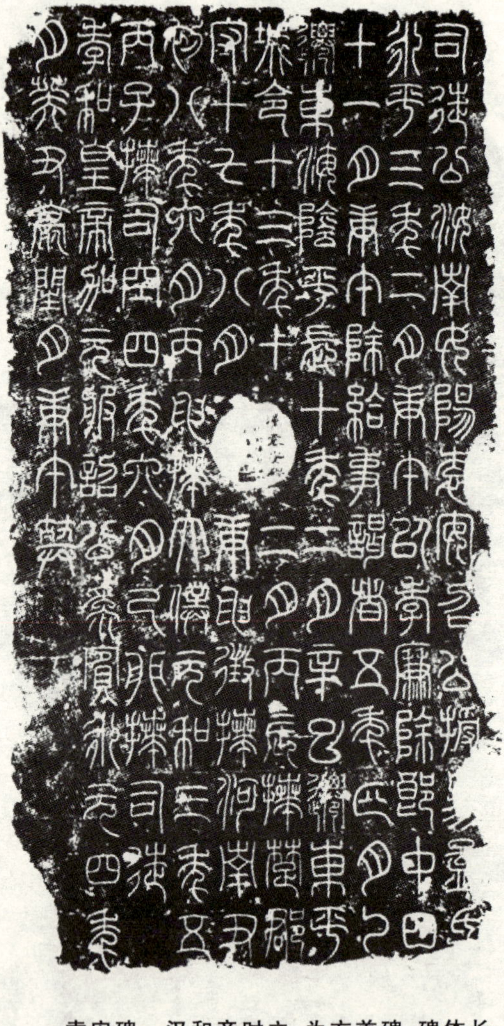

袁安碑　汉和帝时立，为方首碑，碑体长方形，无额，碑中部有穿，造型简朴，为东汉早期碑之代表。

鲜于璜碑　立于桓帝延熹八年(165 年),为圭形碑,上锐下方,形似玉圭,碑穿当碑首处,碑头有祥禽瑞兽装饰。

淳于长夏承碑　圭首之上有晕两重，自右至左，左复有一重晕，碑首有篆额三行。

车骑将军冯绲墓道石　上为朱雀，下为玄武。

孝廉柳敏碑阴　有麟、凤、牛首衔环、瑁、圭、璧、琮、璋、璜等祥瑞图像。

益州太守无名碑　上雕四神形象，上下为朱雀、玄武，左右为青龙、白虎。

不其令董恢阙之汉人墓祭画面

李翕碑　画五瑞形象

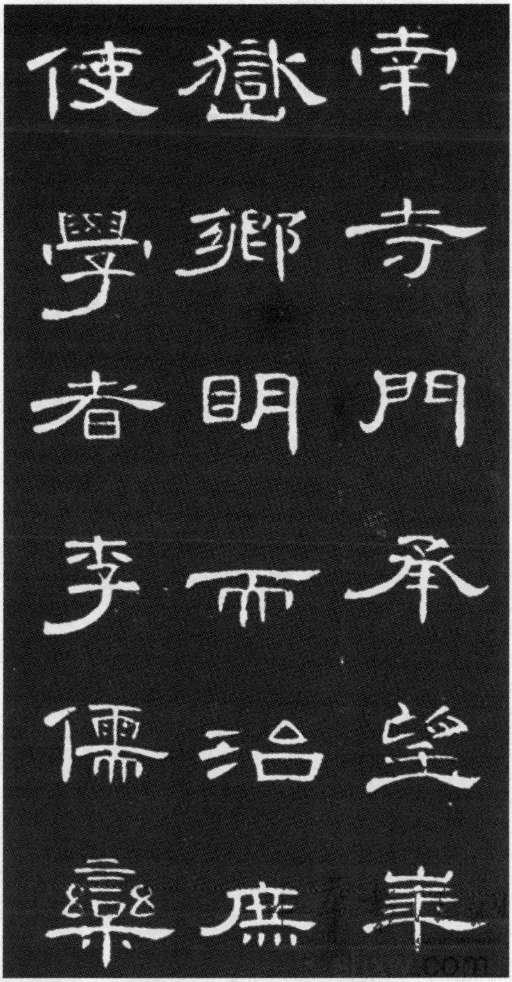

曹全碑　笔画藏头护尾，饱满精整，圆润秀丽，清逸洒脱，端庄沉劲，代表了汉隶典雅华美的艺术风格。

张迁碑　用笔以方为主，笔力雄厚，方劲沉着，结体高古，有粗犷稚拙之美。

乙瑛碑　结体方正，波折分明，端庄匀实，法度谨严，为汉隶成熟期的代表作。

石门颂　为汉代摩崖石刻，用笔遒劲沉着，灵活自如，书法谲奇，跌宕不羁，意气横生，素有汉隶“草书”之称，代表了奇纵恣肆的风格。

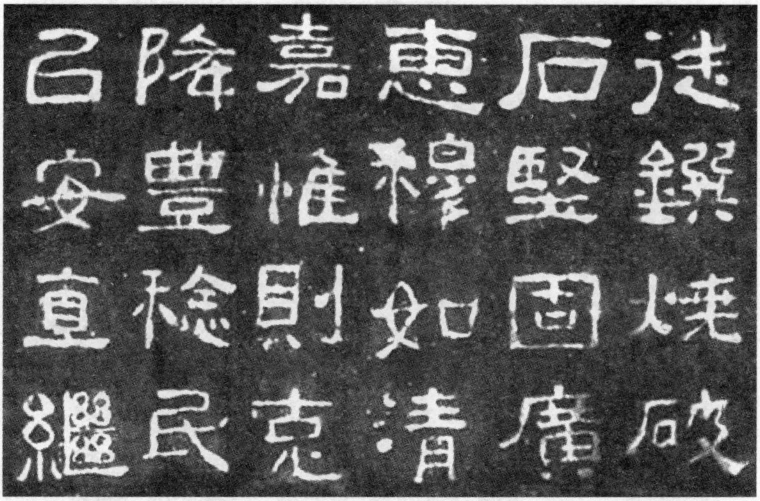

西狭颂　用笔方圆兼备，气象浑穆，古逸潇洒，在汉碑中别饶意趣。

山东嘉祥武梁祠堂壁画之节孝人物

山东嘉祥武梁祠堂壁画之生活场景

总　　序

长安是中国历史上建都朝代最多、历时最久的都市，先后有13个王朝建都于此，绵延1100余年，形成了辉煌灿烂的长安文化。长安文化具有多种特性。首先，它是一种颇具特色的地域文化，以长安和周边地区为核心，以黄土为自然生存环境，以雄阔刚健、厚重质朴为其主要风貌，这种文化精神一直延续到今天，仍然富有强大的生命力。20世纪中国文学的"陕军"、中国艺术的"长安画派"等，显示出独特的魅力，可以称之为"后长安时代"的文化。其次，它是一种相容并包的都城文化，既善于自我创造，具有时代的代表性，又广泛吸纳其他地区、其他民族的文化，也善于吸纳民间文化，形成多元化的特点。复次，它是中国历史鼎盛时期的盛世文化，尤其是周秦汉唐时期，是中国历史上的盛世，其所产生的文化以及对外的文化交流，代表了华夏民族的盛世记忆，不仅泽被神州，而且惠及海外。第四，它是历史时期全国的主流文化。由于长安是历史上许多王朝的都城，是当时政治文化的中心所在，以长安为核心形成的思想、文化，辐射到全国各地。第五，它是中国文化的源头，产生于中国历史的早期，是中国文化之根，对中国文化以及中华民族共有家园的形成具有不可估量的影响。

对长安文化进行研究，一直受到人们的重视，近年来更有了新的起色，尤其是“长安学”、“西安学”的提出，为长安文化的研究注入了新的时代因素，并受到海外学者的关注。陕西师范大学地处古都长安，研究长安文化是学术团队义不容辞的责任。为了深入挖掘长安文化的内在价值，探讨长安文化在中国文化、世界文化史上的地位，陕西师范大学文学院借国家“211 工程”三期建设重点学科之机，以国家重点学科中国古代文学为龙头，全面整合文学院学术力量，申报了“长安文化与中国文学”研究项目，获得国家教育部的支持。本项目的研究，一方面是要发挥地域文化的优势，进一步推动长安文化的研究，并且为当代新文化建设贡献力量；另一方面也为研究中国文学找到一个新的切入点和突破口，使文学研究有坚实的文化根基。这是一种新的视野和新的尝试，我们的研究主要有以下三个方向：

第一，长安文化与中国文学的演变

立足文学本位，充分发挥地理优势，以长安文化为背景，对中国文学进行系统研究。1. 长安文化与中国文学精神。主要研究长安文化的内涵、产生、发展、特征以及对中国文学精神所产生的影响。2. 汉唐文学研究。主要研究长安文化形成时期以《史记》和汉赋为代表的盛世文化的典型特征以及对后来长安文化的奠基作用，研究唐代作家作品、唐代文化与文学、唐代政治与文学等，探讨汉唐时期长安文化与中国文学之间的内在联系及其在中国文学史上的价值与意义。3. 汉唐文学的域外传播。主要对汉唐文学在域外的传播、汉唐文学对域外文化的影响、长安文化对域外文化的接受等问题进行全面研究。4. 古今文学演变。以长安文化为切入点,探讨长安文化辐射下"后长安时代"中国文学的发展规律以及陕西文学的内在演变。

确立本研究方向的依据在于,长安文化从本质上说是以周秦汉唐为代表的中国传统文化,具有深刻的内涵。本项目首先需要从不同的层面对长安文化进行理论总结和阐释,探讨长安文化对中国文学精神的渗透,在此基础上进一步探讨长安文化对中国文学演变所产生的重要影响。汉唐时代是中国文化的转折期,也是长安文化产生、发展乃至鼎盛的重要时期。所谓"汉唐雄风"、"盛唐气象"就是对这个时期文学的高度概括。不仅如此,汉唐文学流播海外,对日、韩等汉语文化圈国家文化产生了深远影响,研究域外传播,可以从新的角度认识汉唐文学及长安文化的价值意义。今天的古城长安(西安)以新的面貌出现在世界舞台,形成新的文化特征。通过古今文学演变研究,探讨、总结中国文学和陕西文学的发展规律,进而为长安学(或西安学)的研究奠定良好基础。

第二,长安与西北文化

立足于长安文化,突出地域文化特色。主要有:1. 西北重点方言研究。关中方言从汉代开始即对西北地区产生辐射作用,这种作用在唐代以后持续不断,明清两代更有加强。因此,西北方言与关中方言的关系极其密切。从古代直到现代,西北的汉语方言与藏语、阿尔泰语系诸语言发生接触,产生了一些重要的变异。对这些问题的研究是我们的任务之一。2. 秦腔与西北戏曲研究。在长安文化的大视野下研究长安文化对秦腔及西北戏曲形成发展的影响;同时以秦腔及西北戏曲为载体,研究戏曲对传播长安文化所起的作用,从而显现长安文化在西北民族文化精神铸造中的巨大作用。3. 西北民俗艺术与文化遗产保护与利用研究。主要研究西北民俗文化特征、形态以及对精英文化的影响,研究如何保护和利用文化遗产并为当代文化建设服务。

确立本研究方向的依据在于,加强西北地区代表性方言的研究,对西北方言史、官话发展流变史、语言接触理论研究等,都具有重大的理论和现实意义。秦腔是我国现存最古老的戏曲剧种之一,号称中国梆子戏家族的鼻祖,是长安文化的活化石。秦腔诞生于陕西,孕育于秦汉,发展于唐宋,成熟于明末清初,受到西北五省(区)人民的喜爱,已经入选我国首批非物质文化遗产推荐项目。西北民俗的中心在陕西,陕西民俗文化是西北民俗文化的发源和辐射中心地。陕西民俗文化作为民族传统文化形式,对社会个体和整个社会都有重要意义。同时,陕西曾是中国文化的中心之一,作为最早的游牧文化与农耕文化的交汇点,留下了许多宝贵的文化遗产,这包括物质文化遗产和非物质文化遗产两方面。对于这些遗产的整理、保护以及利用,不仅可以加速社会文化、经济等各方面的发展,也可以构建和完善中国文化的完整性。

第三,长安文化经典文献整理与研究

对长安文化经典文献进行整理与研究,主要内容有:1."十三经"的整理与研究。主要完成《十三经辞典》的编纂任务。之后,再进一步进行"十三经"的解读与综合研究,探讨经典文化在中国文学发展中的重要意义。2. 与长安文化有关的文学文献整理与研究。本项目拟对陕西尤其是关中地区的古代文学文献进行系统的整理(如重要作家的诗文集等),在此基础上进行综合研究。

确立本研究方向的依据在于,"十三经"与长安文化关系密切,保存了先秦时期的重要文献,尤其是《诗》、《书》、《礼》、《易》几部经典中的绝大部分内容,属于以丰镐为都城的西周王朝的官方文献。"十三经"既是早期长安文化的标志性成果,也是秦汉以来长安文化和中国文化的理论基础和思想渊源,内容涉及古代文化的许多方面,诸如天人合一的思维模式、天下为公的大同理想、以民为本的治国原则、和谐人际的伦理主张、自强不息的奋斗精神、重视德操的修身境界等等。这些思想、精神渗透在民族的性格与心理之中,具有强大的凝聚力。另外,长安文化形成时期,产生了许多经典文献,经、史、子、集均有保存。许多文人出生于长安,或游宦到长安,创作了大量的文学作品,对长安文化的形成起了重要作用,这是研究长安文化的基础,需要进行细致的整理。

围绕以上三个方向的研究,我们期望能对长安文化进行较全面的认识,尤其是对长安文化影响中国文学的诸多问题有开拓性的认识。在商务印书馆、中华书局、中和化德传媒有限公司、三秦出版社、陕西人民出版社等单位的大力支持下,我们拟把研究成果以不同的丛书形式出版,目前已启动的有《长安文化与中国文学研究》、《长安文献资料丛书》、《陕西方言重点调查研究》等。《十三经辞典》已经出版十卷,我们将抓紧时间完成其余工作,使其成为完璧。总之,通过"长安文化与中国文学"项目的实施,我们要在学术上创出新特色,在队伍上培养出新人才,使我们的学科建设再上一个新台阶,同时也为国家与地方文化建设及文化遗产保护做出一定的贡献。

"长安文化与中国文学研究"工作委员会

2009 年 11 月 22 日

目 录

绪　论

一、缘起

碑文是一种具有丰富历史文化内涵的文体形式，与人的生命的死亡紧密结合在一起，它以独特的语言和述颂方式，表达了对逝去生命的颂赞和哀悼之情，折射出生命所具有的丰富的色彩。它源于丧葬礼仪，兴起于汉代，是中国古代早期表达对生命死亡之情的文体样式，后世的丧悼类文体即由此拓展开来。

自汉代产生之后，碑文就成为历代文士写作的主要体式之一。"东汉则大行碑文，蔡邕为作者之首，后汉文苑之人，率皆撰碑。"[①]六朝以下，文人纷纷投身碑志写作，唐宋文人集子中碑文都占有很大比重。就流传下来的碑文数量而言，蔡邕有35篇，庾信有31篇，张说有80多篇，韩愈有75篇，欧阳修有111篇。仅从这些名家的碑志创作数量上，就可见识古代碑志文体地位之重要。这种本是适应古代殡葬制度而产生的应用文，经过蔡邕、韩愈等人的努力，取得了辉煌成就，从而进入了传记文学的殿堂。可以

① 范文澜：《文心雕龙注》，人民文学出版社1958年版，第232页。

说，碑文从汉代兴起，一直到清代，其影响遍及社会各个阶层，是应用最为广泛的实用文体之一。在今天流传下来的大量墓碑墓志中，名作甚多，有很多典雅优美的作品，包含着丰富的文学资料，具有很高的文学价值。

碑文不仅吸引了大量的文士投身创作，而且受到历代文论家及文选家的关注，在其文论著作及文章选集中都给碑文辟有一席之地，从南朝梁刘勰《文心雕龙》、萧统《文选》、李昉《文苑英华》、姚铉《唐文粹》、吕祖谦《宋文鉴》，到明代吴讷《文章辨体》、徐师曾《文体明辨》，清姚鼐《古文辞类纂》，都列有或收录"碑文"一类。从中我们可以看到，在古代的文学观念里，文学文体和实用文体并没有一条截然的界限，碑文等实用文体也是文学演进的重要组成部分。碑文作为一种特殊的文体自有其存在价值，它的地位不可动摇。

碑文成为专门的研究对象，是从宋代以来形成并日渐兴盛的金石学开始的。但在传统的金石学中，对碑文的探讨主要集中在对其文字、历史、书法、考古等方面的考察，而从文学角度观照碑、认识碑文的文学价值，还没有引起人们足够的重视。除了历代文论著作及各种文章选集中的零散探讨外，碑文的文体特征、文学价值极少受到关注。而到了现代，一些文学史研究者拘于现代的文学概念，把碑文这种在当时影响甚广的实用文体排斥在文学研究的范围之外，使得学术界对它的研究几乎是一片空白。这种以现代文学观念对古代文学进行切割的做法是极其不妥的，它不仅不符合古代文学发展的实际状况，而且人为限制了文学研究者的视野。

现代文学研究者首次接纳碑文，是在研究古代文体、古代散文史、古代传记文学史时，一些研究者在各自的相关研究领域对碑刻都有所论及(详见本书第六章第三节“历代汉碑的研究”)，反映了文学界对碑文的可喜关注。同时在文学研究中，碑文所具有的文学史料价值也开始受到重视。20世纪初，王国维先生提出了古史研究的“二重证据法”，即“取地下之实物与纸上之遗文互相释证”，这一方法在史学界影响深远，为古史研究打开了新的局面，而在文学界却似乎没有引起足够重视。尤其对于新出土的资料，考古界、史学界往往捷足先登，而文学研究者则“甚为隔膜”，无形中限制了自己的学术视野①。傅璇琮先生因此提出：“我们可以充分利用新中国成立以来的考古成果，从文学研究角度来从事考古成果的分析研究，开辟一门文学考古学。”②这是一个具有开拓意义的设想，他的《唐代诗人丛考》、《唐才子传校笺》等一些著作也都是在此理念指导下，充分利用考古资料尤其是出土碑文，把文献资料和考古资料密切结合，考证唐代诗人的生平游历及文学事件、文学风气，从而为唐代文学研究开辟了新的视角。傅璇琮先生所谓的文学考古学实际上是“二重证据法”在文学领域的应用，他的这种尝试与探索在唐代文学研究中结出了丰硕的成果，也受到了文学研究者的关注。戴伟华、韩理洲、陈尚君等学者也纷纷撰文论述出土墓志与文学研究的关系。这些都体现了碑

① 刘跃进：《咸阳碑刻·序》(李慧、曹发展编)，三秦出版社2004年版，第1页。

② 傅璇琮：《唐刺史考全编·序》(郁贤皓编)，安徽大学出版社2000年版，第6页。

志文献对于文学研究视野的拓宽有着重要的影响[①]。

在这种风气影响下,近年来出现了有关碑文文学研究的一些文章,主要表现为两种形式,一种是沿着傅璇琮所开辟的途径,利用碑文所记载的资料对作家研究,考证文学家的生平交游;另一种是对个别文学名家的碑文创作艺术进行探讨评价。它们基本上是近年来的一些散篇文章,数量很少,大致不超过二三十篇,而且相对集中于唐以后的张说、韩愈、欧阳修、元好问等几位名家名作上,其中尤以探讨韩愈碑文艺术的文章为最多。这两者大体都着眼于唐代及其唐以后的碑文,对于唐以前的碑文则关注较少。

而在碑文发展历史上,汉代是极为重要的一环,是中国古代碑刻发展的原点和古典[②]。碑文兴起于汉代,是汉代文人创作中除诗、赋之外最重要的一种文体形式。汉碑奠定了碑文文体的基本体式和规范,并且树立了碑文正体的典范,是碑刻发展史上的第一个高峰。“从文体发展的角度看,中国古代文学史可视为各类文体孕育形成和发展演变的历史,也是各类文体之间相互作用、互相渗透、不断衍生出新品种的历史。正是这种经由各时代创作活动所引发的文学体类的自动和互动,促进了文学形式的创新、繁衍,并与它们所承载和表现的历史事件、作家情感等内容一起,共同构成缤纷复杂的中国古代文学的发展史。”[③]对于汉碑的

① 上述诸君均有相关文章可供参考,戴伟华:《出土墓志与唐代文学研究》,《传统文化与现代化》1998年第4期。韩理洲:《新出土墓碑志在唐代文史研究方面的学术价值》,《唐代文史研究》第7辑,广西师范大学出版社1998年版。陈尚君:《新出石刻与唐代文学研究》,日本《中国文学研究》第28期,2002年12月,第1—27页。

② 〔日〕永田英正:《汉代石刻概说》,《文物春秋》2002年第5期。

③ 郭建勋:《先唐辞赋研究》,人民出版社2004年版,第81页。

研究,不仅能使我们了解碑文文体在汉代的最初生成、发展的历史及其存在状况,有助于展现汉代文学发展的历史全貌,而且对于考察整个碑文文体的演进、揭示古代文学发展的一般规律都有着重要意义。

对于汉碑的文学研究,除了历代文论著作的零散探讨、近代学者刘师培《汉魏六朝专家文》对其有较多涉及外,由于碑文特殊的文体限制,使得现代学术界对它的研究非常欠缺。不仅专著阙如,单篇论文亦不多见。近年来,随着文体研究日成热点,碑文也受到注目。从一些博士、硕士论文选题中均可看到碑文研究的升温。其中与汉代碑文有关的一些论文,从不同侧面对汉碑进行了探讨,其中不乏从文学和文化的角度对汉碑予以审视观照的①。但相对于汉碑的文学成就和历史地位来说,这些研究是远远不够的,有待于进一步的开拓和深入。正因如此,笔者选择"汉碑文学研究"为关注对象,意欲在此领域做一些探索。笔者试图将汉碑作为一种文学现象和文学形式,在汉代宏阔的历史文化背景下,以文学的眼光对汉碑进行全面系统的审视和评价,考察碑文文体的渊源和产生、发展、成熟的过程,它的内容、形式特征、语言特色、艺术手法、所承载的文化观念以及汉碑的接受和影响等,在尝试建构汉碑文学主体框架的过程中,勾勒出汉碑发展的全貌,从而进一步揭示碑文文体演变的一般规律,为汉代文学史的研究提供更多动态的、细致的资料。这正是本书的意义和目的所在。

---

① 详见本书第六章第二节之"汉碑在唐前的经典化进程"。

二、范围

碑，有广、狭两种含义，从广义来说，它泛指多种形制的石刻文字。这些石刻文字统称为碑。叶昌炽《语石》云："凡刻石之文皆谓之碑，当是汉以后始。"[①]从狭义来讲，它仅仅指许多石刻种类中为死者歌功颂德的一种文体。本书对碑的界定，即属于后一种。作为一种文体研究，需要关注以下几个方面：

首先，要考察碑文在古代作为文体形式的存在状况。

在唐以前，碑文或碑作为一种文体形式似乎并无异议。陆机《文赋》曰："碑披文以相质，铭博约而温润。"碑在此已经彻底脱离了铭，正式作为一种文体亮相。之后挚虞《文章流别论》、范晔《后汉书》、刘勰《文心雕龙》、萧统《文选》都列有碑或碑文[②]一体。但是到宋代孙何，开始提出不同的看法，认为碑作为文体名称不妥。孙何《碑解》云："碑非文章之名也，盖后人假载其铭耳。铭之不能尽者，复前之以序，而编录者通谓之为文，斯失矣。陆机曰：碑披文而相质。则本末而无据焉。"[③]清纪昀表示赞同："碑非文名，误

---

① 叶昌炽撰，柯昌泗评：《语石　语石异同评》，中华书局 1994 年版，第 151 页。

② 《后汉书》列传著录传主各种文体著述，有碑作者大多称为"碑"，仅有《后汉书》卷 70《孔融传》、卷 80《张超传》称"碑文"，《文选》亦以"碑文"列为一体。其余如刘熙《释名》、陆机《文赋》、挚虞《文章流别论》、刘勰《文心雕龙》等均直接称"碑"。明吴讷《文章辨体序说》列"碑"，徐师曾则作"碑文"。可见碑文与碑同体异名，"碑"为"碑文"之省称。

③ 徐乾学：《读礼通考》卷 98"丧具"，文渊阁《四库全书》影印本，第 114 册，第 358 页。

始陆平原,孙何纠之,拔俗之识也。"[①]赵翼云:"碑有序有铭,谓之碑文碑铭可也,直谓之碑则非也。"[②]近代刘师培继承了这种观点,他说:"树碑之风,汉始盛行,而东都尤甚。惟乃刻石之总名,而非文体之专称。……盖凡刻石皆可谓之碑,而非文章之一体,与铭箴颂赞之类不同。惟以铭体居十之六七,故汉人或统称碑铭,碑则刻石,铭则文体也。"[③]这些观点都强调碑只是一种铭器,不能作为文体名称,而对碑文作为文体名称则并无异议。

以上学者的观点,自然有一定道理,以碑作为文体名称是否妥当,也确实值得商榷。但是自从《文赋》、《文心雕龙》以"碑"称此类文体之后,其说相沿既久,如若必绳以古义,亦未免太过拘泥。因此后世学者论及此文体时,或称"碑",或称"碑文",往往两存。

碑首先是作为一种书写载体而存在的。就其书写内容和功用而言,碑大致可以分为三种:纪功碑文、宫室庙宇碑文和墓碑文。纪功碑文是用来记述某人或某一次重大历史事件之功业;宫室庙宇碑文主要是用来记载建筑兴建的缘由和经过;墓碑文则是记述死者生前事迹并兼诉悼念、称颂之情的。就其文辞而言,有铭、颂、叙、记、诔、诗等。因此,碑作为铭器,从内容、形式、功用都具有很大的包容性,难于以一种文体形式来笼括。从广义而言,碑文的包容性的确很大,仅用"碑文"一体来概括和涵盖所有形式的刻铭之碑是远远不够的。后代文体学著作因而在"碑文"大类

① 詹锳:《文心雕龙义证》,上海古籍出版社 1989 年版,第 447—449 页。

② 赵翼:《陔余丛考》卷 32"碑表志铭之别"条,中华书局 2006 年版,第 684 页。

③ 刘师培:《中古文学论著三种》,辽宁教育出版社 1997 年版,第 165 页。

之下，又据功用细分出墓碑、墓碣、纪功碑等若干类。

但是，“一种书写载体，在其演进中，因受特定的社会文化背景的影响，会突出某种特殊的功用，并由此形成一种固定的形制，一种较为稳定的表达形式，这种形式，常因器立名，并为人们所接受”。[①] 墓碑文即是如此。从汉代碑刻的发展状况来看，以碑文来特指墓碑，应该是大多数人能够接受的。

汉代社会，受儒家思想观念影响，重死崇丧，厚葬父母、敬传其名以崇孝心的意识不断加强。当人们出于厚葬之风、留名心理、孝道观念、墓祀需要等而树碑勒铭时，墓碑文这种文体在社会行为与社会需求的直接推动下开始出现了。门生故吏为其长官、子孙为其父祖、弟子为其师尊、士人为其友朋立碑撰文，叙述逝者事迹，昭明逝者功德，使之永垂不朽。这种形式既涵养着孝悌哀思，又使亡者的德行成为一种榜样，垂范后昆，体现了儒家立德立功立言以求不朽的生命价值观念。同时它负载着儒家的忠孝礼义思想，具有敦风厉俗的社会效应，故而在崇名重孝的东汉社会中，它一经产生便迅速流行。在汉代碑碣云起的热潮中，树碑表墓是当时刊石的主要方式，墓碑作为碑家族中的主力，在其发展演变过程中，已形成特定的外观形制、较为固定的语体规范和写作格式、一大批投身其中的文人学士，因此，从汉代开始，碑文就有了很强的指代性——墓碑文，人们主要以碑来指代墓碑文。

从汉代的具体情况来看，汉碑中称其所刻文辞为铭者居多，亦有称诔、称颂、称记、称叙者；蔡邕为碑文创作大家，创作的汉碑

---

① 黄金明：《汉魏晋南北朝诔碑文研究》，人民文学出版社 2005 年版，第 3 页。

数量最多、文学性最高、影响最大，他有一部专门论述碑文起源和性质的论著，称为《铭论》，可见在汉代，“碑为铭器，铭实碑文”是当时的普遍观念，人们并不以“碑”来命名刻石之文字，而多以“铭”来指代墓碑文。随着树碑铭墓之风的日益兴盛，人们便开始以碑来指代这种特定的文体形式。东汉刘熙《释名》述碑云：“碑，被也。此本葬时所设也。施辘轳以绳被其上，以引下棺也。臣子追述君父之功美，以书其上，后人因焉。故建于道陌之头，显见之处，名其文，就谓之碑也。”[①]由刘熙此语可知，碑此时已有铭刻之器、铭刻之文双重含义。而从陆机开始，碑、铭始分，以碑作为碑上文辞之专称。在其后各种文论和文集的分类中，碑、铭、诔等文体均判然两途，各不混淆的，可见这已经成为一种相沿成习的惯例。人们主要以碑来指代墓碑文。《文选》把碑文列为一体，选文五篇，四篇为墓碑文；刘勰《文心雕龙》也将碑文列为一体，论述碑的起源、演变，“自庙徂坟，以石代金”，可见这里碑专指墓碑而言。在“选文以定篇”中，所列举者全为墓碑文。显然，刘勰之碑文指的就是墓碑文，而不包括纪功碑在内。可见在六朝人的观念中，碑作为一种书写载体的含义虽仍存在，但同时以碑或碑文来指代墓碑文显然也已经为大多数人所接受。

因此，本书便从汉代碑刻的实际情况出发，采用六朝文论家的观点，以碑指代墓碑文，研究的主要对象为汉代的墓碑文。

其次，文体是一种语言形式，但它并不是纯语言现象，人类的生存环境与精神需求才是文体形态创造和发展的内在的原因。

---

① 刘熙：《释名》卷6《释典艺》，文渊阁《四库全书》影印本，第221册，第413页。

"时代和群体选择了一种文体,实际上就是选择了一种感受世界、阐释世界的工具。"①对于一种文体而言,影响它兴盛的原因有两个:文体内部构成因素的变化与外部社会系统的影响。外部社会系统为文体发展提供了物质基础,社会行为与需求直接推动文体的兴盛,社会文化及精神风貌制约着文体发展等等。任何一种文学式样兴起与演变,都离不开其特定的文化背景。尤其考察实用文体,更应着眼于其社会功能和实际需要。因此,考察碑文文体,首先便离不开对东汉社会文化背景及作为传播载体的碑石及其演变的考察。

再次,一种文体的形成及其演变,不仅有特定的社会文化背景,而且有其自身生成及衍变的规律。因为任何一种新文体的产生,都是先在的所有文学因素共同作用的结果,它往往是两种或两种以上语言形式结合的产物,而一种文体形成后,在发展中,由于社会的需要,又常与其他语言形式结合,产生出新的文体形式。因此,探讨汉碑文体形式的产生形成,与汉碑发展演变紧密联系的一些文体,如铭文、诔文、颂文等与碑志之间的关系也将纳入本书的研究范围。

从文体内部构成因素来看,无论是表达方式、形式结构,还是语言特点、题材内容,它们自身都处于不断变化之中。这些因素之间又是互相影响、互相作用的。当某种因素居于主导地位,或特别活跃,同时符合某一时期社会生活和人们审美心理时,某种形式的文体就兴盛;反之就会约束文体的发展,使其走向衰落。

---

① 吴承学、沙红兵:《中国古代文体学学科论纲》,《文学遗产》2005年第1期。

因而对汉碑的文体特征的探讨,必须进一步考察其语言形式,汉碑的语言特色、艺术手法、文体结构也是研究的重要内容。

此外,任何一种体裁都有自身的本色和规范,胡应麟认为"文章自有体裁,凡为某体,务须寻其本色,庶几当行"[①]。碑文文体的要求既要如实记录,又要歌功颂德,这是对一个人的盖棺之作,一般由家人以重金请能文之士撰作。如何在文华与质实之间、纪实和揄扬之间调和,使"碑披文以相质"、衔实以佩华,蔡邕的碑文创作树立了典范。因此,通过剖析蔡邕碑文创作实践,来探讨影响碑文创作的诸因素,客观评价蔡邕的碑文创作成就,对于汉碑的历史定位至关重要。

最后,在文学史发展长河中出现的每一种文体形式,不仅是一种语言存在,同时也是一种文化存在,有着深刻的民族文化印记,是群体性格和审美情趣的反映与结果[②]。诚如赵爱国所言:"语言总是在文化发展的各个阶段完整地、协调地反映文化,并将其固定下来,时代相传,成为民族文化和知识的载体与集体经验的贮藏器。"[③]碑文是一种颂赞死者德勋、抒发哀悼之情的文体形式,透过含有文化色彩的碑文语言,可以考见当时人们的社会观念和风俗礼制。碑文是丧葬制度的产物,它集中反映了中国古代的孝道观念、伦理观念及礼制风俗等;它又是与死亡联系在一起的文体形式,与人的生命意识、价值观念结合最紧密,它的变化和兴衰,直接体现了人的价值观念、生命意识的变化,对同时的文学

---

① 胡应麟:《诗数》内编卷1,上海古籍出版社1958年版,第21页。

② 郭建勋:《先唐辞赋研究》,第84页。

③ 赵爱国:《应用语言文化学概论》,上海外语教育出版社2003年版,第33页。

演变都有很大影响。因此,对于碑文所蕴涵的深层文化观念的分析,将有助于揭示碑文发展的内在动因。

三、方法

本书的主要研究对象是汉代的碑文,这种镌刻在石碑上纪念死者、歌功颂德的特殊文体,决定了它的研究方法的特殊性。

其一,文学的体裁及其体式规范是人类在长期文学实践过程中的产物,它从萌芽、产生到成熟往往经过漫长的历史进程,是集体长期创作实践和理论探索相结合的结果。文体的形成及演变既有其自身的规律,它又是特定社会的产物。因此在研究中,不仅要关注文体作为语言形式,其自身的生成演变规律,又要考察语言形式之下丰富的人文内涵及社会文化观念,努力揭示文体的演变与语言的演变、社会价值观念之间的有机联系,以求更加深入地考察了解碑文文体的特质、社会文化内涵、文体演变的规律及过程。

其二,碑文是铭刻于石的一种实用文体,除了历代金石学著作的著述之外,在古代文人的文集中也收录有汉碑的一些内容,这些都为研究汉碑提供了丰富的文献资料。同时,我国至今还保存有大量的古代碑石,一些新的碑刻也陆续出土。因此在研究中,尽量将传统金石学研究同文学研究结合起来,把历史文献的研究和考古发现、碑刻考察及其辨伪结合起来,互相补充印证,尽可能确保资料的广泛、完整和可靠,力求使考论结合,论从史出,令人信服。

其三，在具体研究中，努力将宏观和微观结合起来。对于汉碑的各个不同方面特征的探讨都是放在东汉社会的大背景下，从宏观纵向考察其发展演变，以揭示其逻辑演进的过程及文体的形成演变规律，但这种考察是以每个具体时段的某些作品、作家的分析研究为基础的；把碑文研究置于同时期的文体、文学中加以考察，揭示文体自身的特征及发展轨迹；尽量全方位、多角度地对汉碑进行研究，在探讨汉碑文体的渊源、演变及其文化意蕴的研究主体之外，也对汉碑的接受与影响，汉碑的文字、史学、书法等方面的价值进行阐述，以期对汉碑的把握更加宏观和全面。

总之，本书的汉碑文学研究，意欲在研究视野的多角度与综合观照下对汉碑进行考察，将汉碑置于汉末宏阔的历史文化背景下，采用文学研究的方法和史学研究的手段，以碑文文本和史实资料为依据，在当时具体的社会政治背景、社会风尚与历史遗存风物中进行探赜索隐，从而力求还原汉碑发展演变的历史轨迹，展现汉代文学的历史全貌。

第一章　汉碑兴盛的社会背景

文体的形成及其演变既有文体自身的原因,又有其产生和发展的社会文化背景。社会文化背景对文体的兴衰的影响主要有以下几点:首先,社会生产力的提高,为文体的发展提供了物质基础。其次,社会行为与需求直接推动文体的兴盛。第三,社会文化及精神风貌也制约着文体的兴衰。从文体创作主体作家的角度来看,任何一个作家都生活在文化之中,是文化的产物,社会精神风貌影响了他的心理趋向。他只能在所处社会的特定文化规范中从事创作。文体作为创作的结果,其兴衰理所当然要受到社会文化的制约。汉代碑文就是在一种特定的社会文化背景下、在一种特殊的载体(碑)中形成的一种文体形式,作为一种饰终之礼文,它与东汉丧葬制度、丧葬礼俗紧密结合在一起,并深受汉代崇儒重孝文化思想的影响。而它刻于碑石之上,是与当时人们认为"物不朽者莫不朽于金石"的观念有关。因而对汉代碑文形成及兴盛原因、碑文的形成过程、碑文职能的探讨,首先便离不开对东汉社会文化背景及作为传播载体的碑石及其演变的考察。

第一节　厚葬之风的推动

关心遗体并进行安葬,是人类特有的行为。自从人类进入阶级社会后,随着物质生产的进步和社会财富的积累与分化,人们在丧葬上也就产生了等级与厚薄之分。厚葬表现了统治者要永远延续统治和享乐的企求,以及对财富的占有欲。厚葬之风在汉代之前即在统治集团中广泛存在,但是从丧葬规模之大、全社会从事人群之众及对社会生活产生的影响之深来看,汉代却是绝无仅有的。

厚葬之风的形成首先必须有一定的经济基础作保证。西汉王朝建国初期,由于此前多年的战乱,造成社会经济的凋敝,以致“天子不能具醇驷,而将相或乘牛车”①。当时连皇帝都无法厚葬,史载汉文帝治霸陵“皆瓦器,不得以金银铜锡为饰,因其山,不起坟”②。汉高祖、惠帝、高后、文景时期致力于恢复社会生产,同时推行黄老思想,采用无为而治的政策,与民休养生息。由于这些政策符合了久遭战乱之苦的人们的内在要求,顺应了社会历史的发展规律,故社会生产很快得到了恢复。至汉武帝初年,“国家无事,非遇水旱之灾,民则人给家足,都鄙廪庾皆满,而府库余货财,京师之钱累巨万,贯朽而不可校。太仓之粟陈陈相因,充溢露积于外,至腐败不可食。众庶街巷有马,阡陌之间成群”③。史书记载或许有溢美之词,但是它所反映出的西汉中期经济发展、国富民强的社会状况应该是不容置疑的。

财富的空前积聚,为厚葬提供了保证。统治者率先大兴厚葬之风。史载,“汉天子即位一年而为陵,天下贡赋三分之,一供宗

① 《汉书》卷24《食货志》,中华书局1996年版,第1127页。

② 《汉书》卷4《文帝纪》,第134页。

③ 《史记》卷8《平准书》,中华书局1973年版,第1420页。

庙，一供宾客，一充山陵”[①]。新皇帝即位一年后，要从每年所得的贡赋中拨出三分之一来修建皇陵。汉武帝在位54年，其所修茂陵规模居汉代诸帝陵之上，而且“多藏金钱财物，鸟兽鱼鳖，牛马虎豹生禽，凡百九十物”[②]。上行下效，帝王陵墓豪奢，贵戚豪族也争相厚葬。迄今发现的西汉诸侯王陵墓，如湖南长沙的马王堆汉墓、江苏徐州的楚王陵墓群、河北满城的中山靖王刘胜及其夫人窦绾的陵墓、山东曲阜九龙山的鲁王陵墓，其葬制规模之宏大，令人震撼，无疑耗费了巨大的人力物力。随着土地兼并势力的发展，自元帝以后大土地占有制完全形成，各地豪强地主大兴墓室、祠堂有了根本的保证，厚葬之风也愈演愈烈。《盐铁论·散不足》谓当时“厚资多藏，器用如生人”，“富者积土成山，列树成林，台榭连阁，集观增楼。中者祠堂屏阁，垣阙罘罳”[③]。

东汉时厚葬之风更为盛行，桓、灵之时，风气益炽。王符《潜夫论·浮侈》对此颇有描述：“今京师贵戚，郡县豪家，生不极养，死乃崇丧，或至刻金镂玉，檽梓楩柟，良田造茔，黄壤致藏，多藏珍宝偶人车马，造起大冢，广种松柏，庐舍祠堂，崇侈上僭。宠臣贵戚，州郡世家，每有丧葬，都官属县，各当遣吏赍奉，车马帷帐，贷假待客之具，竞为华观。”[④]墓室祠堂愈加崇侈，随葬之物多且珍

① 《晋书》卷60《索琳传》，中华书局1974年版，第1651页。

② 《汉书》卷72《贡禹传》，第3071页。

③ 王利器：《盐铁论校注》卷6《散不足》，中华书局1992年版，第353页。

④ 王符生卒年月不可考，据《后汉书》卷79《王符传》云“与马融、窦章、张衡、崔瑗等友善”，这几人中，马融卒于桓帝延熹九年（166年），最晚辞世。张衡卒于顺帝永和四年（139年），崔瑗卒于顺帝汉安二年（143年），与窦章等均主要活动于顺帝时期。《王符传》末载度辽将军皇甫规解官归里、符往谒见事，皇甫规解官归里，在桓帝延熹五年，由此可以推知王符主要活动于顺帝至桓帝之时。则其撰《潜夫论》有可能在桓帝时。

贵，而会葬赙赠之仪也“竞为华观”，从木材的选取到运输、工匠雕治，“计一棺之成，功将千万”，而在当时，“东至乐浪，西至敦煌，万里之中，相竞用之”。灵帝时吕强上疏陈事曰：“今外戚四姓贵幸之家及中官公族无功德者，造起馆舍，凡有万数，楼阁相接，丹青素垩，雕刻之饰，不可单言。丧葬逾制，奢丽过礼，竞相仿效，莫肯矫拂。”[①]豪贵之家送死奢靡，费工伤农、劳民伤财，造成国家财富的极大浪费。

豪族贵戚竞相崇侈，平民百姓亦习染其风，倾其所有以厚葬，处境更加悲惨：“今百姓送终之制，竞为奢靡，生者无担石之储，而财力尽于坟土；伏腊无糟糠，而牲牢兼于一奠，糜破积世之业，以供终朝之费，子孙饥寒，绝命于此。”[②]之所以如此，是由于当时社会崇尚孝道、厚葬为孝的观念非常流行。早在西汉时，桓宽就对厚葬造成的弊端予以抨击：“今生不能致其爱敬，死以奢侈相高；虽无哀戚之心，而厚葬重币则称以为孝，显名立于世，光荣显于俗。故黎民相慕效，至于发屋卖业。”[③]而到了东汉时期，这种“畏死不惧义，重死不顾生，竭财以事神，空家以送终”[④]的陋俗更趋流行。崔寔批评道：“乃送终之家，亦大无法度。至用辒梓黄肠，多藏宝货，飨牛作倡，高坟大寝，是可忍也，孰不可忍？而俗人多之，咸曰健子，天下跂慕，耻不相逮。念亲将终，无以奉遣，乃约其供养，豫修亡殁之备。老亲之饥寒，以事淫汰之华称。竭家尽业，甘

① 《后汉书》卷78《宦者列传》，第2530页。
② 《后汉书》卷2《明帝纪》，第115页。
③ 王利器：《盐铁论校注》卷6《散不足》，第354页。
④ 黄晖：《论衡校释》卷23《薄葬篇》，中华书局1990年版，第962页。

心而不恨，穷阨既迫，起为盗贼，拘执陷罪，为世大戮，痛乎此俗之刑陷愚民也。”[①]具有讽刺意味的是，崔寔强烈反对厚葬，而他却做出了自己极力抨击的事情，据《后汉书》载：“寔父卒，剽卖田宅，起冢茔，立碑颂，葬讫资产竭尽，因穷困，以酤酿贩鬻为业，时人多以此讥之，寔终不改。”[②]崔寔父遗令薄葬，而崔寔却空家以送终，既逆父志，又违己愿，可见习俗传统熏染之烈。而顺帝时大将军梁商临终告诫儿子梁冀说：“衣衾饭琀玉匣珠宝之属，何益朽骨？”要求“气绝之后，载至冢舍，即时殡敛；敛以时服，皆以故衣，无更裁制。殡已开冢，冢开即葬。祭食如存，无用三牲”。遗嘱如此，在当时实为少有的爽快！他认为“在生无以补益朝廷”，“岂宜重为国损”，人既死，何必耗费朝廷帑藏？可事与愿违，“诸子欲从其诲，朝廷不听，赐以东园朱寿之器、银镂、黄肠、玉匣、什物二十八种，钱两百万，布三千匹”。皇后亦出钱五百万、布万匹。“及葬，赠轻车介士，赐谥忠侯。中宫亲送。”葬之前，顺帝亲临丧；送葬时，“帝幸宣阳亭，瞻望车骑”[③]。赗赠之厚前所未有，皇后亲自送葬、皇帝目送，场面之大、礼仪之隆，也不是随便什么官吏能够办到的。树欲静而风不止，想矫俗薄葬，阻力可想而知。

由于厚葬给社会和民众带来严重的影响与危害，因此汉代皇帝屡次下诏禁止厚葬之风，光武帝建武七年诏书云：“世以厚葬为德，薄终为鄙，至于富者奢僭，贫者殚财，法令不能禁，礼仪不能

---

① 严可均校辑：《全上古三代秦汉三国六朝文》之《全后汉文》卷46，中华书局1958年版，第724页。

② 《后汉书》卷52《崔寔传》，第1731页。

③ 《后汉书》卷34《梁商传》，第1177页。

止,仓卒乃知其咎。其布告天下,令知忠臣孝子慈兄悌弟薄葬送终之义!”①从中可知,当时的厚葬之风屡禁不止,连当政者也感到无可奈何。之后,在明帝永平十二年(69 年),章帝建初二年(77 年),和帝永元十一年(99 年),安帝永初元年(107 年)、永初五年(111 年),皇帝均曾下诏禁止厚葬,这种现象恐怕史无前例。但此风靡弊,已经积重难返。

在厚葬的社会热潮中,人们对丧葬的重视已经不仅体现在物质上的追求,如陵墓的宏大壮观、随葬物的丰厚、墓上建筑的奢丽、各种葬仪的隆重。在儒家思想的影响下,丧葬的精神意义日益凸显。于是人们在墓前大树碑志,用文字表示对逝去生命的礼赞,颂扬亡者德迹,抒发悼念之情,以崇孝子之心。从现存资料可以看到,在和帝时就已经出现了这种述亡颂德的墓碑。而到了厚葬之风最盛的桓、灵时期,树碑铭墓活动也达到高潮。上至达官显贵,下至庶民孩童,死后竞相立碑。从表面来看,碑之兴起和厚葬确实存在着某种联系,碑是在厚葬之风的推动下而产生的,厚葬是碑的物质前提。但从深层原因来说,碑的出现更主要是由于社会心理和社会需求的推动。

经济发展为厚葬提供了物质条件。但厚葬之风的发展又极大削弱了经济基础,尤其在东汉后期黄巾起义后,战乱不绝,民不聊生,而汉以来,送死奢靡,耗费民力。在“白骨露于野,千里无鸡鸣”的状况下,社会已经没有物力、人力从事厚葬,而薄葬观念在经历了诸多有识之士的提倡宣扬之下已经渐入人心,厚葬之风在汉末失去

① 《后汉书》卷1《光武帝纪》,第51页。

了物质和精神的基础。建安十年(205 年),曹操下令禁止厚葬、禁立碑[①],厚葬之风骤然消歇,作为厚葬的产物,树碑勒铭也随之衰落。

第二节 孝悌观念的催化

厚葬本是鬼神观念的产物,人们相信人死后灵魂不灭,故而随葬以物品器具,供其在另一世界中享用。汉人信鬼,“世俗内持狐疑之议,外闻杜伯之类;又见病且终者,墓中死人来与相见,故遂信是,谓死如生。闵死独葬,魂孤无副,丘墓闭藏,谷物乏匮,故作偶人以侍尸柩,多藏食物,以歆精魂”。[②] 这种世俗观念在一定程度上促进了厚葬之风。但是更具决定作用的还是儒家所倡导的孝悌观念。

孝悌观念是汉代丧葬礼俗的理论核心和指导思想。孝悌是孔门弟子道德培养的基本要求,“入则孝,出则悌”。只要人人能够孝悌,孔子所希冀建立的仁爱和谐世界就能出现。“其为人也孝弟,而好犯上者,鲜矣;不好犯上,而好作乱者,未之有也。君子务本,本立而道生。孝悌也者,其为仁之本与!”[③]正是由于看到孝悌对于治国安民的重要作用,因此统治者大力提倡以孝治天下,孝悌观念在汉代空前强化。不仅皇帝的谥号前加一“孝”字(汉高祖刘邦和光武

---

① 沈约:《宋书》卷 15《礼志》云:“汉以后天下送死奢靡,多作石室、石兽、碑铭等物。建安十年,魏武帝以天下凋敝,下令不得厚葬,又禁立碑。”中华书局 1974 年版,第 407 页。

② 黄晖:《论衡校释》卷 23《薄葬篇》,第 961 页。

③ 杨伯峻:《论语译注》,中华书局 1980 年版,第 2 页。

帝刘秀除外）以示倡导，而且国家具体的政治运作，如在教育、取仕甚至法律条文中都渗透着浓厚的孝悌观念。这种情况的出现，与独尊儒术有极大的关系。董仲舒以“三纲”学说把孝悌上升到统治理论的高度，他在韩非的理论基础上更进一步地发挥，依据他阴阳五行学说中阳尊阴卑的理论，明确提出了“君为臣纲、父为子纲、夫为妻纲”的三纲说。这不仅深化了前人的孝道观，强调新型社会伦理标准的权威，使孝道正式成为封建专制统治的工具；同时也使汉代的孝道神秘化、迷信化，导致愚孝的出现。

汉代统治者提倡孝道，视之为一切道德的根本及修身治家的准绳、行政治国的指导，通过很多途径来大兴其孝悌治国之道。

首先，《孝经》立于学官，成为士子的必读之书。汉武帝时立有五经博士，后来又增加《论语》、《孝经》成为七经。《孝经》阐述儒家“孝道”，内容包括尊敬和赡养父母，忠于君主，教化民众，致丧过世的父母，按礼祭祀先祖，和睦兄弟等等，其核心在“善事父母”，以达到在家行孝，出门尽忠。《孝经》认为孝是人的品德之根本，事亲孝，即可事君忠，由修身治家可推及治国为政。以孝治天下，就能避免犯上作乱，使上下无怨，天下和平，从而达到社会秩序的安定和睦。诚如学者所言：“孝道使家庭、家族内部可以不经行政干涉而保持通畅、亲和的关系”，“在国家的直接行政管理可能达不到的广大乡村地区，民众的自我治理，乃是实现天下安宁、社会稳定足以凭藉的主要力量”①。这一点，正是为统治者所极其欣赏和渴求的，既然孝能够作为政治统治的有效手段，因此统治者极力推扬。《孝经》被列为

---

① 于迎春：《秦汉士史》，北京大学出版社 2000 年版，第 383 页。

经典,孝的思想通过这一经典形式在社会上广为传布,成为社会的主导思想之一。不仅汉代皇帝要读《孝经》[①],《孝经》亦为教育太子的教材[②],从中学习以孝治天下的统治方法。汉明帝时甚至“自期门羽林之士,悉令通《孝经》章句,匈奴亦遣入学”[③]。《孝经》曰:“爱敬于事亲,而德教加于百姓。”统治者读《孝经》,可以从中学习为政之道;民众读《孝经》,则可以移风易俗,改变心性。《孝经》如此有益教化,因而被推广普及到社会各阶层,其作用亦被无限放大。诵读《孝经》,凶人即成孝子[④];诵读《孝经》,可以消灾避邪[⑤];诵读《孝经》,甚至可以退兵却敌[⑥]。

---

① 《汉书》卷7《昭帝纪》载昭帝诏书云:“朕以眇身获保宗庙,战战栗栗,夙兴夜寐,修古帝王之事,通《保傅传》、《孝经》、《论语》、《尚书》,未云有明。”第223页。

② 《汉书》卷53《景十三王传·广川惠王刘越传》:“去即缪王齐太子也,师受《易》、《论语》、《孝经》皆通,好文辞、方技、博弈、倡优。”第2428页。

③ 《后汉书》卷32《樊宏传》附樊准传云孝明皇帝垂情古典,游意经艺,“期门、羽林介胄之士,悉通《孝经》。博士、议郎一人开门,徒众百数。化自圣躬,流及蛮荒,匈奴遣伊秩訾王大车且渠来入就学”。第1126页。

④ 郝经:《续后汉书》卷69《仇览传》载:览为蒲亭长,境内有母子不谐。览初到,亭人有陈元者,独与母居,违养道,忤母,母诣览告元不孝。览惊曰:“吾近过舍庐,整顿耕耘以时,此非恶人,当是教化未至尔。母守寡养孤,苦身投老,奈何肆忿于一朝?欲致子以不义乎?”母闻,感悔涕泣而去。览乃亲到元家,为陈人伦孝行,譬以祸福,因贻《孝经》一卷,使诵读之,元深自悔责,拜母床下,曰:“元少孤,为母所骄。谚曰:孤犊触乳,骄子骂母。元今自改。”母子更相向泣,元遂修孝道,卒成佳士。

⑤ 袁宏:《后汉纪》卷26载:献帝初平元年四月,尚书令王允奏以《孝经》避邪,诏答王允:“闻王者当修德尔,不闻孔子制《孝经》,有此而却邪者也。”

⑥ 《后汉书》卷111独行传《向栩传》云:会张角作乱,栩上便宜,颇讥刺左右,不欲国家兴兵,但遣将于河上,北向读《孝经》,贼自当消。《后汉书》卷87《谢弼传》载,灵帝时郎中谢弼上封事陈得失云:“昔周襄王不能敬事其母,戎狄遂至交侵。孝和皇帝不绝窦后之恩,前世以为美谈。礼为人后者为之子,今以桓帝为父,岂得不以太后为母哉?《援神契》曰天子行孝,四夷和平,方今边境日蹙,兵革蜂起,自非孝道,何以济之?”可见以孝道来弥除兵革,本为《孝经》之宣扬,并非一人之论。

这些对《孝经》作用的夸大有时虽看似荒谬，但从另一方面反映出汉代对于《孝经》的热衷和推崇，体现了《孝经》在汉代历史上的深刻影响。

其次，政府不仅提倡孝道，而且褒奖孝行。两汉时期，全国性的表彰孝悌就达几十次之多，地方性的褒奖更无从详记①。

于官员，则或增封户邑，或赏赐粮物。

章帝元和中《制诏齐相》曰："谏议大夫江革，前以病归，今起居如何？夫孝，百行之本，众善之始也。国家每惟忠孝之士，未尝不及革也。县以谷千斛赐巨孝，常以八月长吏存问，致羊一头，酒二斛，以终厥身，以显异行，如有不幸，祠以中牢。"②

顺帝永建二年《增封东海王臻诏》："东海王臻以近藩之尊，少袭王爵，膺受多福。未知艰难，而能克己率礼，孝敬自然，事亲尽爱，送终竭哀，降仪从士。寝苫三年，和睦兄弟，恤养孤弱，至孝纯备，仁义兼弘。朕甚嘉焉。夫劝善厉俗，为国所先。曩者东平孝王敞兄弟行孝，丧母如礼，有增户之封。诗云：永世克孝，念兹皇祖，今增臻封五千户，俭五百户，光启土宇，以酬厥德。"③

于庶民，则立碑旌表。《都乡孝子严举碑》载，严举有孝行，为父服丧，哀毁过礼，因此地方长官"长思褒大其义，造□□□□□□□□□善慕类君子之伦，共立碑表，勒石述叹，以章其

---

① 此处依据孙筱《汉代孝的观念的变化》一文所述，原载《孔子研究》1998年第3期。

② 《后汉书》卷39《江革传》，第1303页。

③ 《后汉书》卷42《东海恭王传》，第1426页。

芬[1]”。《后汉书·列女传》载会稽上虞县有孝女曹娥，父溺于江，不得尸骸。娥年十四，号哭不已，遂赴江而死。元嘉元年，县长度尚改葬娥于江南道旁，树碑表墓，以彰孝行。《水经注》卷40亦录载此碑。不仅政府官员为现实生活中的孝子典范立碑，而且在汉代一些造像艺术如画像石墓、祠堂中，亦往往刻画历史中的忠臣、孝子、贞女形象，如《武梁祠堂画像题字》第十一幅："曾子□孝，以通神明。贯感□祇，著乎朱方。"第十三幅："老莱子，楚人也。事亲至孝，衣服斑连。婴儿之态，令亲有欢，君子嘉之，孝莫大焉。"[2]这些做法均旨在彰扬仁孝，传播孝行，感化民众，以益政教。

再次，政府以"孝廉"察举，用利禄劝孝。选官从汉代起，孝不仅作为证明一个人品德的重要标准而被正式写入正史，《汉书》、《后汉书》的人物传记中已每每述及其孝行，从《晋书》始，正史中又单列"孝子传"一目，专记一代著名孝子的孝行，以示对孝的褒奖和宣扬；而且孝成为评价人物、察举官员的重要依据和标准，亦是从汉代首开其风的。从汉武帝时期开始施行"察孝廉"的制度，《汉书·武帝纪》云："元光元年冬十一月，初令郡国举孝廉各一人。"[3]颜师古注曰："孝谓善事父母者；廉谓清洁有廉隅者。"民众如有孝顺父母、清洁廉正者，即可有资格被郡守荐举给中央政府，由中央政府分发任用，被荐举者即称做"孝廉"。在科举制尚未建立的汉代，孝廉制度无疑是一条进入仕途的重要门径。因此孝廉

① 《隶释 隶续》，中华书局1986年版，《隶续》卷11，第394页。
② 《隶释》卷16，第167页。
③ 《汉书》，中华书局1962年版，第160页。

一科在汉代深受重视，历朝皇帝大都有关于察举孝廉的诏书（安帝、桓帝、献帝都曾下诏举至孝）。孝廉是汉代官员引以为荣的晋身之阶，在汉碑中，叙及墓主履历时往往提及其曾被察举孝廉，并且有一门之中先后有五孝廉甚至八孝廉之记载[①]，可见汉人对于孝廉出身之崇敬向往。

孝既是统治者加强统治、稳定社会的手段，更是一般人的仕进之途、求名之具。政府之褒扬、利禄之吸引，使得汉代重孝之风大盛。而行孝的集中表现，是在对父母的事生送死之中，生极其养，死能慎终。在东汉，孝最为重要的方面就是慎终，即对于父母死后丧祭的重视。

儒家重视丧葬，主张"事死如事生，事亡如事存"。孔子罕言天命鬼神，但对临终丧祭极其重视。子曰："生，事之以礼；死，葬之以礼；祭之以礼。"[②]又云："慎终追远，民德归厚矣。"[③]孔子主张丧葬以礼，并不提倡竭财以葬亲，《礼记·檀弓上》记载："子游问丧具，夫子曰：称家之有亡。子游曰：'有无恶乎齐？'夫子曰：'有毋过礼。苟亡矣，敛手足形，还葬，县棺而封，人岂有非之者哉？'""子路曰：'伤哉，贫也！生无以为养，死无以为礼也。'孔子曰：'啜菽，饮水，尽其欢，斯之谓孝。敛手、足、形，还葬而无椁，称其财，斯谓之礼。'"[④]孔子认为亲人在世时即使啜菽饮水、粗茶淡饭，只

---

① 《隶释》卷9《北军中侯郭仲奇碑》云："君惠兄竹邑侯相，次尚书侍郎，次济北相，顺弟临沂长，次徐州刺史，次中山相，次洛阳令，咸以孝廉。"连郭仲奇在内，一门共有八人察举孝廉，足以为荣。第99页。

② 杨伯峻：《论语译注》，第13页。

③ 同上书，第6页。

④ 杨天宇：《礼记译注》，上海古籍出版社2004年版，第89页。

要能使其精神愉悦,就是孝;而死后殓葬仅能包裹身形,很快出葬而无椁,但只要做到和自己财力相称,就是符合礼。一切以自己的财力衡量,不要过礼厚葬。但孔子事死如生、丧祭以礼的重丧观念还是引导了人们厚葬以尽孝的行为。《淮南子·氾论训》云:"夫弦歌鼓舞以为乐,盘旋揖让以修礼,厚葬久丧以送死,孔子之所立也。"[①]直接以厚葬之制为孔子所立。孔子之后,孟子、荀子皆主张厚葬,《孟子·公孙丑下》记孟子厚葬其母,并解释曰:"古者棺椁无度。中古,棺七寸,椁称之。自天子达于庶人,非直为观美也,然后尽于人心。不得不可以为悦,无财不可以为悦,得之为有财,古之人皆用之,吾何为独不然?且比化者,无使土亲肤,于人心独无恔乎?吾闻之也,君子不以天下俭其亲。"[②]孟子认为,厚葬非为观美也,而是要尽孝子之心。荀子也说:"夫厚其生而薄其死,是敬其有知而慢其无知也,是奸人之道,而倍叛之心也。""事生不忠厚、不敬文谓之野,送死不忠厚、不敬文谓之瘠。"[③]儒家的这些思想和主张为厚葬之风提供了伦理依据。丧葬主哀,祭祀主敬,慎终追远,是儒家所强调的一贯精神。汉代从汉武帝起,"罢黜百家,独尊儒术",儒家思想成为正统思想,从而对汉代社会政治的各个方面都产生了重要影响。汉代的丧葬制度、丧葬礼俗、丧葬观念无不体现了这种影响。这种重丧厚葬之思想,随着统治者对儒家孝的推扬,随着经学正统地位的确立和兴盛,逐渐成为汉代人们的普遍观念。

---

① 刘文典:《淮南鸿烈集解》,中华书局1989年版,第436页。

② 杨伯峻:《孟子译注》,中华书局2005年版,第98页。

③ 王先谦:《荀子集解》,中华书局1988年版,第359页。

汉人以厚葬相尚，对长者养生葬死，生尽其欲，死更厚葬，成为孝道标准。尤其在东汉，社会风气更是“世以厚葬为德，薄终为鄙”[①]。统治者丧葬奢丽，务崇华侈；庶民百姓也往往倾其所有。不仅推崇营葬时的竭尽财力，而且重视孝子守丧时哀毁过制[②]。对此史书往往不惜笔墨，极力宣扬：

《后汉书·崔寔传》载：“（寔）父卒，剽卖田宅，起冢茔，立碑颂。葬讫，资产竭尽，因困穷，以酤酿贩鬻为业。”[③]

《后汉书·韦彪传》云：“彪孝行至纯，父母卒，哀毁三年，不出庐寝。服竟，羸瘠骨立异形，医疗数年乃起。”[④]

此类事例在史传中不胜枚举，从中不难看出汉人重丧厚葬的观念之浓厚。风气所及，流弊乃生，有不少厚葬者，只是为沽名钓誉而已，以此博得孝子的美名，以达到“举孝廉”、跻身仕途、名利双收的目的。所以王符《潜夫论·务本篇》论曰：“养生顺志，所以为孝也。今多违志，俭养约生以待终。终没之后，乃崇饰丧纪以言孝，盛飨宾旅以求名。诬善之徒，从而称之。此乱孝悌之真行，而误后生之痛者也。”[⑤]厚葬非为观美，本以尽孝子之心，展悲哀之情，诚而不伪，但最终成为某些人求名逐利之手段，导致厚葬轻生，这大概是主张厚葬的儒家先师们所未曾料到亦不愿看到的。

---

① 《后汉书》卷1《光武帝纪》，第51页。

② 此亦非圣人之本意。《礼记·杂记下》：“子贡问丧。子曰：‘敬为上，哀次之，瘠为下，颜色称其情，戚容称其服。’又子曰：‘守丧，毁瘠为病，君子不为。’”可见孔子反对哀毁过礼之举。

③ 《后汉书》卷52《崔寔传》，第1731页。

④ 《后汉书》卷26《韦彪传》，第917页。

⑤ 王符撰，汪继培笺：《潜夫论》，上海古籍出版社1978年版，第19页。

而这是在经学笼罩一切、孝道被高度推扬并作为衡量一个人道德标准及选官依据的汉代社会屡屡出现的独特景观。

儒家重视送死，便有专门的丧葬之礼和饰终之文出现。《荀子·礼论篇》曰："故丧礼者，无它焉，明死生之义，送以哀敬而终周藏也。故葬埋，敬藏其形也；祭祀，敬事其神也。其铭、诔系世，敬传其名也。事生，饰始也。送死，饰终也。终始具而孝子之事毕，圣人之道备矣。"[①]《礼记·祭统》云："铭者，自名也，自名以称扬其先祖之美，而明著之后世者也。为先祖者，莫不有美焉，莫不有恶焉，铭之义，称美而不称恶，此孝子孝孙之心也，惟贤者能之。"[②]在敬藏其形、敬事其神之后，最重要的就是敬传其名。树德建言，扬名后世，这种追求名声的思想，本是士大夫在儒家道统影响下所共同具有的一种传统的处世观念。孔子本人也非常重视自己的名声，并将其与光宗耀祖、孝敬父母联系起来："立身行道，扬名于后世，以显父母，孝之终也。"立身扬名以显父母是一种孝行，而父母亡后赞勋述德，使其懿范令问传之不朽，亦是孝子之情，因此赞勋述亡之铭、诔应运而生，显扬先祖，以崇孝心。

《谷梁传》云："孝子扬父之美，不扬父之恶。"称述先祖、扬善隐恶被视为孝行。在儒家的理解中，孝子贤孙的任务就是延续父母的肉体和精神生命。父母死后他们有责任将父母的德行宣扬后世。如果祖先有美德而子孙不知，或知而不传，是不明智和不仁义的事情，这在君子看来是应该感到耻辱的。受此影响，汉人

---

① 王先谦：《荀子集解》，第371页。

② 杨天宇：《礼记译注》，第646页。

亦具有浓厚的颂亡者之德以崇孝子之心的思想观念，于是表墓铭功之碑文出现了。

碑文的产生，是古人普遍渴望不朽的明证，是子孙将祖先业绩以文字的形式刻于能够不朽的石碑之上，宣泄对死者的感情，表达对死者的怀念。这种源于尽孝动机而产生的文体，它的各部分内容也就体现了孝文化的不同层面。墓碑的内容，主要记载死者的世系、行治、卒葬、铭文等事项。首先，世系的排列体现出孝的最基本含义，表明祖先的个体生命借助于后代香火的延续而绵绵不绝，得到永生。其次，行治的罗举，则体现出孝的更深刻的含义——延续父母与祖先的高级生命。在儒家思想里，人只有在现实世界中创造生存的价值，立德、立功、立言，在精神上对后人产生久远的影响，他的存在才可以超越有形的死亡而获得永恒。立德、立功、立言是为了实现个体社会价值，以期传不朽之名。而树碑的目的同样也是为了使亡者"芳烈奋乎百世，令闻显于无穷"[①]，使其名垂后世，正好契合了人们渴望死而不朽的心理冲动和理念信仰。那么孝子慈孙通过书写亡者德行于坚固难朽的碑石之上，便做到了延续父母的高级生命，从而实现了更高层次的孝道。再次，卒葬情况的记述，突出对亡者后事的谨慎郑重；而碑文最后的韵语铭文，多表达对亡者的褒扬颂赞、抒发亲友的哀思，它的作用，或昭示碑主品德，或教育后代，或寄托哀思，体现出浓厚的人伦亲情。可以说，汉代碑文从产生到其题材内容都体现出儒家孝道观念的影响，它适应了君主"以孝治天下"的需要，因此除了少

---

① 严可均校辑：《全后汉文》卷78，第884页。

数历史时期外，它基本上受到了历代统治者的青睐。

当厚葬立碑成为丧葬礼制的重要内容，在东汉全社会范围流行开来之后，碑的功能已经从单纯的丧葬用品扩大到其他方面，碑的记事、颂功、旌表等其他政治教化功能被极大挖掘，品种和种类不断丰富，碑家族异军突起，一个碑碣云起的时代由此到来。

第三节　墓祀习俗的影响

受儒家思想的激励，东汉时人们竞相厚葬，并产生了强烈的赞亡铭功意识。然而先秦时的铭器原本是放置于宗庙宫廷之内，而汉代则铭德于碑，立于墓前，这种从宗庙到墓地的场所变化，是与东汉时的陵寝制度和墓祀习俗有密切的联系的。

从夏商开始，帝王不仅生前营造豪华的宫殿，还要建造死后宏大的陵墓。帝王陵墓都按照家族血缘关系，实行"子随父葬，祖辈衍继"的埋葬制度，集中在一个地区，在陵墓群周围通常还划出一定的地带作为保护控制的范围作为陵区。东周时期出现了陵园，大多数陵墓四周挖掘隍壕或夯筑围墙，或利用天然沟崖作屏障，形成相对独立的陵园。园内除陵墓外，尚无其他附属建筑。到了秦朝，建立起中国历史上第一个统一的、中央集权的封建制国家，在制度上也多有创建，秦始皇开创了陵寝制度。陵园仿照秦都咸阳建造，大体呈"回"字形，陵墓周围筑有内外两重城垣，陵区内有大型的地面建筑寝殿、便殿、园寺吏舍等遗址。寝和庙相对应，最初出现在宗庙建筑中。宗庙是皇帝祭祀祖先的地方，地位非常重要，类似出征之类的军国大事必须在宗庙中禀告祖先然后才做出决定。宗庙前部为“庙”，安放祖先神位，按时祭祀，后部为“寝”，安放祖先衣冠及生活用品，如同活着一样祭祀，这跟宫殿的前朝后寝一样。

古代宗庙原本建在都邑中，但自秦始皇在墓侧起寝殿之后，汉代亦延续了此种做法，并有所发展。《汉书》云：“京师自高祖下至宣帝，与太上皇、悼皇考各自居陵旁立庙，并为百七十六。又园中各有寝、便殿。日祭于寝，月祭于庙，时祭于便殿。寝，日四上食；庙，岁二十五祠；便殿，岁四祠。又月一游衣冠。”[①]陵园中有供祭祀用的寝殿、便殿等建筑，以及供奉陵园的各种人员居住的房屋，庙宇建在陵墓旁边。西汉时寝殿一般建于陵园之中，陵墓之前，是作为侍奉墓主灵魂日常生活起居的处所；而庙建于陵园之外，大规模的祭祀典礼多在庙中进行。据考古发掘，西汉诸帝庙大体在距离墓 300—400 米处，随地势而定。之所以如此改革是为了方便先帝的灵魂从陵墓赶到宗庙中接受祭祀，因为他们相信，死者的灵魂是在寝中活动嬉戏的[②]。

西汉中晚期以后，随着社会经济的发展，经济上的殷实使生活上的奢华成为可能；儒家“事死如生”的思想观念又导致厚葬之风在社会中蔓延。皇帝陵园有寝殿和庙宇可供祭祀，上行下效，世族豪强也开始设立墓园，在墓地建筑坟丘祠堂，以备祭奠。《汉书·张禹传》载：“禹年老，自治冢茔，起祠室。”[③]《汉书·霍光传》

---

① 《汉书》卷 73《韦贤传》，第 3115 页。

② 杨宽：《中国古代陵寝制度史研究》，上海人民出版社 2003 年版，第 22 页。

③ 《汉书》卷 81，第 3350 页。

云:“(光薨)发三河卒穿复土,起冢祠堂,置园邑三百家。”[1]类似记载处处可见。而《龚胜传》云:“胜因敕以棺敛丧事:‘衣周于身,棺周于衣,勿随俗动吾冢,种柏,作祠堂。’”[2]龚胜特嘱子孙勿效仿时人,在墓地种柏,作祠堂,可知西汉末年墓地筑祠已经浸以成俗。随着豪强大族在社会上和政治上的势力不断发展,为了巩固大族利益,加强宗族团结,他们把墓祭作为一种手段,在上墓祭祀祖先时,往往召集宗族、聚会宾客、约见故人。使原来宗庙的功能开始转移到墓祠上,祠堂逐渐成为家族宗教、政治、礼仪活动的中心。此风东汉时更盛,富贵之家,不仅普遍在墓地建筑高大的坟丘和祠堂,祠堂多以石建筑,雕梁画栋;而且坟前立有石阙及石人、动物石像,刻镂精丽,以示排场和富有[3]。

东汉皇帝和大臣原本均是豪强大族出身,他们原来都建有祖坟和祠堂,因此也非常重视墓祠。至明帝时对陵寝制度进行改革,把原来豪强大族的上墓、祠堂祭祀的办法加以扩大而移置陵园之中,创立了上陵之礼。此举之用意是为了把代表豪强大族势力的公卿百官和各郡官吏团结在东汉皇帝的周围,从而巩固统治。汉明帝不但把每年元旦公卿百官会集朝贺皇帝的“元会仪”和原来宗庙中最主要的“酎祭礼”这两种隆重的典礼一并移至陵寝举行;并且对宗庙制度进行了改革,废除了西汉时期在“陵旁立庙”的制度,取消为每个祖先独建一庙的做法,把历代神主汇集到一个祖庙之中,实行“同堂异室”的供奉办法,使得陵寝的地位在

---

① 《汉书》卷68,第2948页。

② 《汉书》卷72,第3085页。

③ 杨树达:《汉代婚丧礼俗考》,上海古籍出版社2000年版,第110—129页。

祭祀中大大超过了宗庙。从此以朝拜和祭祀为主要内容的陵寝制度就完全确立了。

东汉明帝创立的上陵之礼,是对礼制的一次重大改革。徐乾学《读礼通考》卷94辑录上陵礼的资料,有按语说:"汉不师古,诸帝之庙不立于京师而各立于陵侧,故有朔望及时节诸祭,此实祭庙,非祭陵也。又皆祠官致祭,天子不亲行,即世祖(光武帝)祭长安诸陵,止因巡幸而祭之,亦非特祭。其率百官而祭于陵,实自明帝始也。"[①]确如徐氏所说,西汉时期在"陵旁立庙",对祖先的许多祭祀仍在庙中举行,是"祭庙"而非"祭陵"。皇帝率领百官特祭于陵,是从明帝开始的。顾炎武对此评论云:"此特士庶人之孝而史传之以为盛节,故陵之崇、庙之杀也,礼之渎,敬之衰也。"[②]顾氏站在维护古代礼制的立场上对此颇有微词,而汉人却认为明帝此举之本意,是出于圣孝之心。[③] 但顾氏指出上陵礼,是由表现"士庶人之孝"的墓祭发展而来,从而使陵寝地位抬高、宗庙地位降低,确是事实。这一变化,不仅肯定了社会上流行的墓祭之俗,而

① 徐乾学:《读礼通考》,文渊阁《四库全书》影印本,第114册,第268页。

② 陈垣:《日知录校注》卷15"墓祭"条,安徽大学出版社2007年版,第833页。

③ 见《续汉书·礼仪志》注引谢承《后汉书》:建宁五年正月,车驾上原陵,蔡邕为司徒掾,从公行到陵,见某仪,忾然谓同坐者曰:闻古不墓祭,朝廷有上陵之礼,殆为可损。今见其仪,察其本意,乃知孝明皇帝至孝恻隐,不可易夺。或曰:本意云何?昔京师在长安时,其礼不可尽得闻也。光武即世,始葬于此。明帝嗣位,逾年,群臣朝正,感先帝不复闻见此礼,乃帅公卿百寮就园陵而创焉。尚书阶西祭设神坐,天子事亡如事存之意。苟先帝有瓜葛之属,男女毕会,王侯大夫郡国计吏各向神坐而言,庶几先帝神魂闻之。今者日月久远,后生非时人,但见其礼,不知其哀,以明帝圣孝之心,亲服三年,久在园陵,初兴此仪,仰察几筵,下顾群臣,悲切之心,必不可堪。邕见太傅胡广曰:国家礼有烦而不可省者,不知先帝之用心周密之至于此也。广曰:然。子宜载之以示学者。

且使墓地在社会政治文化中的重要地位从此确立。

东汉盛行墓祀。《论衡》云:“古礼庙祭,今俗墓祀……墓者,鬼神所在,祭祀之处。”[①]《日知录》云:“汉人以宗庙之礼移于陵墓。有人臣而告事于陵者,苏武自匈奴还,诏奉一太守谒武帝园庙是也。有上冢而会宗族故人者。有上冢即太官为之供具者,有赠谥而赐之于墓者,有人主而临人臣之墓者,有庶民而祭古贤人之墓者。”[②]墓祀之行,上自天子,东汉诸帝光武、明帝、章帝、和帝、安帝、顺帝、桓帝等均曾多次谒陵。并且皇帝有幸功臣、贵戚墓者,如:

《后汉书·樊宏传》:建武十八年,帝南祠章陵,过湖阳,祠重墓,追爵谥为寿张敬侯,立庙于湖阳。车驾每南巡,常幸其墓,赏赐大会。[③]

有遣使者祭其冢者。

《后汉书·李通传》:帝感通首创大谋,即日封通少子雄为召陵侯。每幸南阳,常遣使者以太牢祠通父冢。[④]

有即墓赐策追谥者。

---

① 黄晖:《论衡校释》卷23《四讳篇》,第971页。

② 陈垣:《日知录校注》卷15“墓祭”条,第838—839页。

③ 《后汉书》卷32,第1120页。

④ 《后汉书》卷15,第576页。

《后汉书·阴兴传》：建初五年，兴夫人卒，肃宗使五官中郎将持节即墓赐策，追谥兴曰懿侯。[①]

臣下归家，或因政务路过家乡，有自求上冢，亦有特诏许其祠墓者，诏令太守都尉以下皆会。上冢者，往往于其时召宗族，会宾客，期故人，飨以酒食，惠以金帛。

《后汉书·冯异传》：（建武二年）诏异归家上冢，使太中大夫赍牛酒，令二百里内太守、都尉已下及宗族会焉。[②]

《汉书·原涉传》：涉欲上冢，不欲会宾客，密独与故人期会。[③]

其他如弟子上师冢者，故臣上旧君之冢者，故吏上长吏之墓者，故仆上旧主之冢者，地方长吏祠乡贤之墓者，士大夫奠知己之墓者，拜古圣贤人之墓者，夷狄之人拜良吏之墓者，往往有载[④]。

汉代有忌讳刑徒之人上墓的风俗。对此，王充还特意做了一番解释："讳被刑为徒不上丘墓。但知不可，不能知其不可之意，至或于被刑父母死不送葬，若至墓侧，不敢临葬，甚失至于不行吊

① 《后汉书》卷32，第1132页。

② 《后汉书》卷17，第645页。

③ 《汉书》卷92《游侠传》，第3717页。

④ 可参见《汉书》卷88《儒林·周堪传》、《后汉书》卷29《鲍永传》、《后汉书》卷81《李善传》、《后汉书》卷64《卢植传》、《后汉书》卷51《乔玄传》、《后汉书》卷20《祭彤传》、《后汉书》卷56《种暠传》、《后汉书》卷67《桓典传》等相关记载。

视见他人之柩。实说其意，徒不上丘墓有二义，义理之讳，非凶恶之忌也。徒用心，以为先祖全而生之，子孙亦当全而归之，刻画身体，毁伤发肤，愧负刑辱，深自刻责，故不升墓祀于先，一义也。墓者，鬼神所在，祭祀之处。缘先祖之意见子孙被刑，恻怛憯惕，恐其临祀不忍歆享，故不上墓，二义也。"①认为刑余之人愧见祖先，而祖先见子孙被刑惨怛心伤，亦不忍歆享，因此在墓祀之风盛行时而有此例外不上墓者。

凡此种种，均表明了汉人对墓祀之重视及墓地在当时人生活中的特殊地位。墓地代替宗庙作为祭祖和会聚宗族举行典礼的重要场所，导致墓地建筑迅速发展。为了适应祭祖举行典礼的需要，东汉时普遍在墓上建筑祠堂，而且构筑宏伟、规模盛大、布置讲究。《水经注·济水》载："黄水东南流，水南有汉荆州刺史李刚墓，刚字叔毅，山阳高车人，熹平元年（卒，见其碑），有石阙、祠堂、石室三间，椽架高丈余，镂石作椽瓦屋，施平天造，方井侧（荷梁柱，四壁隐起），雕刻为君臣、官属、龟（龙凤之文，飞）禽走兽之像，作制工丽，不甚毁伤。"②山东武梁石室画像雕梁画栋，乃是"孝子仲章、季章、季立、孝孙子乔，恭修子道，竭家所有，选择名石，南山之阳，擢取妙好，色无斑黄。前设坛埠，后建祠堂。良匠卫改，雕文刻画，罗列成行。摅骋技巧，委蛇有章，垂示后嗣，万世不亡"。③诸如此类记载在《水经注》中还有多条。祠堂不仅有亲属立者，亦

① 黄晖：《论衡校释》卷23《四讳篇》，第971页。

② 王国维：《水经注校》，上海人民出版社1984年版，第290页。

③ 《隶释》卷6《从事武梁碑》，第74页。

有友朋立者,有吏民立者,有国家立者[①]。

祭祀先祖为重要典礼,典礼中称美先祖的饰终礼文必不可少。周代勋德之文多勒铭钟鼎,置之宗庙;汉代祭祖,由庙徂坟,因此颂功之文亦以石代金,树于墓侧,或移置墓祠,碑因此产生。加之汉代世家常有家族墓园,坟垄众多,历年稍久后难以分辨,墓祀时表明墓主所在之物遂成为必要,因此标志坟墓之位置应是墓碑产生的首要原因。《陈寔碑》二云:"遂定兆域,宜有铭勒表坟墓,俾后生之歌咏德音者,知丘封之存斯也。"[②]《朱穆坟前方石碑》云:"惧坟封弥久,夷于平壤,于是依德象,缘雅则,设兹方石,镇表灵域,用慰其孤罔极之怀。"[③]可见树碑目的在于表明死者坟墓之所在。其次,天子上陵时,设神坐以象征先帝,事亡如事存,使"王侯大夫郡国计吏各向神坐而言,庶几先帝神魂闻之"[④]。则民间上冢时亦须有此象征墓主之物,上墓者可以对之哀诉祭奠,故而墓碑之产生亦当蕴涵此种原因。观初期墓碑,碑首圭形,颇似庙中供奉的神主之形,即可推知其间联系。

上冢之风的兴盛,使墓碑之出现成为必要,直接刺激了墓碑形式的出现,而墓碑的书写内容,则更多取决于汉人的"垂名后世,德音永昭"之心理需求和思想观念。

---

① 杨树达:《汉代婚丧礼俗考》,第108—112页。

② 严可均校辑:《全后汉文》卷78,第892页。

③ 严可均校辑:《全后汉文》卷75,第882页。

④ 《续汉书·礼仪志》注引谢承《后汉书》建宁五年明帝上陵云。

第四节　留名心理的驱使

在中国古代，士人积极追求生命价值的实现，即所谓的“三不朽”，立德、立功、立言，具有强烈的“建不朽之功，留千载之名”的观念。这种普遍存在的留名后世的心理需求，推动了述亡颂德以传千古的碑文的出现。究其原因，一方面，对身后不朽之名的追求，正是儒家思想观念中超越个体生命、追求永生不朽的一种独特方式，人们希望在有限的生命结束之后，能够获得无限的声名，从而在心理上得到最大限度的安慰与满足。这种心理需求在儒学盛行的东汉社会里，开始有了十分明显的表现，变得日趋强烈。“夫人寓形天地，其生也若蜉蝣之在世，如白驹之过隙，犹且耻当年而功不立，疾没世而名不闻。上起帝王，下穷匹夫，近则朝廷之士，远则山林之客，谅其于功也名也，莫不汲汲焉孜孜焉。夫如是者何哉？皆以图不朽之事也。”①唐代史学家刘知几这段话揭示出人们普遍地对留名后世的企盼。另一方面，在先辈的名声对人们的政治地位与社会境遇有着巨大影响的时代，通过追求“流芳”，为子孙留下可以值得夸耀的显赫功业，使后人拥有更多的政治与社会资本以立身于世，亦是人之常情。

在以上心理驱动下，立碑述德开始出现并日趋增多。上至达官，下至平民，纷纷投入其中，以期在这种不易毁朽的载体上，使后世子孙了解自己德行，功名得以千古流芳。“德之隆者，莫盛不

---

① 刘知几撰，浦起龙释：《史通通释》，上海古籍出版社 1978 年版，第 303 页。

朽,乃共追录厥勋,镌石示后,俾延亿龄,垂不翳坠”(《繁阳令杨君碑》)[①]、“存有令迹,亡述存勋,铭载金石,永世不刊”(《冀州刺史王纯碑》)[②]、“名莫隆于不朽,德莫盛于万世,勒铭显于钟鼎,清烈光于来裔。刊石立碑,德载不泯”(《太尉李咸碑》)[③],均表明了这种观念,道出立碑之用意,是在于传名。由此也可以明了为什么汉末许多名士力主薄葬,却无人反对立碑,是因为他们把碑与传名联系在一起,碑满足了他们深层的心理需要,因此立碑在汉末成为时尚,成为士人自觉或不自觉的追求。

欧阳修述及这种现象时说:“自后汉以来,门生故吏,多相与立碑颂德。”[④]他将此种现象称为托物留名,即“托有形之物,欲垂无穷之名”[⑤]。人们通过“树碑表墓,昭铭景行”,一方面能使亡者“芳烈奋乎百世,令闻显于无穷”(《郭泰碑》)[⑥],达到让其“身没称显,永遗令勋。表行扬名,垂示后昆”(《琅邪王傅蔡朗碑》)的目的[⑦];另一方面,立碑者也可借此“附托”墓主而留名后世。正如赵明诚在《金石录》中所说:“自东汉以后,一时名卿贤士大夫,死而立碑,则门生故吏往往寓名其阴,盖欲附托以传不朽尔。”[⑧]许多门

---

① 《隶释》卷9,第105页。

② 《隶释》卷7,第80页。

③ 严可均校辑:《全后汉文》卷76,第887页。

④ 《集古录》卷4《宋文帝神道碑》跋,文渊阁《四库全书》影印本,第681册,第60页。

⑤ 《集古录》卷3《后汉郎中王君碑》跋,第47页。

⑥ 严可均校辑:《全后汉文》卷76,第884页。

⑦ 严可均校辑:《全后汉文》卷75,第880页。

⑧ 赵明诚撰,金文明校证:《金石录校证》,广西师范大学出版社2005年版,第253页。

生故吏热衷于为师尊、故主刊碑颂勋，除了以申情谊、用慰哀思的目的之外，这种附骥以致远、藉此以留名的用意多少还是有的。观故吏为太傅胡广所立碑中之语，颇耐寻味："公自二郡，及登相位，凡所辟用，遂至大位者，故司徒中山祝恬，其余登堂据阁，赋政策勋，树功流化者，盖不可胜载。唯我末臣，玩蔽无闻，仰慕群贤，恶乎可及？自公寝疾，至于薨毙，参与尝祷，列在丧位，虽庶物戮力，不愆于礼。进睹坟茔，几筵空设；退顾堂庑，音仪永阙。感悼伤怀，心肝若割，相与累次德行，撰举功勋，刊之于碑，用慰哀思。"①既为故主树碑，自以颂德表哀为主，而中间又感慨同出一门，他人登堂据阁，己身沉沦下僚，不胜唏嘘，其欲得有力者援引之意显而易见。由此亦可蠡测汉碑多为门生故吏所立的深层心理。

留名心态的普遍存在，使树碑表墓日益盛行。对子孙来说，显亲扬名，使父母懿范令问传之不朽，是孝子之行；对门生故吏来说，师尊故主于己有教导识荐之恩，情同父子，勒碑颂德更是一种应尽的义务，即所谓"下有述上之功，臣有叙君之德"，所谓"至德在己，扬之在人，苟不皦述，夫何考焉？乃共勒嘉石，永昭芳烈"②。在这种托物留名的心理驱使之下，所托之物必然会随着这种需求的日益增长而趋于多样化，不会仅仅局限于石碑。在东汉，在立碑镌铭的同时，作为留名的另一种传统方式，史传由于其在是非认定与人物评价上所享有的权威地位更受人们重视。故而汉末

---

① 严可均校辑：《全后汉文》卷76《太傅胡广碑》，第886页。

② 严可均校辑：《全后汉文》卷77《太尉乔玄碑》，第888页。

各种传记类史著的兴盛发展，其原因除史家希望通过褒贬人物来正人伦、树纪纲，以利于统治的巩固之外，也与其留名后世的心理需求密切相关[1]。

碑文的兴起与其自身的特性亦密切相关。碑和史传相较，两者均是记叙人物一生履历功德的传体，碑原本有史的性质。如刘勰《文心雕龙》所言："夫属碑之体，资乎史才。其序则传，其文则铭。"[2]碑由序和铭两部分组成，序实则为碑主之传，相当于史传，故而撰碑亦需要有"文质辩洽、诠评昭整"那样的作史才能和识见。但碑和史传又有所不同。

首先，立碑无身份等级之限制。尽管史传留名是每个人的愿望，但除勋业卓著、地位显达、特立独行之辈，大多数人碌碌不足传，无缘进入史书，而立碑却无此限制，只要经济条件许可即成。从现存汉碑来看，从王公大臣到布衣平民均可树碑勒铭，虽然现存汉碑大多数为官员所立，但亦有平民、儿童、妇女之碑，可见汉代立碑等级限制尚不明显。其次，墓碑具有多方面的功能。既显扬了父母之功德令名，又能体现出子女的孝思。当子孙在墓前祭奠之时，墓碑上铭刻的勋德功业更能唤起哀者的思慕和追怀，激励他们踵武前贤、绍述祖业、继往开来，家族凝聚力在此加强。而墓碑之功用，亦从最早的表墓记事，发展为承荷士大夫理想价值观念，传播儒家忠孝礼义思想，激扬风俗，感化社会。刊石立碑，颂德表勋，使前人之德行成为一种典范和楷模，能够感化社会、浸

---

① 李小树、邹绍荣：《留名心理驱动下的汉晋树碑之风与史传写作》，《中国人民大学学报》2007 年第 4 期。

② 周振甫：《文心雕龙注释》，人民文学出版社 1981 年版，第 128 页。

染后人。

《三国志》中多处记载时人读碑之事。《邓艾传》载："年十二，随母至颍川，读故太丘长陈寔碑文，言'文为世范，行为士则'，艾遂自名范，字士则。"[①]邓艾少年时读陈寔碑，感其品行，乃据碑文而自定名、字。《魏书》卷15《贾逵传》记文帝见贾逵碑念之怆然之事、卷21《王粲传》记王粲与人诵道边碑事、卷29《管辂传》记管辂过毌丘俭墓见碑诔感慨事，[②]《后汉书·文苑传》载弥衡默写蔡邕碑文之事。[③] 当他们站在墓碑前，面对着一个由绚烂归于平静的生命历程，生之荣耀与死之悲哀并现眼前，怎能不有所触动？或受激励，或得警醒，或怆然思旧；或喜其碑文辞可爱而暗诵，或慕亡者风范懿德而感发。碑文在汉末社会生活中的影响及其当时人对碑文的重视，由此种种事例生动可见。因此元代王思明为潘昂霄《金石例》作序，其文有云："后世之文，莫重于金石，盖所以发潜德、诛奸谀、著当今、示方来者也。"[④]对于碑文的功能及社会意义给予了极高的评价。

碑文颂扬前人德行，是为了"作范后昆"，使之得到继续和发扬。正如《郭泰碑》所云："爰兹勒铭，摛其光耀。嗟尔来世，是则是效。"[⑤]《山阳太守祝睦后碑》云："盖彰功表勋，所以焕往辉来。"[⑥]立碑既是为死者扬名，更是为生者树立典范。因此立碑便

① 《三国志·魏书》卷28，中华书局1959年版，第775页。
② 见《三国志·魏书》，第484、599、825页。
③ 《后汉书》卷80，第2657页。
④ 潘昂霄：《金石例》，文渊阁《四库全书》影印本，第1482册，第291页。
⑤ 严可均校辑：《全后汉文》卷76，第884页。
⑥ 《隶释》卷7，第81页。

不仅是一种个体行为,而更是社会教化的需要,皇帝、官员也常诏令立碑褒美德行突出之人,门生故吏、亲朋好友群聚会葬立碑,也表现出一种社会的义务和责任。

墓碑如此,汉代的德政碑亦如此。汉代吏政为世所重,良吏有惠民美政,上级长官或当地士民往往会竖石旌美,彰其德勋,欲使民众思慕其德行,后任之官以之为楷模。其风劝良吏、导民向善之意,为后人所称[①]。"夫美政不纪,人无述焉。国人佥叹,刊勒斯石,表示无穷。"(《武都太守耿勋碑》)[②]"盖良吏兴遗爱 ,□民刊铭树,今之通义也。"(《槀长蔡湛颂》)[③]从内容尚存之汉代德政碑来看,汉人对于碑之政治教化功能是极为重视的。除此之外,政府还为孝行突出者立碑,如《都乡孝子严举碑》、《孝女曹娥碑》[④]等,均是为了显扬孝举,为当地百姓树立楷模,以化民易俗。可见碑的教化功能已经广泛运用到社会生活的各个方面。

其次,碑石更适宜于社会传播。墓碑立于坟头高敞显见之处,呈现在众人面前,既宣扬了孝道,又向世人展示着贤者的德勋,具有光示后昆的教化功能,它是孝者、贤者不朽的见证。所以《礼记·祭统》曰:"夫铭者,一称而上下皆得焉耳矣。是故君子之

---

① 钱大昕:《潜研堂金石文跋尾》卷1《闻喜长韩仁铭跋尾》云:"汉世重吏治,而仁在闻喜刑政得中,碑额称循吏,贤之也。……仁既殁,司隶校尉愍其短命,下河南尹遣吏祠以少牢,竖石以旌其美,于此见美政之效,而校尉风劝良吏之意,亦可尚矣。"长沙龙氏重刊本,第23页。

② 《隶续》卷11,第393页。

③ 《隶释》卷5,第57页。

④ 《后汉书》卷84《列女传》:"有孝女叔先雄,其父坠船死,叔先雄于父坠江处恸哭,遂自投水死,郡县表言,为雄立碑,图像其形焉。又有孝女曹娥,父溺死,沿江号哭,昼夜不绝声,旬有七日,遂投江而死,县长度尚为立碑焉。"第2794页。

观于铭也,既美其所称,又美其所为。为之者,明足以见之,仁足以与之,知足以利之,可谓贤矣。”[①]过往之人驻足凝视,亦可使墓主德行随之四处播扬。在书籍材料难得,运输、收藏与流通都甚为不便的汉代,墓碑所具有的传播优势是显而易见的。

最后,相比于秦汉时的主要书写载体竹简、木牍、帛书来说,金石具有不易朽坏的特性,有较强的保真性和持久性,这也决定了这种原始的文献载体在丧葬文化中应用的广泛性和普遍性。钱大昕云:“盖以竹帛之文,久而易坏;手抄版本,辗转失真。独金石铭勒,出于千百载以前,犹见古人真面目,其文其事,信而有征,故可宝也。”[②]碑借助颂德和宜于传播、相对持久的特点,宣扬礼义、激励士人,以德行引导人,达到化民成俗的目的。在这种风气的激荡下,形成于东汉中期的碑文迅速兴盛起来,从而掀起了汉末碑碣云起的壮观局面。尽管从今天看来,碑石的这种垂名作用是相当有限的,正如洪适感叹《水经注》所录汉碑,“其碑到今不毁者,十才一二”,“夫物莫寿于金石,而大书显刻光沉迹绝者不可胜计,独传之竹帛犹可久。此君子所以取乎编类之书也”。[③] 立碑的目的,是欲借不朽之物以传万世之名,但是由于自然或人为的原因,东汉碑刻不断遭到毁坏,乃至亡佚。虽然大部分汉碑在岁月绵邈中光沉迹绝、湮灭无闻,但留存下来的残碑断刻,仍让我们分享到许多不见于史传的历史人物的生命历程。

---

① 杨天宇:《礼记译注》,第646页。

② 毕沅:《关中金石记》钱大昕序文,中华书局1985年版,第5页。

③ 《隶释》卷20,第210页。

第五节　社会政治的刺激

碑文之兴起,与东汉中后期的社会现状密不可分。

东汉自和帝始,外戚、宦官交替把持朝政,操纵幼主、独揽大权、排除异己、残忍贪暴,政治日趋黑暗腐朽。当时的情形是:“权移外戚之家,宠被近习之竖,钦其党类,用其私人,内充京师,外布列郡,颠倒贤愚,贸易选举,疲驽守境,贪残牧民,挠扰百姓,忿怒四夷,招致乖叛……此皆戚宦之臣所致然也。”①怀抱辅君治国、建功立业抱负的士人仕途受阻,而正直士大夫忧国忧民,力图维护国家利益,因此他们与外戚、宦官之间的矛盾冲突愈演愈烈。尤其顺、桓之后,政治每况愈下。“凡贪淫放纵,僭凌横恣,挠乱内外,螫噬民化,隆自顺、桓之时,盛极孝灵之世。前后五十余年,天下亦何缘得不破坏邪?”②在此局面之下,士人的群体意识也不断加强,他们讥刺朝政、评弹公卿、互相声援,形成一定的舆论声势。《后汉书·党锢列传》序云:“逮桓灵之间,主荒政谬,国命委于阉寺。士子羞与为伍,故匹夫抗愤,处士横议,遂乃激扬名声,互相题拂,品覈公卿,裁量执政,婞直之风,于斯行矣。”③既然“主荒政谬,国命委于阉寺”,国家政权旁落,而士人可以横议朝政,话语权下移,那么朝廷礼仪制度势必也将有所毁坏。原先由朝廷把持的谥典也由此下行民间。

---

① 《后汉书》卷49《仲长统传》,第1657页。

② 同上书,第1660页。

③ 《后汉书》卷67《党锢列传》,第2185页。

谥，乃帝王、大臣、士大夫身后朝廷依其生前事迹给予之称号，形成于周代。西汉时帝王谥号，由礼官议上，嗣皇帝审定；臣下之谥号，先由礼官议上，朝廷审定。原本行谥为朝廷仪典，而在东汉后期，却出现了私谥，并开始形成风气。《后汉书·朱穆传》云："初，穆父卒，穆与诸儒考依文义，谥曰贞宣先生。及穆卒，蔡邕复与门人共述其体行，谥曰文忠先生。"[①]《后汉书·陈寔传》云："中平四年，年八十四，卒于家，何进遣使吊祭，海内赴者三万余人，制衰麻者以百数，共刊石立碑，谥为文范先生。"[②]《玄文先生李休碑》云："凡其亲昭朋徒，臭味相与，大会而葬之，鼎俎之礼，节文曲备。时令戴君，临丧命谥。"[③]陈寔、朱穆为官吏，门人友朋为之定谥，并未经过朝廷；李休乃一平民，亦能临丧命谥。可见汉代私谥之兴。

行谥之权从朝廷转至私人，与汉末人主权柄的下滑有密切关系。前引《朱穆传》后李贤注文引张璠论曰："夫谥者上之所赠，非下之所造，故颜、闵至德，不闻有谥，朱、蔡各以衰世臧否不立，故私议之。"[④]道出了行谥这种国家典制走出朝廷的历史背景，是由于世乱政衰、国家话语权控制的松弛。这种情形在《司隶校尉鲁峻碑》、《玄儒先生娄寿碑》、《郭泰碑》、《范丹碑》、《司徒掾梁休碑》等碑均反映出来[⑤]。那么，原本亦是朝廷典章作为荣终之制的

① 《后汉书》卷43，第1473页。

② 《后汉书》卷62，第2067页。

③ 严可均校辑：《全后汉文》卷75，第881页。

④ 《后汉书》卷43，第1473页，注3。

⑤ 《隶释》注曰："群下私相谥，非古也，末流之弊，故更相标榜，三君八顾之目纷然而奇，祸作矣。"第103页。

诔铭(此时功能已为碑铭所代替),亦从国家范围之中逸出,在民间迅速发展。桓范《世要论·铭诔》对此颇有讥评:“且夫赏生以爵禄,荣死以诔谥,是人主权柄而汉世不禁,使私称与王命争流,臣子与君上具用,善恶无章,得失无效,岂不误哉!”[①]因此,为了惩汉之弊,重振朝纲,后世君主加强了对行谥之权的控制。《谥议》云:“汉晋而下,凡公卿大夫,谥必下太常定议,博士乃询察善恶贤否,著为谥议,以上于朝。”[②]汉晋之下,行谥权再次收归朝廷,而汉代以后的礼仪制度都对碑的使用进行了具体的详细规定,用碑来表示等级制度、体现身份高下的观念逐渐形成。

从现存汉碑来看,桓、灵之际碑铭最多,据统计,《水经注》中记录有100余座汉碑,《隶释》中收录汉碑115件。有明确记年的东汉碑刻有160余品,其中属桓帝年间刻制的59件,灵帝年间刻制的76件,占了绝大多数。[③] 这些碑,多为墓碑,而且多为门生故吏为其师长所立(现存碑文中,能明确树立者为门生故吏的约占三分之二)。桓、灵之际,政治最为昏暗,而树碑之风也在此时达到鼎盛,正是这种“私称与王命争流,臣子与君上具用”的礼崩乐坏的社会现实的反映。

碑文之兴,固然是由于人主权柄之弛,而汉末外戚宦官专政的局面,激起士大夫的抵制、抗击,士人日渐与朝廷疏离,他们转相交接,横议朝政,品核公卿,以求声价援引。名卿大儒的会葬、议谥及立碑等活动正提供了这样的机会,这无疑又对树碑活动起

① 严可均校辑:《全三国文》卷37,第1263页。
② 吴讷著,于北山校点:《文章辨体序说》,人民文学出版社1998年版,第51页。
③ 黄金明:《汉魏晋南北朝诔碑文研究》,第45页。

了推波助澜的作用。

汉代重儒学,尤其东汉更是儒学昌明,名公巨卿多以经学起家,如弘农杨氏、汝南袁氏等以经术晋身公卿,依学者往往千数,弟子门生罗布海内。学而优则仕,经明行修者可中高第,况且一日为师,终身为父,师生之间情同父子。同时汉代实行察举征辟制度,中央公卿诸府、州牧、郡守皆可自行辟除僚属,被举者由辟主召用为僚属,从而登上仕途的阶梯,甚至会超擢而至守牧公卿。辟主于其有识荐之恩。即使以后升迁,他总是辟主的故吏,情若父子君臣。加之汉代察举重用经明行修之人,所以官员往往有两重身份,既是经学大师,又是国家官员,门生故吏往往兼有,以经术而晋身公卿者,门生故吏更是遍及天下。

师尊之于门生,古有所谓"三成之义",源出《国语》。《国语·晋语一》栾共子言曰:"人生于三,事之如一:父生之,师教之,君食之也。"师有教导之恩,而汉代墓碑多门人故吏所立,故用此语意者颇多。《童子逢盛碑》云"感激三成,一列同义"①,《太尉杨震碑》云"缘在三义一"②,《沛相杨统碑》云"追在三之分"③,均表示对师尊辟主教诲之感激和尊重。

尤其在选官制度遭到破坏、仕进之途受阻的东汉晚期,士人进入仕途,只有通过被辟为郡吏这个渠道。"东京入仕之途虽不一,然由儒科而进者,其选亦甚难,故才智之士多由郡吏而入

① 《隶释》卷10,第114页。
② 《隶释》卷12,第136页。
③ 《隶释》卷7,第87页。

仕……盖当时仕进之路为此,初不以为屈也。"[①]一般知识分子想要跻身仕途,不得不依附于豪门世家、府主恩师的门下,想尽一切办法,甚至不惜身执贱役,取得所谓"门生"、"故吏"的名义,以期待察举和征辟。因此游宦之风特盛。《后汉书·王符传》云:"自和、安以后,世务游宦,当途者更相荐引。而符独耿介不同于俗,以此遂不得升进。"[②]王符的遭遇正反映出汉末士人入仕艰难的这种状况。在这种局面下,门生故吏与业师、举主关系就变得更加紧密,趋附攀引,党援门户,形成大大小小荣辱与共的宗派集团,怀抱共同的政治立场和价值追求,在与宦官的斗争中生死相依、荣辱与共。

汉代门生故吏与师尊、府主存在父子、君臣大义,情谊深厚。儒家讲究事死如事生,尤其在崇儒重丧的汉代社会,师尊故主丧后为其弃官奔丧、千里赴吊、负土成坟、庐于墓侧、服缞三年等举动是一种忠义的表现,这种行为受到了上自天子、下至庶民的一致推崇,成为一时风尚。因而此类事例在《后汉书》列传中比比皆是,史不乏载。而且为故主树碑颂德,更是门生故吏义不容辞的责任,即所谓"下有述上之功,臣有叙君之德"(《山阳太守祝睦后碑》)[③]。东汉中后期大量以弟子、门生、故吏等名义所立的墓碑,就是在此种历史条件下涌现出来的。这和东汉以后的墓碑"非其子孙则他人不为"[④]的情况有所不同。

---

① 徐应麟:《东汉会要》,上海古籍出版社 1978 年版,第 405 页。

② 《后汉书》卷 49,第 1630 页。

③ 《隶释》卷 7,第 81 页。

④ 《集古录》卷 2《后汉刘宽碑》跋,第 30 页。

《后汉书·郭太传》云:“明年春,卒于家,时年四十二。四方之士千余人皆来会葬,同志者乃共刻石立碑。”①《韩韶传》云:“病,卒官。同郡李膺、陈寔、杜密、荀淑等为立碑颂焉。”②《陈寔传》云:“中平四年,年八十四,卒于家。何进遣使吊祭,海内赴者三万余人,制衰麻者以百数,共刊石立碑,谥为文范先生。”③《范冉传》云:“于是三府各遣令史奔吊,大将军何进移书陈留太守累行论谥,佥曰宜为贞节先生,会葬者二千余人,刺史、郡守各为立碑表墓焉。”④

郭泰、韩韶、陈寔、范冉均是士林楷模,学行品德,天下向风,因此卒葬时四方会者如云,或为同好友朋,或为门生故吏,或为仰慕之人。在隆重的丧葬典礼上,为逝者立碑颂德,累行论谥。在追思缅怀逝者的高风亮操的同时,士人们难免会聚议朝政,激浊扬清、标榜同类,共有的人生理想和政治取向使他们之间关系更加紧密,群体抗争黑暗势力的意识愈发强烈。这一次次在赴葬立碑名义下的盛大聚会,无疑是士林阶层对于当权政治的一种示威,“私谥与立碑成了他们自命清流和对抗浊流的态度表征”⑤,在社会上造成了巨大的声势和影响。树碑勒铭已经不仅仅是出于父子君臣之谊的对于亡者的追悼,而是政治态度的表露,是清流与浊流对抗的另一个战场。这种暗含的政治意蕴把东汉末期

---

① 《后汉书》卷68,第2227页。
② 《后汉书》卷62,第2063页。
③ 同上书,第2067页。
④ 《后汉书》卷81,第2690页。
⑤ 徐国荣:《汉末私谥和曹操禁碑的文化意蕴》,《东南文化》1997年第3期。

的勒碑表墓之风推向了高潮[①]。

综上所述，当人们出于厚葬之风、留名心理、孝道观念、墓祀需要等而树碑勒铭时，碑文这种文体在社会行为与社会需求的直接推动下开始出现了。社会生产力的提高、生产技术的成熟为文体的发展提供了物质基础，使碑石作为纪功颂德的载体代替原有的青铜铭器成为可能。而在文体的生成中，早期石刻文字、哀悼亡者的诔文、颂赞文等某些文体要素参与进来，从而逐渐形成了一种以叙述亡者生平、歌颂功德为主要内容，形式上前散后韵、以四言句式为主的专门文体。当它发展完善、成为定型的文体之后，就被纳入礼仪制度的范围，成为上层社会经常使用的丧葬用品。

这种应丧葬需要而产生的文体，它要求叙亡者德行，垂示后代，告慰亡灵，表达人们悼念、称扬之情，有着深刻的文化内涵。对于碑的意义和功能，宋代文学家曾巩的阐述应该是最为全面的："夫铭志之着于世，义近于史，而亦有与史异者。盖史之于善恶无所不书，而铭者盖古人之有功德材行志义之美者，惧后世之不知，则必铭而见之，或纳于庙，或存于墓，一也。……其辞之作，所以使死者无有所憾，生者得致其严，而善人喜于见传，则勇于自立；恶人无有所纪，则以愧而惧。至于通材达识、义烈节士、嘉言善状皆见于篇，则足为后世警劝之道。"[②]碑既能使亡者无所遗憾、

① 而后来曹操的禁碑，除了经济凋敝、碑文夸饰的因素外，其主要的考虑，应是为了破除会葬时的"文人交会浮议"之患。由此亦可反观出东汉碑碣云起的政治因素。

② 贺复征：《文章辨体汇选》卷 228 曾巩《寄欧阳舍人书》，文渊阁《四库全书》影印本，第 1404 册，第 684 页。

生者得尽其哀，又可以敦风厉俗、助益教化，其为用可谓大矣。因此，在汉代一出现，就迅速走向繁荣。从现今能够断定年代、可考地域的汉碑来看，虽因地域不同，出土件数多寡有异，但汉碑分布几乎覆盖了中国全部地区。这表明东汉时期，树碑之风已流行全国。

第二章　汉碑体式的形成

碑文是在东汉时期特定的社会文化背景下、在一种特殊的载体中形成的一种文体形式。其内容主要是记叙墓主履历修为、咏颂功德业绩，勒于石上，表于墓旁，以供瞻仰祭祀。这种体式形成于东汉中叶，它是秦汉刻石文字与东汉前期铭颂在演进中互相交融的产物。碑文载体的特殊性，使碑文的形成与碑石形制的演进及刻石文字的演进紧密联系在一起。汉碑从滥觞到蔚为大观，从原始雏形至固定成熟的外观形式及文体格式，跨越了一段并不漫长的历程。

第一节　碑的溯源

关于碑的名称，早在春秋战国时的文献中就有记载。

《仪礼·聘礼》云："饪一牢，九鼎，设于西阶前。陪鼎当内廉，东面，北上，上当碑，南陈。"郑玄注："宫必有碑，所以识日景，引阴阳也。凡碑引物者，宗庙则丽牲焉，以取毛血，其材，宫庙以石，窆用木。"[①]《仪礼·公食大夫礼》："士举鼎，去鼎外次入，陈鼎于碑

---

① 阮元：《十三经注疏·仪礼注疏》，中华书局影印本，第1059页。

南，南面西上。"①"庶羞陈于碑内，庭实陈于碑外，牛羊豕陈于门内，西方东上。"②

《礼记·祭义》："祭之日，君牵牲，穆答君，卿大夫序从。既入庙门，丽于碑。"孔颖达正义："君牵牲入央门，系着中庭碑也。"③《礼记·檀弓下》："夫鲁有初，公室视丰碑，三家视桓楹。"郑玄注："丰碑，斫大木为之，形如石碑，于椁前后四角树之。穿中，于间为鹿卢，下棺以綷绕。天子六綷四碑，前后各重鹿卢也。""（桓楹）斫之，形如大楹耳。四植为之桓。诸侯四綷二碑，碑如桓矣。大夫二綷二碑，士二綷无碑。"④《礼记·丧大记》："君葬用輴，四绋，二碑，御棺用羽葆。大夫葬用輴，二绋，二碑，御棺用茅。士葬用国车，二绋，无碑，比出宫，御棺用功布。"又云："凡封，用绋，去碑负引。"郑玄注："树碑于圹之前后，以绋绕碑间之鹿卢，挽棺而下之。"⑤

据以上记载，可知在春秋战国时代就有碑。当时的碑可分三种，第一种是竖于宫廷院中以测日影计时令的碑；第二种是立于宫庙大门之内系牲兽、取毛血以供祭祀之用的碑；第三种是指树植在坟圹前后用以装置辘轳、以牵绳引棺下葬的大木柱，称之为碑。这三种碑，或石质，或木质，或置于宫庙，或树于墓侧，或用于计时、系牲，或用于引棺下葬，在设置处所、功能用途上相去甚远，

① 阮元：《十三经注疏·仪礼注疏》，第1080页。
② 同上书，第1085页。
③ 阮元：《十三经注疏·礼记正义》，第1594页。
④ 同上书，第1310页。
⑤ 同上书，第1584页。

但它均为实用的工具,先秦人名之为“碑”,可见碑这一名词在先秦时,其含义是宽泛而模糊的。但它也有一个共同特点,就是在使用上有着严格的等级限制。如在丧葬用碑时,国君、大夫可用二碑,士则无碑,庶人更可想而知。而《仪礼》、《礼记》中所提到的宫室、宗庙之碑,也仅限于诸侯、大夫、士。同时碑无论是用作测时、系牲还是下棺,都与当时社会生活中至关重要的内容如计时、祭祀、丧葬有关,因此为贵族所特有。

汉代墓碑当与下棺之碑有很大联系。清赵翼《陔余丛考》卷32“碑表”引孙何语:“昔在颍中,尝见荀陈古碑,皆穴其上,若贯索为之者,以问起居郎张观,观曰:‘汉去古未远,犹有丰碑之遗像。’”①由此可知,有的汉碑还保留了原始丰碑的一些外形特点。从实物来看,现存的汉碑,如曲阜孔庙的孔谦碑,碑上方有穿,碑首有槽,称为“晕”,从形制上可以看出与丰碑的关系,王惕甫《碑版广例》曰:“汉碑穿外有晕,其晕缭绕,或即自穿中出,或别从穿外起,尚存古制引棺之意。”②马衡亦认为:“汉碑之制,首多有穿,穿之外或有晕者,乃墓碑施辘轳之遗制。”③

汉代墓碑与古代下棺之碑不仅在形制上有一定渊源关系,而且很多人认为汉代墓碑即是从古代丰碑发展而来。汉刘熙《释名》卷6《释典艺》云:“碑,被也。此本王葬时所设也。施其辘轳,以绳被其上,以引棺也。臣子追述君父之功美以书其上,后人因焉,故建于道陌之头显见之处,名其文,就谓之碑也。”他把下棺之碑与其他碑分

① 赵翼:《陔余丛考》卷32“碑表”,中华书局2006年版,第681页。

② 转引自叶昌炽撰、柯昌泗评:《语石　语石异同评》,第151页。

③ 马衡:《凡将斋金石丛稿·中国金石学概要》,中华书局1977年版,第69页。

别开来,并指出它向墓碑转化的过程中,“臣子追述君父之功美以书其上”是关键性的一步。[①] 宋孙宗鉴《东皋杂录》云:“自周衰,战国秦汉皆以碑悬棺,或以木,或以石。既葬,碑留圹中,不复出矣。其后稍书姓名爵里其上。至后汉,遂作文字。”[②]据孙氏之言,可知秦汉时的下棺之碑上偶尔会有文字,但只是简单的亡者“姓名爵里”的记录,以示标识。周代墓前有楬,《周礼·秋官·蜡氏》云:“若有死于道路者,则令埋而置楬焉,书其日月焉,悬其衣服任器于有地之官,以待其人。”郑玄注引郑司农云:“楬,欲令其识取之,今之楬橥也。”[③]《汉书·尹赏传》云:“数日一发视,皆相枕籍死,便舆出,瘗寺门桓东,楬著其姓名。”颜师古注曰:“楬,杙也。椓杙于瘗处而书死者名也。”[④]《汉书·淮南衡山济北王传》载,淮南厉王刘长谋杀士伍开章,葬之肥陵,并另造假坟,“又阳聚土,树表其上曰:‘开章死,葬此下’”。颜师古注云:“表者,竖木为之,若柱形也。”[⑤]这样在墓上树表和在墓前置楬的性质相同,应是长久流传的风俗。它们对于汉代墓碑的产生都有直接的影响。而直到东汉,墓碑有时还被称作“墓表”,如元初元年《景君墓表》等,似乎也证明了碑与表之间的联系。清王兆芳《文体通释》曰:“碑者,竖石也。古宫庙庠序之庭碑,以石丽牲,识日影,封圹之丰碑,以木悬棺绋,汉以纪功德。一为墓碑,丰碑之变也。”[⑥]明确指出汉

① 刘熙:《释名》,文渊阁《四库全书》影印本,第221册,第413页。
② 陶宗仪:《说郛》卷40下引文,文渊阁《四库全书》影印本,第878册,213页。
③ 阮元:《十三经注疏·周礼注疏》,第885页。
④ 《汉书》卷90,第3673页。
⑤ 《汉书》卷44,第2141页。
⑥ 范文澜:《文心雕龙注》,第223页,注13。

代墓碑就是由古代之丰碑所变化而来。那么,在木碑(下棺之碑)向汉代墓碑(石质墓碑)演进的过程中,"表"应该是其中一个重要的阶段和形式。

不过,从木质之碑到石质之碑,从书写姓名爵里至铭功颂德,从古代丰碑到汉代墓碑,其演进还受到其他因素的影响。碑作为一种石器,作为一种铭刻文字之载体,亦当受到刻石的形制、文字的影响。

刻字于石,传诸后世,是古代世界各地都存在的现象,中国也不例外。与甲骨、青铜器、简牍、缣帛一样,石头自古即成为记录文字的重要材料。中国现存最早的刻石文字,是殷代刻在石牛和其他石器上与占卜有关的几个零星的数字性铭文①,至战国时代,则有19个字标明墓地位置的周代中山国王陵《公乘得守丘刻石》,此外还有唐初发现的石鼓文,石形如鼓,上有歌颂征旅渔猎的四言韵文诗,其刻制年代一直众说纷纭,但近年来学术界基本肯定为东周时秦刻石。另外还有战国中期秦王为了诅咒楚王,祈求天神克制楚兵复其边域而作的《诅楚文》刻石。此后出现的则是秦始皇和秦二世的刻石。

秦始皇统一天下后,为炫耀自己的功德伟业,多次出游,并广泛刻石纪功,使刻石有了很大发展。秦始皇所立之石,计有9块,即有始皇二十八年(前219年)所立的峄山刻石、泰山刻石、首块芝罘刻石、琅邪台刻石;始皇二十九年(前218年)所立的芝罘刻石、芝罘东观刻石;始皇三十二年(前215年)所立的碣石门刻石;

---

① 参见郑若葵:《安阳苗圃北地新发现的殷代刻数石器及相关问题》,《文物》1986年第2期。

始皇三十五年（前212年）所立的东海上朐界刻石；始皇三十七年（前210年）所立的会稽山刻石①。因历时邈远，原石多已湮灭，现在仅能看到泰山刻石和琅邪台刻石的部分片断。而刻石文字除峄山刻石之外，其余在《史记·秦始皇本纪》中均有记载。而且，在上述秦始皇颂德刻文之后，还追刻有秦二世的诏书，即秦二世刻石。

秦代刻石主要有两种形制：碣和摩崖。“刻石之特立者谓之碣，天然者谓之摩崖。”②碣，即在独立的大石块上刻写文字。《说文解字》曰：“碣，特立之石也，东海有碣石山。”“碑，竖石也。”③许慎在此并未对碣和碑作出明确的界分。王文芳《文体通释》云：“碣与楬通，特立之石，籍为表楬也。石方曰碑，圆曰碣。赵岐曰：‘可立一圆石于吾墓前。’洪适曰：‘似阙非阙，似碑非碑。’隋唐之制，五品以上立碑，七品以上立碣。主于表扬功德，可与碑相通。”④班固《封燕然山铭》有“封神丘兮建隆碣”之句，李贤注曰：“方者谓之碑，圆者谓之碣。”⑤可见碑和碣在形制上又有方和圆之别。立碣事出临时，而且多于山野，可以推测，碣应该是较少加工的天然的、形状不规则、形体较大的石头。

---

① 关于秦始皇统一六国后刻石数目的问题，长期以来学术界见解不一，有6块、7块、8块之说，本文采纳金其桢之说法。见金其桢：《中国碑文化》，重庆出版社2002年版，第37—41页。

② 马衡：《凡将斋金石丛稿·中国金石学概要》，第67—68页。

③ 许慎撰，段玉裁注：《说文解字注》九篇下石部，上海古籍出版社1986年版，第449页。

④ 范文澜：《文心雕龙注》，第223页。

⑤ 《后汉书》卷13《窦融传》附窦宪传，第817页。

秦之刻石主要为碣，其形制和先秦刻石相比有新的变化和发展。例如，据《史记·秦始皇本纪》正义引《晋太康地记》称，泰山刻石其石“高三丈一尺，广三尺”，四面刻字；琅邪台刻石，据阮元《山左金石志》称，为“高一丈五尺，下宽六尺，中宽五尺，上宽三尺，顶宽二尺三寸，厚二尺五寸”之石。现藏于中国历史博物馆的琅邪台刻石残石，为直的长方体，高132.2厘米，宽65.8—71.3厘米，厚36.2厘米。从形制来看，泰山刻石和琅邪台刻石已经与后来的碑颇为相近，这表明秦刻石（即碣）正处于春秋战国时期无一定形制的原始石碑向后世有一定形制的碑转化的进程中，是正在进化中的碑。继而把这种独立的大石块进行打削，使之由粗糙变为精致规整，便演变为汉碑的形制。《水经注·河水》载：“漯水又东，迳汉征君伏生墓南，碑碣尚存。”①以碑碣连称，疑《伏生碑》在形制上仍为碣，或处于由碣向碑的演进阶段。而早期的汉碑，如《国三老袁良碑》铭辞云：“才本德，曜其碣，□煌煌，数万世。”②篆额名碑，而铭文称碣，也证明了碑和碣原本的关系。《隶释》卷13录有《江原长进德碣》，上刻文字，其形“似阙非阙，似碑非碑”③，可见碣乃是形状尚未固定之碑。

从文字内容而言，秦代碣文主要用于歌功颂德、记录统治者的活动。秦刻石虽然大多已亡佚，但其文辞载于典籍而传世。尽管各篇文辞不同，长短不等，但其基本内容与泰山刻石大体相同，都是竭力为秦始皇纪功颂德，以使其英名千秋不朽，所定制度法

① 王国维：《水经注校》卷5，第186页。
② 《隶释》卷6，第71页。
③ 见《隶释》卷13《江原长进德碣》洪适注，第148页。

规永传后世,基业万代不隳。这种四言有韵、记事颂德相结合的形式与后来的墓碑文有类似之处。立石碣以颂德在东汉依然存在,如东汉永元元年春天车骑将军窦宪率兵打破北匈奴,遂登燕然山勒石纪功而还,班固《燕然山铭》中云:"乃遂封山刊石,昭铭上德","封神丘兮建隆碣,熙帝载兮振万世"①。但立碣渐少,随着石碣向墓碑形制的演进,碣记事颂功的功能便转移到墓碑上了。因此马衡云:"盖自碑盛行以后,而碣之制遂渐废。"②

西汉刻石传世者极少。西汉王朝统治230年,为秦代国祚的15倍多,而留存的石刻数量与秦相差无几,并且其中极少丰碑巨制,这与其历史长度及繁荣的经济、文化发展极不相称③。欧阳修在《集古录》中说:"欲求前汉时碑碣,卒不可得。"④据统计,目前经专家鉴定为真正西汉刻石的仅有10余种⑤。这些刻石除通湖山摩崖石刻和霍去病墓前石刻之外,大部分刻于形状较为规整的

---

① 严可均校辑:《全后汉文》卷26,第613页。

② 马衡:《凡将斋金石丛稿·中国金石学概要》,第69页。

③ 参见《中国碑文化》,第55页。金其桢指出,出现这种不合情理的反常现象,其原因在于王莽篡汉后,恶称汉德,凡所在有石刻者,皆令仆而磨之,不容略留,故西汉石碑鲜有存在。再加之年代久远,剥泐损毁严重,故留存稀少。王莽破坏之说不足为据,石刻称汉德者令仆而灭之,而其他内容的石刻应不在仆灭之列,但今天仍流传甚少。当是其时刻石并未兴盛之故。究其原因,主要由其独特的政治、文化制度所决定。西汉前期,崇尚黄老,注重俭朴无为,实行与民休息、不歌功颂德的政策。后期实行文化专制,独尊儒术,总体上制约了碑的发展。

④ 《集古录》卷4《宋文帝神道碑》跋,第60页。

⑤ 参见徐森玉:《西汉刻石文字初探》,《文物》1964年第5期。这十余种碑刻为:《群臣上寿刻石》、《鲁北陛石刻字》、《霍去病墓石刻题字》、《杨瞳买山地记》、《五凤刻石》、《麃孝禹碑》、《东汉安里刻石》、《吾摄两坟坛刻石》、《攘盗刻石》、《王陵塞石》、《甘泉山刻石》、《莱子侯刻石》、《通湖山摩崖刻石》、《汉武帝泰山玉皇顶无字碑》。

长方体石头之上，内容多简单的记事。因其处所用途不同，而所刻文字各异，分别记载有时间、官职、事件、刻石尺寸、编号、诅咒盗墓者之语、邑里之名等，字数很少，不成文句，仅具标识和简单记事功能。通湖山摩崖发现于 1994 年内蒙古阿拉善盟的崖壁上，铭文侵蚀漫漶严重，仅余 100 余字，不可贯读，但根据犹可辨认的文字及有关史料，可初步判断为勒石纪功铭文。尤可注意者，是《麃孝禹刻石》，上镌隶书两行，右行为“河平三年八月丁亥”，左行为“平邑侯里麃孝禹”，河平三年为公元前 26 年（汉成帝河平三年，距西汉灭亡仅有 50 年）。可能是墓前的刻石[①]。此刻石表面粗糙，高约 145 厘米，上、下宽相等，约 45 厘米，圆首，与后世墓碑形制已极为相似，可以说是现存西汉刻石中唯一具有墓碑形制的一块，为墓碑的形制演进提供了重要证据，可以说是东汉以墓碑为主体的“碑碣云起”时代的先导。

东汉时期石刻真正进入了兴盛的时代，刻石不仅数量众多[②]，而且品类繁盛，以墓碑为主，并由墓碑繁衍派生出多种功用的石碑，初步形成了由刻石、碑、碣、表、颂、石阙、石经、墓莂、摩崖、画像题刻、题字、题名、墓石等构成的碑家族群体。出现了“后汉以来，碑碣云起”[③]的局面，成为中国碑文化发展史上的第一个高峰。

---

① 李文田和康有为认为是伪刻，但并无充足证据，故历来认定此碑是汉代遗物。

② 据杨殿珣《石刻题跋索引》统计，除去石经，凡碑碣、墓志、摩崖、杂刻等总计在内，共 450 余种。而金其桢统计目前散存于全国各地、经专家鉴定的东汉碑刻有 230 余种。

③ 周振甫：《文心雕龙注释》，第 128 页。

第二节　碑文体式的形成

汉碑的外观形制已经逐渐确立,但从文字内容上来说,一种实用的工具发展演变为一种歌功颂德的文体,其间还受到其他一些因素的影响。

在文体的生成和变易中,一种新文体的产生并不是凭空进行的,新文体必然产生于对原有文体的创造性转化中[①]。几种文体之间的交叉、渗透,是产生新文体的基本途径,对于碑文体式的形成来说,亦是如此。它是在石刻记事文字、钟鼎铭功文字、诔文、颂体文学的交互影响下的产物。对此,黄金明已有详细的论述,本节也多采纳其观点。见《魏晋南北朝诔碑文研究》,第47页。

碑作为一种文体正式亮相,是在陆机《文赋》中,与铭、颂等几种文体并立,但陆机并未指出其始于何时。刘勰《文心雕龙·诔碑》认为碑肇自上古,"碑者,埤也。上古帝皇,纪号封禅,树石埤岳"[②]。徐师曾亦明确肯定碑始于秦:"周穆纪迹于弇山之石,秦始刻铭于峄山之颠,此碑之所以始也。"[③]但他们的看法是不准确的,混淆了碑与刻石的区别。刘宝楠《汉石例》云:"纪功碑亦以石,但不名碑,故《史记·封禅书》引《管子》、《秦始皇本纪》并云刻石,

---

① 陶东风:《文体演变及其文化意味》,云南人民出版社1994年版,第15页。

② 周振甫:《文心雕龙注释》,第128页。

③ 徐师曾著,罗根泽校点:《文体明辨序说》,人民文学出版社1998年版,第144页。

不言立碑。墓用石名碑，与刻石纪功德名碑皆始于汉。”[1]此观点与欧阳修《集古录》一致，叶昌炽《语石》亦持同见，都认为碑与文字刻石本是两事，由西汉迄于东汉中叶，尚无碑名，亦无碑文一体。文献记载与出土汉碑均可证实这一论点。

汉碑与秦代文字刻石不能等同言之，但汉碑的形成确实受到刻石的影响，体现在外观形制和体式写法两个方面。形制上的影响上节已有所分析，以下就体式写法试作分析。

从文字内容而言，秦代刻石主要用于歌功颂德、记录统治者的活动。对此，《史记·秦始皇本纪》有详细的记载。秦时刻石文辞，多为李斯所写，四言，三句一韵，前为记游，中为颂帝功德，结尾表明刻石之旨。如泰山刻石其辞曰：

> 皇帝临位，作制明法，臣下修饬。二十有六年，初并天下，罔不宾服。亲巡远方黎民，登兹泰山，周览东极。从臣思迹，本原事业，祗诵功德。治道运行，诸产得宜，皆有法式。大义休明，垂于后世，顺承勿革。皇帝躬圣，既平天下，不懈于治。夙兴夜寐，建设长利，专隆教诲。训经宣达，远近毕理，咸承圣志。贵贱分明，男女礼顺，慎遵职事。昭隔内外，靡不清净，施于后嗣。化及无穷，遵奉遗诏，永承重戒。[2]

秦代刻辞基本上采用四字韵语的铭文形式，琅邪台刻石更在

① 刘宝楠：《汉石例》卷1《墓碑例》，清同治八年刻本。

② 《史记》卷6《秦始皇本纪》，第243页。

铭后附序，句式整饬、音韵铿锵，这种记事与颂德相结合的形式对汉碑体式的形成起到了重要作用。

从东汉早期墓碑文字来看，简单质朴，仅具记事、标识功能，是原始丰碑“书写亡者之姓名爵里”的延伸，但较西汉的《麃孝禹碑》仅记年月姓名里邑更进一步。如《袁安碑》（东汉和帝永元四年，公元92年）：

> 司徒公汝南女阳袁安召公，授《易》孟氏[学]。永平三年二月庚午，以孝廉除郎中。四[年]十一月庚午，除给事谒者。五年四月乙□，迁东海阴平长。十年二月辛巳，迁东平[任]城令。十三年十二月丙辰，拜楚郡[太]守。十七年八月庚申，徵拜河南尹。[建]初八年六月丙申，拜太仆。元和三年五[月]丙子，拜司空。四年六月己卯，拜司徒。孝和皇帝加元服，诏公为宾。永元四年[三]月癸丑薨。闰月庚午葬。①

碑文仅述亡者籍贯、名讳、学业、历官、卒葬时间。之后刻于殇帝延平元年（106年）九月的《贾武仲妻马姜墓记》，写法基本与《袁安碑》相似，不过妇人之碑，所载内容稍有不同，叙其婚姻、家世、子女、卒年，最后表明刻石之旨：“□□子孙，惧不能章明，故刻石纪”。这种由简单的标识到与记事的结合，有着秦汉刻石记事的影响。

至安帝时，碑文形式进一步发展，将记事和颂德结合起来，更

---

① 高文：《汉碑集释》，河南大学出版社1997年版，第25页。

体现出秦代刻石文字的影响。元初元年(114 年)的《谒者景君墓表》石虽磨灭,其文可读者才数句,但仍可显见其中不同:“明哲幽通,言信行笃,谦廉允躬……勇匪石,外和内公……弹□奸妄,茹刚吐柔……州辟从事,□邦之雄,喧动万里,州郡位升,察举孝廉,百国之宗,能文绣……”[①]碑文前有短序,述景君之卒及立碑之由。后有四字韵文,以墓主一生履历为线索,咏功颂德之辞颇多,而且碑文后缀以“兮”字句结尾的“乱”。铭文篇幅长于序文。这种记事与颂德文字的融合,是将刻石记事颂功功能移置于墓碑的初步尝试,是墓碑由质向文进化的具体表现,显示出墓碑文体在形成过程中所受到的多方面影响。

碑文不仅受到刻石记事颂功的影响,还受到周代鼎铭的影响。铭功钟鼎始于周代。《金石丛话》云:“有铭刻的彝器,始见于商代后期,所刻的还只是简单的造器者名字。记载功绩的铭文,在周代的彝器上才逐渐出现。”[②]彝器即青铜礼器的通称,其中以钟鼎最为重要。周代有铸鼎铭功的传统。《左传·襄公十九年》:“季武子以所得于齐之兵作林钟,而铭鲁功焉;臧武仲谓季孙曰:‘非礼也。夫铭,天子令德,诸侯言时计功,大夫称伐。今称伐,则下等也;计功,则借人也;言时,则妨民多矣,何以为铭!且夫大伐小,取其所得,以作彝器,铭其功烈,以示子孙,昭明德而惩无礼也。今将借人之力以救其死,若之何铭之?’”[③]这段记载反映出周代铸鼎铭功的功能及礼制规定。对于鼎铭的性质、内容和意义,

① 《隶释》卷 6,第 69 页。

② 施蛰存:《金石丛话》,中华书局 1990 年版,第 1 页。

③ 阮元:《十三经注疏·春秋左传正义》,第 1968 页。

《礼记·祭统》阐述得较为详细:“夫鼎有铭。铭者,自名也,自名以称扬先祖之美,而明著之后世者也。为先祖者,莫不有美焉,莫不有恶焉,铭之义,称美而不称恶,此孝子、孝孙之心也,唯贤者能之。铭者,论撰其先祖之有德善、功烈、勋劳、庆赏、声名,列于天下,而酌之祭器,自成其名焉,以祀先祖者也。显扬先祖,所以崇孝也。身比焉,顺也。明示后世,教也。夫铭者,一称而上下皆得焉耳矣。”[①]铭文,就是将先祖的德业勋劳、庆赏声誉,刻于祭器之上,显扬先祖,以崇孝道,传布后世,教育子孙。上使祖先得以光耀,下使自己的孝心得以表达。作铭之意图,就是为了“称扬祖先之美”。在礼乐文化成为主流的周代社会,由于“器以藏礼”,青铜器日益受到重视,而铭文内容自然也为统治者所关注,他们认为“子孙之守宗庙、社稷者,其先祖无美而称之,是诬也;有善而弗知,不明也;知而弗传,不仁也。此三者,君子之所耻也”[②],祖先有功不颂、有德不传是一种“不仁”的行为。钟鼎铭功之义至为重大,因此儒家非常重视,认为“为之者,明足以见之,仁足以与之,知足以利之,可谓贤矣”。[③] 如果能够像卫国的孔悝鼎铭那样,论撰祖先之美,明扬后世,方为明哲仁智的君子。

到了汉代,仍有铸鼎铭功之例,南朝虞荔所著《鼎录》中,记有武帝建元鼎文、泰山鼎文,昭帝《蓝田覆车山鼎文》,宣帝《华山仙掌鼎文》。明田汝成《西湖游览志》中有武帝《祀太室中鼎文》。但是鼎铭渐少,遍检汉代文献,仅有崔瑗《窦大将军鼎铭》、蔡邕

---

① 杨天宇:《礼记译注》,第 646 页。

② 同上书,第 647 页。

③ 同上书,第 646 页。

《尚书朱穆鼎铭》等数种。究其原因,当与石材的逐渐推广、鼎铭之功能为碑石所代替有关。专家推断认为:"到东汉时,由于豪强大族的重视上冢礼俗、讲究建筑坟墓,再加上由于炼钢技术的进步,锋利的钢铁工具便于开凿和雕刻石材,于是在建筑石祠、石阙、石柱的同时,更流行雕刻石碑了。"[①]这个分析甚有道理。他从物质技术发展的层面上为我们揭示了东汉碑碣云起的原因,是由于人们对于石材加工技术的进步和提高,较之原料稀少、造价高昂、技艺繁复的青铜礼器,碑石的优点显而易见。于是钟鼎彝器的功能便转移到石碑上。

蔡邕是汉代碑文创作的大家,他的《铭论》论述了鼎铭向汉碑的转化过程:"《周礼·司勋》:'凡有大功者,铭之太常。'所谓诸侯言时计功者也。宋大夫正考父,三命兹益恭,而莫侮其国;卫孔悝之父庄叔,随难汉阳,左右献公,卫国赖之,皆铭于鼎;晋魏颗获秦杜回于辅氏,铭功于景钟,所谓大夫称伐者也。钟鼎礼乐之器,昭德纪功,以示子孙。物不朽者莫不朽于金石,故碑在宗庙两阶之间。近世以来,咸铭之于碑。"蔡邕认为汉碑替代了鼎铭的功能,这种观点在他所撰写的碑文中也时有体现。《陈寔碑》云:"钦盛德之休明,懿钟鼎之硕义,乃树碑镌石,垂世宠光。"[②]《朱穆坟前方石碑》云:"备器铸鼎,铭功载德。……于是依德象,缘雅则,设兹方石。"[③]朱穆汉桓帝时为尚书,受宦官诋毁,最后愤懑而卒。临终遗令其子,丧事尊古礼,勿仿时俗。因此,其子不敢崇大其坟、

① 杨宽:《中国古代陵寝制度》,第156页。
② 严可均校辑:《全后汉文》卷78,第893页。
③ 严可均校辑:《全后汉文》卷75,第882页。

不在坟前筑祠堂，不树墓碑，而是“备器铸鼎，铭功载德”。蔡邕为其撰写鼎铭，“作兹宝鼎，铭载休功。俾后裔永用享祀，以知其先之德”，但此鼎铭却不循古法，全以墓碑文写法出之，因而颇受刘勰之讥。《文心雕龙·铭箴篇》云：“蔡邕铭思，独冠古今；桥公之钺，吐纳典谟；朱穆之鼎，全成碑文：溺所长也。”[①]但这正反映了东汉墓碑的兴盛以及鼎铭功能之为墓碑所代替的现实状况，与蔡邕自己在《铭论》中的主张观念也是深相符契的。

刘勰论述碑的起源曰：“碑者，埤也。上古帝皇，纪号封禅，树石埤岳，故曰碑也。周穆纪迹于弇山之石，亦古碑之意也。又宗庙有碑，树之两楹，事止丽牲，未勒勋绩，而庸器渐缺，故后代用碑，以石代金，同乎不朽，自庙徂坟，犹封墓也。”[②]庸器即用以纪功的青铜器。《周礼·春官宗伯》：“典庸器：下士四人，府四人，史二人，胥八人，徒八十人。”郑玄注引郑司农语云：“庸器，有功者铸器铭其功。”[③]虽然刘勰对于碑的起源并未有较为明晰全面的阐述，但他认为碑是对庸器的继承，由于青铜器的渐缺，所以人们用碑石来代替钟鼎铭功纪德。而刘勰认为“碑实铭器，铭实碑文”，称碑文前面叙述生平之文字称为碑序，后面以韵语形式综括颂扬碑主德行的部分称为碑铭，这个观点为后世大多数人所认同。他对于先秦钟鼎铭文对于汉碑形式的影响予以充分肯定，这是和蔡邕基本一致的。《司隶从事郭究碑》云：“敢慕卫悝赞先之义，乃伐石

① 周振甫：《文心雕龙注释》，第128页。

② 同上书，第128页。

③ 阮元：《十三经注疏·周礼注疏》，第754页。

兴碑，以旌厥魂，俾后永有鉴焉。”[1]反映出汉代一般人对于碑功能起源的认识。

这样，“自庙徂坟”，汉代浓厚的墓祀风气引起了场所之变化；“以石代金”，庸器的渐缺以及生产技术的进步造成材质的替换和功能的转移；早期的木碑、刻石又给予墓碑形制上的影响；而就碑文体式而言，除了受到木表的标识文字、刻石的记事文字、钟鼎的颂德文字的影响，它还受到颂体文学的影响。

先秦颂体文学，主要以《诗经》中的大雅为代表。颂为宗庙祭祀之歌。“颂者，美盛德之形容，以其成功，告于神明者也。”（《诗大序》）汉时宗庙祭祀，依然制有郊庙诗歌，以崇述正德、光扬祖考为主，形式仿照《诗经》大雅之体。《后汉书》载：“建初中，肃宗博召文学之士，以毅为兰台令史……毅追美孝明皇帝功德最盛，而庙颂未立，乃依《清庙》作《显宗颂》十篇奏之。”[2]傅毅之《显宗颂》今已不存，《全后汉文》辑有两句：“体天统物，济宁兆民”、“荡荡川渎，既澜且清”[3]，为四言颂体。

在东汉初年，颂体文学发达，班固、崔骃、傅毅等著名文士，都创作了大量的颂德之作。班固有《高祖颂》、《东巡颂》、《南巡颂》、《安丰戴侯颂》、《窦将军北征颂》、《神雀颂》、《高祖泗水亭碑铭》、《十八侯赞》等颂扬之作，崔骃有《四巡颂》、《明帝颂》、《四皓墟颂》、《北征颂》、《仲山甫鼎铭》等颂体文，傅毅有《显宗颂》、《窦将军北征颂》、《西征颂》、《明帝诔》、《北海王诔》等颂述功德之

---

① 《隶释》卷 10，第 120 页。

② 《后汉书》卷 80 上《傅毅传》，第 2613 页。

③ 严可均校辑：《全后汉文》卷 43，第 707 页。

作。《荀子·儒效》曰："儒者在本朝则美政，在下位则美俗。"[①]在汉武帝推尊儒术之后，这种凝聚着"褒称盛美以成风德"的儒家教化意识普遍为士人所接受，他们自觉承担起褒美盛世的历史使命，认为"褒功述德，政之大经"[②]。尤其在明帝、章帝之时，海内清平，朝廷无事，礼仪备具，经学兴盛，颇有儒家盛世气象。时代鼓荡着文人，三代及西周盛世颂声兴作的理想景象也激励着文人兴作颂文、光扬大汉的意识。于是文士们纷纷颂述功德，或昭显天子之功德，或颂扬重臣之勋绩，或述美帝都之雄伟，一时在文士们各种体式的创作中，颂美之声不绝于耳。

至东汉中期之后，颂美主题有所衰弱，尤其东汉晚期，主荒政谬，士人清流与朝中权势已清浊异途、势同水火，既然无美政可颂，士人就以美俗为务，颂述功德于是由宫廷走出，转向社会各阶层，咏颂良吏美政、乡贤孝子、醇儒名士，因此碑颂大兴，墓碑、神庙碑、祠堂碑、记功碑、山川碑、寺观碑、桥道碑各种纪功颂美的碑都涌现出来。由此可见，汉碑之兴并非孤立的一种创作现象，而是在东汉颂美文学的兴盛中发展起来的一枝奇葩，有着深厚的文体背景。

汉代墓碑文在职能上继承了颂体文学。由于在内容上都有纪功颂德和对事物进行礼赞的内容，因此碑文与颂体在某些方面也产生了交叉。很多碑文铭辞明示其有依仿《诗经》颂体之意。如《荆州刺史度尚碑》云："于是故吏感《清庙》之颂，叹斯父之

---

① 王先谦：《荀子集解》，第120页。

② 严可均校辑：《全后汉文》卷78，第893页。

诗。"[①]《太尉杨震碑》云:"缘在三义一,颂有《清庙》,故敢慕奚斯之追述,树玄石于坟道。"[②]《清庙》是《诗经》中颂之一篇,《毛诗正义·清庙·序》云:"清庙,祀文王也。周公既成洛邑,朝诸侯,率以祀文王焉。"郑玄云:"于穆清庙,周公升歌文王之功烈德泽,尊在庙中。"[③]可知《清庙》乃宗庙祭祀时颂扬文王功德的乐歌。树碑勒铭,乃感慕《清庙》而作,点明了碑文的颂美职能。不仅如此,碑文在形式上也继承了《诗》颂的一些特点,《益州太守高颐碑》、《冀州刺史王纯碑》、《都乡孝子严举碑》等都云碑铭为"碑颂",而其句式也多模仿《诗》颂,四言一句,有韵。许多句式系直接化用《诗经》颂体原文而来。因此姚鼐《古文辞类纂序》云:"碑志类者,其体本于诗。"[④]叶昌炽《语石》卷6云:"金石刻词,昭示无斁。秦汉诸碑,炳焉与雅颂同文。"[⑤]可见对于诗颂给予碑铭的影响,文论家都是一致肯定的。颂美文学以咏颂为主,碑继承了早期刻石文字的标识记事功能,又受到颂美文学的影响,记事与铭颂逐渐结合,碑文的格式和语言形式渐趋固定。

碑文在演进中亦受到诔文的影响。"写远追虚,碑诔以立。铭德纂行,光彩允集。观风似面,听辞如泣。石墨镌华,颓影岂戢?"[⑥]刘勰的这段话,点出了诔碑产生的原因及其职能,就在于叙写死者生前的功业,追忆死者留下的德行,铭刻其美德记叙其善

① 《隶释》卷7,第81页。
② 《隶释》卷12,第136页。
③ 阮元:《十三经注疏·毛诗正义》,第582页。
④ 姚鼐:《古文辞类纂》,中华书局四部备要本,第1册序目,第10页。
⑤ 叶昌炽撰、柯昌泗评:《语石　语石异同评》,第388页。
⑥ 周振甫:《文心雕龙注释》,第128页。

行，使之光彩允集，永垂不朽。诔与碑文，虽文体有别，然性质、职能相同，故二者又有兼融。“夫碑实铭器，铭实碑文，因器立名，事先于诔，是以勒石赞勋者，入铭之域，树碑述亡者，同诔之区焉。”[①]刘勰述碑、铭、诔之间的关联与区辨，表明碑是铭器，也是一种文体。以碑之用途来分，勒石赞勋者归入铭，树碑述亡者则为碑文，其职能与诔相同，表明碑文在写作中与铭文、诔文互有交叉、相辅相成的情况。

尽管刘师培对刘勰混同碑、诔颇有微词[②]，认为墓碑应纯以死者为主，而诔则兼抒作者之哀，但刘勰的阐述正反映出汉代在碑文写作中的实际状况。而在汉代碑文中，经常称其所刻文辞曰铭，体现出它由题刻文字而来的特性（普通汉碑多有“乃作铭曰”四字）；曰诔（如《隶释》9《堂邑令费凤碑》），则反映了碑文和诔文在写作上的联系。可以看出，汉碑既继承了先秦青铜器铭文纪功颂德的传统，同时因为属于述亡之体，又受到哀悼死者、表达纪念心情的诔文的影响，因碑、诔性质职能相近，因此诔往往能铭刻于墓碑。桓、灵之世，树碑之风盛行，诔的职能基本为碑所代替，诔的一些语言形式及内容亦被碑文所吸收。如原来用于诔文中的一些习语，如“呜呼哀哉”、“昊天不吊”、“死而不朽”等等，经常出现于碑文中。这种吸收和转化，促进了碑文体式的形成和兴盛，

---

① 周振甫：《文心雕龙注释》，第 128 页。

② 刘师培云：“刘勰以勒器赞勋及树碑述亡为铭诔之区划，用意亦欠明晰。盖碑铭不限于赞勋：或纪功以昭遗爱，或表墓以彰景行，树石勒铭，义兼生死。而刘勰惟以纪功者为铭，而以表墓者同诔。实则自汉以后，墓碑之体，显与诔殊，一则纯以死者为主，一则兼抒作者之悲，述德陈哀，宜别人我。混而同之，转滋惘矣。”参见《中古文学论著三种》，辽宁教育出版社 1997 年版，第 165 页。

也对诔文造成极大的冲击，使东汉后期的诔文创作归于沉寂。

当然，碑文的形成还受到了东汉时代其他各种墓地建筑如画像石、石阙、华表、祠堂等石刻文字的影响。在碑大量出现之前，这些墓地建筑的石刻上均有一些内容简单的记事文字，如东汉时墓前立石阙，阙上题字，标示亡者姓氏、名字、历官，有时还附记年月。如《金石录》卷14云："《汉路君阙铭》二，其一云：'会稽东部都尉路君阙。永平八年四月十四日庚申造。'其一云：'君故豫州刺史、温令、元城令、公车司马令、开阳令、谒者、议郎、征试博士路君。'"[①]这样的阙具有标识、记事的性质。还有的在阙上勒铭，记载墓主事迹，内容较长，已经具有碑文"纪德铭功"的特点。《隶释》卷6录有《谒者景君墓表》[②]及《郯令景君阙铭》，详记景君卒年、家世、学行，并兼叙哀情，体制与碑文无异。另外，汉代墓前又有神道碑，一般有文字以示标识。如《隶释》卷13录《交趾都尉沈君二神道》，一云"汉谒者北屯司马左都侯沈府君神道"，一云"汉新丰令交趾都尉沈府君神道"。[③] 因为"汉人所作墓阙神道者，弟欲表封陌、限樵牧尔"[④]，并非是为了镌刻铭功颂德之辞。所以阙铭、神道碑文之类往往只是简单记载亡者官职、姓名。

从现有资料来看，石阙在蜀中存留最多，如《洛阳令王稚子二阙》、《交趾都尉沈府君二神道》、《益州太守高颐阙》、《幽州刺史

① 赵明诚撰，金文明校证：《金石录校证》，第233页。

② 洪适注云："东都自路都尉墓阙，盖表阡铭圹之滥觞也。有文而传于今，则自景君始。"认为此墓表为阙。见《隶释》卷6，第69页。

③ 《隶释》卷13，第145页。

④ 同上书，第148页。

冯涣神道》、《钜鹿太守金君阙》、《高直阙》、《杨宗墓阙》等。据统计全国现存石阙28处，四川占23处，而且多数石阙属于东汉时期[①]。其次多出现于山东，如《南武阳功曹阙》、《景君墓表》、《景君阙》、《不其令董恢阙》、《武氏石阙》等，另外河南也有一些。墓阙、神道出现时间较早，在东汉明帝、章帝、和帝、安帝时均有，说明这是较早时期的有简单记事文字的一种墓前石刻。而安帝时期的《景君墓表》和《景君阙》则是开始在墓阙的标识功能上再赋予其纪颂功德的内容，这是一种尝试。而其时志墓之碑尚处于萌芽时期，如《贾武仲妻马姜墓记》（殇帝延平元年）、《袁安碑》（安帝元初四年）这些较早时期的碑文在体制上尚呈现出一种摸索状态，在形制上也显得粗糙[②]。因此阙铭、神道之文字势必对碑文的内容产生影响。墓碑的形制及设置的位置，使其早期的标识简单记事的功能，皆不如墓阙和神道；而墓阙、神道的标识功能则在造型上要求更多，石阙讲究美观、高大。因此在墓碑兴起之后，墓上的石刻文字在衍变中，相互间有兼融而又有了分别，墓阙承担标识功能，上面简单记叙名字、官职，讲究造型，上有图案。而墓碑主要是铭刻亡者事迹以歌功颂德之用，发挥文字记事功能。故而自《谒者景君墓表》、《郯令景君阙铭》之后，阙铭均只载名讳官职，如献帝建安十四年的《益州太守高颐阙》两块，一云“汉故益州太守武阴令上计史举孝廉诸部从事高颐字贯方”，一云“汉故益州太

---

① 参见谢荔：《四川汉代碑刻艺术初论》，《四川文物》1992年第6期。

② 1993年河南偃师出土《汉故安乡侯张禹碑》，立于东汉永初七年（113年），碑主为太傅张禹，官高位隆。而其墓碑小而材劣，碑面粗糙，凿剁痕迹纵横分明，字迹简易，反映出此时期墓碑初起的一种原始状况。

守阴平都尉武阳令北府丞举孝廉高府君字贯(方)"。[1] 碑文和阙铭从此判然两途,而且随着人们对于"镌刻金石,留名不朽"越来越热的追求和渴望,碑文从石刻文字中脱颖而出,由附庸而蔚为大观,墓阙、神道则渐受冷落,桓、灵以后的阙铭在金石著作中存录无几。

在汉碑发展过程中,碣、墓表、灵表、神道碑、神诰、哀赞等形式与墓碑在功能上相同,均是述亡颂德之作,有时在写法上亦大致相同。因此王应麟《困学纪闻》卷13曰:"蔡邕文今存九十篇,而铭墓居其半,曰碑、曰铭、曰神诰、曰哀赞,其实一也。"[2]认为它们同属一种文体,都是碑的别名。

到了东汉中期,在各种文体的交流、渗透、融合之下,碑文有了较为固定的格式和语言形式,碑文文体就正式形成了。

东汉碑文一般由三部分组成:碑额、碑序及碑铭。碑额,即碑文之首行,标明碑主的身份,或阐述立碑之宗旨;碑序记述碑主姓名、籍贯、世系、仕宦履历,并兼叙德行、政绩,最后记卒年及人们的悼念、颂扬之情;碑铭为结尾的韵语,对碑主进行总结式的颂赞。以《太尉李咸碑》为例:

> 公讳咸,字元卓,汝南西平人,盖秦将李信之后,孝武大将军广之胄也。枝流叶布,家于兹土。文武继踵,世为著姓。曾祖父江夏太守,伯父东郡太守,公受纯懿之姿,粹忠清之

① 《隶释》卷13,第145页。

② 王应麟:《困学纪闻》,文渊阁《四库全书》影印本,上海古籍出版社1987年版,第854册,第396页。

节，夙夜严慄，孝配大舜，敦诗书而悦礼乐，观天文而察地理，明略兼洞，与神合契，操迈伯夷，德追孔父。举孝廉，除郎中、光禄茂才，迁卫国公相，授高密令。勤恤民隐，政成功简，迁徐州刺史。百司震肃，饕餮风靡，恶直丑正，恭事法宫。帝念其勋，屡被荣命，拜渔阳太守，还迁度辽将军，协德魏绛，和戎绥边。徵河南尹。母忧乞行，服阙奔命。孝桓皇帝时，机密久缺，百僚佥乞，诏拜尚书，历仆射公纳言。危行不诎，以公事去，民神愤怒。群公荐之，帝曰俞哉，徵拜将作大匠、大司农、大鸿胪、太仆。公所莅任，宪天心以教育，激垢浊以扬清，为国有赏，盖有亿兆之心，懿铄之美，昭登于上。丕显之化，宣闻于下。及迁台司，位太尉，补衮阙，叙彝伦，天人交格，终始无疵。虽元凯翼虞，周召辅姬，未之或逾。功遂身退，以疾自逊，求归田里，告老致仕。七十有六，熹平四年（175 年）薨。海内咨嗟，莫不恻焉。于是故吏颍川太守张温等相与叹曰：名莫隆于不朽，德莫盛于万世，铭勒显于钟鼎，清烈光于来裔。刊石立碑，德载不泯。词曰：天垂三台，地建五岳，降生我公，应鼎之足。奕世载德，名昭图录。既文且武，桓桓绍续。外则折冲，内则大麓。惟清惟敏，品物以熙。告老悬车，天人靡欺。曾不百龄，圮我国基。人之云亡，八极悼思。申德作颂，光宠宣流，镌纪斯石，鸿烈显休。①

此碑为蔡邕所撰。碑额为“太尉李咸碑”，表明碑主身份地

① 严可均校辑：《全后汉文》卷 76，第 887 页。

位。从“公讳咸，字元卓，汝南西平人，盖秦将李信之后，孝武大将军广之胄也”至“刊石立碑，德载不泯”为碑序部分，先后叙述了李咸的讳字、籍贯、世系、仕宦履历、寿年、卒年及立碑缘由，中间兼有评价德行政绩之语，叙事咏颂结合。从“词曰”之后至“镌纪斯石，鸿烈显休”一段，为碑铭部分，用四言韵语的形式对李咸一生进行总括颂赞。整个碑文叙事简要，辞采雅泽，风格古朴庄重，体式规整，将太尉李咸的人生历程完美地展现出来，可称为东汉时期成熟汉碑的代表之作。

第三节　汉碑文体地位的确立

碑文文体在东汉中期形成后，其创作也进入了繁荣时期，成为当时文士除诗、赋之外最重要的一种文学创作形式。自汉而下，一直到清代，碑文均是最受关注、应用最为广泛的实用文体之一。这种独特的文学现象及文体形式，从产生之时，就引起了人们浓厚的理论探讨兴趣，历代文体论著给予它极大关注。

中国古代文体归类，主要采用“因文立体”的路数。即先有单篇文章的创作，后有多篇文章因其文体功能或文体特征的相似性而合并归类，并为之命名。[①] 明人徐师曾在谈到《文体明辨》一书的编纂方式时，明确地说：“是编所录，唯假文以辨体，非立体而选文，故所取容有未尽者。”[②]假文以辨体，即根据现有的大量文章，

---

① 郭英德：《中国古代文体学论稿》，北京大学出版社 2005 年版，第 75 页。

② 徐师曾著，罗根泽校点：《文体明辨序说》，第 78 页。

辨别体裁，以类相从；"立体而选文"，则是先对文体进行抽象的分门别类，然后选录各种文体的代表性文章。就其逻辑方法而言，前者运用的是归纳法，后者运用的是演绎法。"因文立体"无疑是中国古代文体归类的传统方法，而古代文体分类相当注重文体的应用性质和社会功能，为了便于实用，所以文体分类日趋纷繁琐杂。如南朝梁时任昉《文章缘起》分文体为84类，萧统《文选》分文体为39类，明吴讷《文章辨体》分文体为59类，徐师曾《文体明辨》分文体为127类。

中国古代的文类既然是通过"因文立体"的归纳法产生的，那么构成某一文类的基本前提便是应有体现出某些共同的、惯例化的文体特征的一定数量的作品的支撑①。因此，具有文体相似性的作品必须达到一定数量，才可能归纳为一种文体类型，并为人们所公认，碑作为一种文体的产生，同样遵循着这个规律。

在中国历史上，先秦时期各种文体的写作已经非常繁盛，但有意识地辨析和类分文体，却是在东汉后期才逐渐开始的。刘师培云："文章各体，至东汉而大备。汉魏之际，文家承其体式，故辨别文体，其说不淆。"②因此，汉魏时期对于文章的辨体意识，也显示出此期文学的自觉。

东汉末年，蔡邕的《独断》和刘熙的《释名》都是考释事物名称的著作，兼及文体的名实辨析。蔡邕的《独断》"采前古及汉以来

---

① 陶东风：《文体演变及其文化意味》，第51页；童庆炳：《文体与文体的创造》，云南人民出版社1995年版，第110—118页。

② 刘师培：《中国中古文学史讲义》，上海古籍出版社2000年版，第20页。

典章制度、品式称谓,考证辨释,凡数百事”[①],其中考释的大多是策书、制书、诏书、戒书,以及章、奏、表、驳议等公牍文体。而在另一篇《铭论》中蔡邕对铭体进行了论述,认为碑由代替钟鼎昭德纪功之职能而来,碑为铭器,并未以之为文体名,碑文归属于铭,称为碑铭。[②] 而刘熙《释名》卷6《释书契第十九》和《释典艺第二十》则对奏、檄、谒、符、传、券、策书、册、启、书、告、表、令、诏书、论、赞、叙、铭、诔、碑、词等文体进行了训释。刘熙述碑云:“碑,被也。此本葬时所设也,施辘轳以绳被其上,以引下棺也。臣子追述君父之功美,以书其上,后人因焉。故建于道陌之头,显见之处,名其文,就谓之碑也。”[③]由刘熙此语可知,碑此时已有铭刻之器、铭刻之文双重含义。蔡邕和刘熙对于碑的名称及其内涵、外延的考辨,虽然属于初步的文体形态的理论探讨,但已体现出较为鲜明的辨体意识。从中可知碑在东汉时代伴随着创作的进一步发展、具有文体相似性的作品逐渐增多,已经作为一种文体破土而出了。

东汉以来,各类文体大兴,文体的类别特征空前突出,某些文体的写作有专门化色彩,如蔡邕、崔瑗擅长碑文。文人的专门化和文体的多样化现实,促使人们进行文体学思考,因此魏晋以来

---

① 王应麟:《玉海》卷51“汉蔡邕《独断》”条下,文渊阁《四库全书》影印本,第994册,第378页。

② 《后汉书·郭泰传》:“蔡邕谓卢植曰:‘吾为碑铭多矣,皆有惭德,惟郭有道无愧色耳。’”蔡邕《铭论》云:“钟鼎礼乐之器,昭德纪功,以示子孙。物不朽者,莫不朽于金石,故碑在宗庙两阶之间。近世以来,咸铭之于碑,德非此族,不在铭典。”可知蔡邕称所撰碑文为铭,碑仅为铭刻之器,并非文体之名。

③ 刘熙:《释名》卷6《释典艺》,文渊阁《四库全书》影印本,第221册,第413页。

出现的许多文论著述，都以东汉各种文体作为重点。随着文学的发展，文体的辨析除着眼于社会功能之外，以语言风格来区分文体的辨析观念也日趋明朗。东汉建安年间，曹丕的《典论·论文》云："夫文本同而末异。盖奏议宜雅，书论宜理，铭诔尚实，诗赋欲丽。此四科不同，故能之者偏也。唯通才能备其体。"[①]将文章分为四科八体，并指出这些文体的基本风格特征，碑铭属于铭诔，是述功记悼载业载绩的文章，故而其体类特征重在纪实。

其后，约撰于西晋永宁元年的陆机《文赋》，自觉地探索文学自身的特征，并注意到作家个人的品格和情感在创作过程中所发挥的作用，首次揭示了"缘情"、艺术构思的秘奥，对文学风格、文学创作中的应感现象以及作品构成过程中的立意、结构、裁剪、修辞、音韵等许多问题，提出了精辟的见解。在《文赋》中，他对于当时的10种文体的风格进行了总结："诗缘情而绮靡，赋体物而浏亮。碑披文以相质，诔缠绵而凄怆，铭博约而温润，箴顿挫而清壮。颂优游以彬蔚，论精微而朗畅，奏平彻以闲雅，说炜晔而谲诳。"[②]认为艺术的特定体裁，都是从不同的侧面去反映生活和概括生活的，由于把握生活的形式和内容的特点各不相同，因此风格上也有差异，而碑文是表彰功德的，故必须借助于文辞的修饰，要以文助质，强调了碑文文体美的特质。在此，碑已经彻底脱离了铭，正式作为一种文体亮相，与诗、赋、诔、铭、箴、颂，皆为有韵之文（并且列于诔、铭之前）；而论、奏、说，则为"无韵之笔"。这种

① 严可均校辑:《全三国文》卷8，第1098页。

② 《文选》卷17陆机《文赋》，上海古籍出版社1986年版，第241页。

先"文"后"笔",且以诗、赋为首的文体排序,较之《典论·论文》,彰显了西晋时期倚重文采、推崇抒情文体的时代特点①。陆机称"碑披文以相质",这一描述简洁地概括了碑的特点,基本上为后代碑文文体研究者所本。陆机的概括尽管点明了碑文文体叙事的主要特点,但对文体本身的界定并不明确。

至东晋,挚虞的《文章流别论》将文体分类更加深化②,论述各类文体的性质、起源和演变,是一部文体论专著,他还撰有一部"文章流别集",选辑各种作品,按文体的不同编排,可以见出各类文体的区别和源流。可惜这两部书均已亡佚。仅在《艺文类聚》、《太平御览》中存《文章流别论》的片段佚文。从这片段佚文中,可以看到该书至少论列了颂、赋、七、箴、铭、诔、哀辞、解嘲、碑、图谶等11类文体。其中论碑云:"古有宗庙之碑,后世立碑于墓,显之衢路,其所载者铭辞也。""夫古之铭至约,今之铭至繁,亦有由也。质文时异,则既论之矣。且上古之铭,铭于宗庙之碑。蔡邕为杨公作碑,其文典正,末世之美者也。"③可见这里的"碑"并非文体,而只是文章的载体,碑上文章为铭。挚虞对碑铭文的分析开始探询文体本身的起源,并且明确提出碑是铭刻文字的一种载体,比陆机的文体论说更为清晰。但挚虞将碑文属类于铭,但又将墓碑单列一类,盖其时墓碑之作已凸显,有别于传统之铭,他并未将碑中之铭的特殊之处界定出来,故而有此含混之举。

---

① 郭英德:《中国古代文体学论稿》,北京大学出版社2005年版,第81页。

② 《晋书》卷51《挚虞传》载:"挚虞又撰古文章,类聚区分为三十卷,名为《流别集》,各为之论,辞理惬当,为世所重。"

③ 严可均校辑:《全晋文》卷77,中华书局影印本1987年版,第1906页。

南朝刘宋是文学思想变迁的重要转折点，表现出鲜明的文学自觉意识及文体辨析观念。范晔《后汉书》在《儒林传》之外明列《文苑传》，在传记中详细著录传主的各体文学著述，并且采取先“文”后“笔”的著录顺序，正是这个时代风气的产物。《后汉书》在列传中详细著录了传主各种文体著述的情况，是对东汉以降文人创作和编纂文集的实践活动的客观记录，同时也表现了刘宋时期以文体分类著录作家作品的文体观念。《后汉书》共为48位传主著录了其各种文体著述情况。经过整理后，48条传记资料实际著录了44种文体。①

而在48位传主中，有14人曾创作过碑②，而在他们著述的著录次序上，基本是先诗、赋、碑、诔、颂、铭、赞、箴等“有韵之文”，后表、奏、论、议、令、教、策、书、记、檄、说等“无韵之笔”，如无诗、赋作品，则碑列在最前面。这一著录次序，表现出从汉末至刘宋区分文笔的文体辨析观念已趋于明朗，也反映出碑作为一种新兴文体在汉代文学创作中的繁荣及其重要地位。同时，《后汉书》列传在著录传主著述时，最后大多著录其所作文辞的总篇数，实际上可视为作家著述编订成集的一个可靠证明，为分体编撰文集作了

---

① 据郭英德《中国古代文体学论稿》，44种文体包含：诗、赋、碑（含碑文）、诔、颂、铭、赞、箴、答（含应讯、问）、吊、哀辞、祝文（含祷文、祠、荐）、注、章、表、奏（含奏事、上疏）、笺（含笺记）、记、论、议、教（含条教）、令、策（包含对策、策文）、书、文、檄、谒文、辩疑、诫述、志、说、书记说、官录说、自序、连珠、酒令、六言、七言、琴歌、别字、歌诗、嘲、遗令、杂文。

② 这14人分别是《后汉书》卷67桓麟，卷81崔瑗、崔寔，卷84杨修，卷91马融，卷90蔡邕，卷94卢植，卷95皇甫规，卷100孔融，卷109服虔，卷110葛恭、边韶、张升、张朝。

初步的准备,并从一个侧面体现出六朝人鲜明的文体归类意识、文体辨析观念和文集编纂观念。

刘勰的《文心雕龙》是古代文论中体系最恢宏、结构最紧密的所谓"体大而思精"的文学理论专著,涉及文质论、创作论、作品论、鉴赏论等各个方面,而文体论则是其着重阐述的方面。其《诔碑篇》中,刘勰对"碑"进行了更为细致的剖析:"碑者,埤也……夫属碑之体,资乎史才,其序则传,其文则铭。标序盛德,必见清风之华;昭纪鸿懿,必见峻伟之烈:此碑之制也。夫碑实铭器,铭实碑文,因器立名,事先于诔,是以勒石赞勋者,入铭之域,树碑述亡者,同诔之区焉。"①他认为碑的来源有两种,一是帝王封禅祭天在山上竖石称碑,后来刻石颂功德;一是古代宫室宗庙里竖木称碑,后来竖在墓前,转用为石,刻死者籍贯姓名及功德勋业。对于碑文的写作,刘勰认为作者首先要有作史的识见和才能,"属碑之体,资乎史才",就碑文的内容来说,是要"标序盛德","昭记鸿懿",要突出叙写死者的美好品德,鲜明地记载死者的高尚言行,展现其"清风之华"、"峻伟之烈"。就碑文的文体内涵说,"其序则传,其文则铭"。"勒器赞勋者,入铭之域;树碑述亡者,同诔之区",指出了碑文在写作实践中与传记、铭文和诔文互有交叉、相辅相成的情况。可以看出,刘勰所界定的"碑"是以碑为载体,以"标序盛德"为目的,以叙事为主要手法的一种文体。刘勰述碑、铭、诔之间的关联与区辨,表明碑既是铭器,也是因器得名的一种文体;而以碑之用途来区分,则勒石赞勋者归入铭,而树碑述亡者

---

① 周振甫:《文心雕龙注释》,第128页。

则为碑文,与诔相似。

第一部按体区分、以类编排的文学总集是萧统的《文选》,全书收录了周代至六朝梁以前诗文作品 700 余篇,分类具体细致,指出各种文体的源流、功能及特征,并选出各文体范文,以便于阅览揣摩,指导写作。它首次在文论史上划清了文学与非文学的界限,专收具有文学性的诗赋和散文,指出这些作品的特点是"以能文为本","事出于沉思,义归乎翰藻",具有通过艺术构思并用美丽的辞藻加以表现的文学品格,对于促进其后文学的自觉和独立都产生极其深远的影响。在《文选》中,列有碑文类和墓志铭类,碑文类收范例文章 5 篇,其中 4 篇为墓碑文,1 篇为寺庙碑文。《文选》将墓志铭别为一类的做法为文体研究中将墓志铭与碑文分离开了先例。以后的《文苑英华》、《唐文粹》直到明清两代的文章选本都循此例,将碑文、墓志铭分列两目。

唐宋以降,各代所编的文章总集不可计数,但它们大多受《文选》的影响按体编排,依类收文,如宋人姚铉编《唐文粹》(卷 50 至 65 为碑,祠庙等碑与神道碑、墓碑各为一类)。宋代真德秀的《文章正宗》化繁为简,把文章分为辞命、议论、叙事、诗赋四大门,在门下系类,开了后世分门系类的先河。碑文归入叙事门下。明代两部文章总集,吴讷的《文章辨体》、徐师曾的《文体明辨》,此二书的"序说"部分,对各类文体从名称、性质、源流上都作了较为详细的说明,具有文体论性质,但在文体分类上除在文体上有所扩充之外,基本沿袭《文选》,吴讷列"碑"一体,下分墓碑、墓碣、墓表、墓志、墓记、埋铭。徐师曾列"碑文"一体,下分碑阴文、记志、纪事、题名、字说、行状、述、墓志铭、墓碑文、墓碣文、墓表等。吴讷和徐师曾对碑铭文体的分类过于琐细。至清代桐城派古文家姚鼐《古文辞类纂》时，选录了从战国至清代的古文辞赋，书中将文体划为13类，依次为论辩类、序跋类、奏议类、书说类、赠序类、诏令类、传状类、碑志类、杂记类、箴铭类、颂赞类、辞赋类、哀祭类。论述各类文体的特点和源流演变，其中不乏新的识见。在碑志类中，将吴、徐二人对碑文的琐细分类总括起来，“碑志类者，其体本于诗歌，歌功颂德，其用施于金石”①，所选碑志类文章包括刻石勒功之作、庙碑、神道碑、墓志铭。将碑文的各个小类最终作为一种文体的外延提了出来，是颇有启发性的。

以上对于历代文论著作和文章总集的分类情况的综述，可见自汉代以来所形成的一种独特的文体——碑文，在文学发展史中和诗、赋等文学体裁一样，一直占有一席之地，其文学地位已无可置疑。

清代金石学家叶昌炽指出：“案《史记·始皇本纪》，上邹峄、泰山，皆云所刻所立石，不言立碑。则秦时碑字尚用于宫庙系牲之石及窆木。凡刻石之文皆谓之碑，当是汉以后始。”②将各种刻石文字泛称为碑，始于东汉。则汉以后碑的含义非常广泛，有引申有扩展。首先，碑作为铭器，是一种书写载体；其次，碑上刻有文字，即碑文，省称为碑，是一种文体。碑包含作为书写载体的碑以及作为碑文两层含义。而碑自其体制言，则直立中央四无依据者谓之碑，在门上者谓之阙，埋于土中者谓之墓志，在土中或出土

① 姚鼐：《古文辞类纂》，第1册序目，第10页。

② 叶昌炽撰，柯昌泗评：《语石　语石异同评》，第388页。

甚低者谓之碣。自其功用而言,则有墓碑,有祠堂碑,有神庙碑,有杂碑,有纪功碑。自其文字形式而言,则有铭(此体最多,普通汉碑多有“乃作铭曰”四字),有颂(如《西狭颂》),有叙(如《张公神碑》,见《隶释》卷3),有记(如《高朕修周公礼殿记》,见《隶释》卷1),有诔(如《堂邑令费凤碑》,见《隶释》卷9),有诗(如《费凤别碑》,见《隶释》卷9)。有铭后附以乱者(如《巴郡太守樊敏碑》,见《隶释》卷11),有有韵者(普通皆然),有无韵者(《冯绲碑》,见《隶释》卷7)。碑从其功能到形式都具有很大的弹性和包容性,很难用一种文体加以笼统概括,所以学者对碑文是否作为一种文体形式没有统一的认识。而对于以碑来作为文体名称,历代均有人表示反对。宋代孙何《碑解》云:“碑非文章之名也,盖后假载其铭耳。铭之不能尽者,复前之以序,而编录者通谓之为文,斯失矣。陆机曰:碑披文而相质。则本末而无据焉。”[①]清纪昀表示赞同:“碑非文名,误始陆平原,孙何纠之,拔俗之识也。”[②]赵翼《陔余丛考》云:“碑有序有铭,谓之碑文碑铭可也,直谓之碑则非也。”[③]

刘师培持同样观点:“三代以上铭皆勒于铜器,刻石者甚少。石鼓之时代迄今犹有争议。故三代有无刻石,尚属疑问。然则竖石盖为碑之本义,刻铭则其后起之义也。树碑之风,汉始盛行,而

---

① 徐乾学:《读礼通考》卷98“丧具”,文渊阁《四库全书》影印本,第114册,第358页。

② 贺复征:《文章辨体汇选》卷436,文渊阁《四库全书》影印本,第1407册,第434页。

③ 赵翼:《陔余丛考》卷32“碑表志铭之别”,第684页。

东都尤甚。惟乃刻石之总名，而非文体之专称。……盖凡刻石皆可谓之碑，而非文章之一体，与铭箴颂赞之类不同。惟以铭体居十之六七，故汉人或统称碑铭，碑则刻石，铭则文体也。"[①]范文澜等亦认为碑非文体之名[②]。

以上学者的观点，自然有一定道理，以碑作为文体名称是否妥当，也确实值得商榷。而从汉代的具体情况来看，汉碑中称其所刻文辞为铭者居多，亦有称诔、称颂、称记、称叙者；蔡邕为碑文创作大家，创作的汉碑数量最多、文学性最高、影响最大，他有一部专门论述碑文起源和性质的论著，称为《铭论》，可见在汉代，"碑为铭器，铭实碑文"是当时人们的普遍观念。而从陆机开始，碑、铭始分，以碑作为碑上文辞之专称。在后来各种文论和文集的分类中，碑、铭、诔等文体均判然两途，各不混淆，可见这已经成为一种相沿成习的惯例。而在汉代碑碣云起的热潮中，树碑表墓是当时刊石的主要方式，墓碑作为碑家族中的主力，在其发展演变过程中，已形成特定的外观形制、较为固定的语体规范和写作格式、一大批投身其中的文人学士，因此，在汉代，碑文就有了很强的指代性——墓碑文，人们主要以碑来指代墓碑文。《文选》把碑文列为一体，选文 5 篇，4 篇为墓碑文；刘勰《文心雕龙》也将碑文列为一体，论述碑的起源、演变云"自庙徂坟，以石代金"，在"选文以定篇"（选取有代表性的作品以说明不同文体的特征）中，所列举者全为墓碑文。显然，刘勰之碑文指的就是墓碑文，而不包

① 刘师培：《中古文学论著三种》，第 165 页。

② 范文澜：《文心雕龙注》，第 231 页，注 27。

括纪功碑在内。从广义而言,碑文的包容性的确很大,仅用“碑文”一体来概括和涵盖所有形式的刻铭之碑是远远不够的。因此后代文体学著作中在“碑文”大类之下,又据功用细分出墓碑、墓碣、纪功碑等若干类。但从汉代碑刻的发展状况来看,以碑文来特指墓碑,应该是大多数人能够接受的。

第四节 汉碑体式的形成及演进轨迹

在对其他文体进行广泛的吸收之后,碑文最终形成自己与众不同的文体形式和特征,取得独立的文体地位,与诔、颂、诗、铭等文体分庭抗礼,大有后来居上之势。碑文受到文人们的普遍关注,成为他们创作的主要文体之一。文人的参与使碑文走向繁荣,同时也是碑文开始真正走向文学化的一个标志。

汉代碑文,从其形制、体式之形成至碑碣繁盛的时间相距甚短,而且碑文也处于不断的演进过程中,表现并不齐整,地域间存在差异。但是依然能够看出整个的一个发展趋势,那就是,碑文的文学意味渐浓。早期墓碑多是简单的记事文字,在发展中,记事文字开始与铭颂组接;再往后,记事与咏颂融合,且注意多种修辞手法的使用及文句的连贯衔接,使碑文一改原本质木无文的面貌,以瑰丽的姿态兴起于文坛之上,异军突起,树立了碑志文学的典范。

虽然碑文从产生到成熟的时间颇短,而且各地区演进速度亦不均衡,很难明确划分发展时段及进行相应的特征分析,但本节还是想通过对现存有年代可考的汉碑文本的反复阅读比较,分析归纳碑文发展的特征，尽量划分出一个大概的阶段，较为直观地展现碑文在东汉时代的文体演进的轨迹。

汉碑文体的发展，大致可以划分为三个阶段：

一、汉碑文体的演进定型时期（约为汉和帝永元年间至汉桓帝初年，历和、殇、安、顺、冲、质等朝）

从现存汉碑来看，这一时期碑的发展可分三种类型：

1. 仅具简单记事功能，只记叙亡者姓名、历官、卒年等，文后无咏颂韵语，有序无铭，文字质木无文。如《袁安碑》、《袁敞碑》（安帝元初四年，公元 117 年）、《贾武仲妻马姜墓记》（殇帝延平元年，公元 106 年）等。

《袁敞碑》云：

> [君讳敞，字叔]平，司徒公之[第三子]（下阙）。□□□□月庚子，以河南尹子，除[太子舍人]。（下阙）□□□□五月丙戌，除郎中，九年（下阙）□□□[黄门侍郎，十年八月丁丑]（下阙）□□□□十月甲申，拜侍中（下阙）□□□□步兵校尉，延平元[年]，（下阙）□□[将作大]匠。其十月丁丑，拜东[郡太守]（下阙）□□□□□□丙戌徵拜太仆，五年，（下阙）□□□□[元]初二年，十二月庚戌，[拜司空]，（下阙）[年四月戊申]薨，其辛酉葬。①

碑文记述袁敞的生平仕宦经历及卒葬日期，保留着丰碑记事

① 高文：《汉碑集释》，第 29 页。

的传统。《袁安碑》、《贾武仲妻马姜墓记》亦如此。

2. 碑文包括三部分，前有短序，述亡者卒葬及勒碑之缘起。中间为诔辞，以四言为主，篇幅长于序；最后有乱辞总括，颂扬德勋。这种序文简短而韵文冗长、篇末带有乱辞的结构显示出碑文在文体形成初期对于诔文和汉赋在体式上的模仿与借鉴。如《孟孝琚碑》(汉和帝永元八年，公元96年)[1]、《谒者景君墓表》(安帝元初元年，公元114年)、《北海相景君碑》(顺帝汉安二年，公元143年)、《严䜣碑》(桓帝和平元年，公元150年)等碑。

如《汉故益州太守北海相景君铭》：

惟汉安二年，仲秋□□，故北海相任城景府君卒，呜呼哀哉！国□□宝，英彦失畴。列宿亏精，晚学后时。于何穹仓，布命授期，有生有死，天寔为之。岂夫仁哲，攸克不遗，于是故吏诸生相与论曰：上世群后，莫不流光□于无穷，垂芬耀于书篇。身殁而行明，体亡而名存。或著形象于列图，或䶂颂于管弦。后来咏其烈，竹帛叙其勋。乃作诔曰：伏惟明府，受质自天。孝弟渊懿，帅礼蹈仁，根道核艺，抱淑守真。皛(jiǎo)白清方，克己治身。寔柔寔刚，乃武乃文。遵考孝谒，假阶司农。流德元城，兴利惠民。强衙改节，微弱蒙恩。威立泽宣，化行如神。帝嘉厥功，授以符命。守郡益州，路遐挛亲。躬作逊让，夙宵朝廷。建策忠谠，辨秩东衍。玺追嘉锡，

① 此处据高文《汉碑集释》。云龙《定庵题跋》认为立于东汉桓帝永寿二年(公元156年)。

据北海相。部城十九,邻邦归向。分明好恶,先以敬让。残伪易心,轻黠踰竞。鸱枭不鸣,分子还养。元元鳏寡,蒙佑以宁。蓄道修德,□祉以荣。纷纷令仪,明府体之。仁义道术,明府膺之。黄朱邵父,明府三之。台辅之任,明府宜之。以病被征,委位致仕。民□思慕,远近搔首。农夫醳耒,商人空市。随舆饮泪。奈何朝廷,夺我慈父?去官未旬,病乃困危。圭璧之质,临卒不回,嘘唏贾绝,奄忽不迟。孝子憀澟,颠倒剥摧。遂不克瘳,永潜长归。州里乡党,陨涕肃哀。故吏忉怛,嘘唏徘徊。四海冠盖,惊忡伤怀。大命□期,实惟天□。明王设位,明府不就。臣子欲养,明府弗留。呜呼哀哉!乱曰:考积幽穸,表至□兮。□□□□,翔议郎兮。再命虎将,绥元元兮。规策矩谟,主忠信兮。羽卫藩屏,抚万民兮。□□□□,恩弥盛兮。宜参鼎绋,坚干桢兮。不永麋寿,弃臣子兮,仁敦海岱,著甘棠兮。刊石勒铭,□不亡兮。[①]

《北海相景君碑》碑文可分三部分:第一部分为序,述卒年、亡者姓名,记故吏诸生作诔之缘由,并以"乃作诔曰"引导第二部分。诔辞前半为述德,后半为叙哀,在述德之中穿插景君之迁官行历,咏颂和记叙相结合。同其他诔辞一样,以"呜呼哀哉"为结尾之语。第三部分为乱辞,以楚辞体兮字句为主,对序、诔之内容进行总括。这篇上碑的诔辞和同期或稍早之诔文相比,篇幅明显加长,叙哀成分增多,说明此时刻于碑的诔文,已经随着碑的职能特

① 高文:《汉碑集释》,第 61—63 页。

点在逐渐发生着变化。在之后的《严䜣碑》中,这种变化就看得更清楚。《严䜣碑》亦有序,述碑主所终岁月及寿考,有嗟惜之辞,其后曰"呜呼悲伤,故著名诔……其辞曰"以引导第二部分。碑第二部分虽名为诔辞,而并非传统的四言,其中行文韵散结合,叙述碑主名讳、学行、历官,实则已经与成熟汉碑的序极其相似。碑文第三部分又缀以五言铭诗。与《严䜣碑》结构写法相似者,是《堂邑令费凤碑》及《费凤别碑》,前者文辞称诔,后者文辞称诗,但中间都夹杂散体叙事,后缀五言铭诗,显示出碑文对诔文的吸收和转化的轨迹,并且也体现了在碑文创作中的地区性特点。(《严䜣碑》出于江苏下邳,《堂邑令费凤碑》出于江苏湖州。)

3. 文体基本定型,前序后铭,序长于铭。由于文士进入碑文的创作,对碑文的发展起了重要的作用,促进碑由质向文的转化,使其文学色彩更浓。此期从事碑文创作者主要有葛龚、崔瑗、桓麟、刘珍、马融等人。

崔瑗,据《后汉书》"瑗高于文辞,尤善为书、记、箴、铭。所著赋、碑、铭、箴、颂、《七苏》、《南阳文学官志》、《叹辞》、《移社文》、《悔祈》、《草书势》、七言,凡五十七篇。"[①]崔瑗生活于建初三年(公元78年)至顺帝汉安二年(公元143年)之间[②]。《后汉书》卷52《崔瑗传》云:"早孤,锐志好学,尽能传父业。"[③]崔骃卒时崔瑗方十五,其能传父业,则大概可推知崔瑗的创作时期主要在和帝、

① 《后汉书》卷52,第1724页。

② 据《后汉书》本传及张彦远《法书要录》卷8张怀瓘《书断》云"崔瑗……以顺帝汉安二年卒,年六十六"以推定。

③ 《后汉书》卷52,第1724页

安帝、顺帝时代,惜其碑文传者不多,唯有《河间相张平子碑》、《汲县太公庙碑》两文。

桓麟,据陆侃如《中古文学系年》,桓麟卒于桓帝建和三年(公元149年),年四十一,则桓麟主要的创作时期应在顺帝时期。《后汉书·桓荣传》附桓彬传云:"(父麟)所著碑、诔、赞、说、书凡二十一篇。"李贤注曰:"案挚虞《文章志》:麟文见在者18篇,有碑九首,诔七首,七说一首,《沛相郭府君书》一首。"[1]其碑今已不传,严可均《全后汉文》卷27载麟作《刘宽碑》,但并不可靠[2]。

刘珍,据曾朴《补后汉书艺文志并考》卷8:"案《书钞》一百引刘珍《贾逵碑》"可知曾作《贾逵碑》。陆侃如《中古文学系年》考订此碑应与苏顺《贾逵诔》同时,作于和帝永元十三年(公元101年)[3]。

马融,据《中古文学系年》,生于建初四年(公元79年),卒于延熹九年(公元166年),以其生卒来推算,创作期亦应在安帝、顺帝之时。《后汉书·马融传》记载,"所著赋、颂、碑、诔、书、记、表、奏、七言、琴歌、对策、遗令,凡二十一篇"。[4]

葛龚,据《中古文学系年》,约卒于顺帝永建五年(公元130年)左右,其主要活动期在和帝、安帝时。《后汉书·文苑传》载:

---

① 《后汉书》卷37,第1260页。

② 《刘宽碑》云:"年六十有六,中平二年二月丁卯薨。"而《后汉书》卷37《桓彬传》:"病免,会母终,麟不胜丧,未祥而卒,年四十一……彬少与蔡邕齐名,初举孝廉,拜尚书郎……光和元年卒于家,年四十六。"刘宽卒于中平二年,在光和元年后8年,其时桓麟早已作古,如何能为刘宽撰写碑文?故而严可均《全后汉文》以为桓麟作《刘宽碑》,未免疏忽失察。对此,本人有专文探讨,见《考古与文物》2008年第3期。

③ 参见陆侃如:《中古文学系年》,人民文学出版社1985年版,第130页。

④ 《后汉书》卷60,第1972页。

"(葛龚)著文、赋、碑、诔、书、记十二篇。"[①]惜其碑作不传。

这几位文士基本的创作在和帝、安帝、顺帝时期,其作品在《后汉书》中均有著录,多是有碑、有诔,碑、诔并列,可见其时碑文文体已经完全形成。文论家论述道:"我们知道,文体,尤其是文类文体,常常是惯例化、规范化的,它是一种相对稳定的语言操作模式。从起源上看,它的源头常常可以追溯到某一位或一群作家(或民间无名艺术家)的创作性实践;但一经众多作家的自觉不自觉的模仿,就获得了一定程度的有效性、权威性,因而成为了一种传统和惯例。"对于碑文的写作来说,应该也遵循这个规律。单篇新作品的创造,并不就意味着一种新文体的产生。只有当这种文体扩展为众多文章的群体存在,被社会公众广泛认同和开始接受时,文体才会随着文体惯例的形成而生成。东汉和帝至顺帝之间著名文士的参与,对于碑文的文体惯例和规范的形成起着重要的作用。从这一时期开始,文人成为碑文创作的主体,碑文受到了作家们的普遍关注。作家成为创作的主体,从另一角度来看也是碑文开始真正走向文学化进程的一个标志。

此时碑与诔判然两途,可相比肩,而且由于其时碑文创作之盛及地位的上升,碑显然位列在诔之前。但此期诔文的创作仍较活跃,如苏顺的《和帝诔》、《陈公诔》、《贾逵诔》,崔瑗的《和帝诔》、《窦贵人诔》、《清河王诔》、《司农卿鲍德诔》,张衡的《司徒吕公诔》、《司空陈公诔》、《大司农鲍德诔》等。而碑除了崔瑗的《河间相张平子碑》、《汲县太公庙碑》之外,基本未能流传下来。但仅

---

① 《后汉书》卷80,第2617页。

从《河间相张平子碑》[1]，已经能够明显体现出文人所撰之碑的特点：

河间相张君，南阳西鄂人，讳衡，字平子。其先出自张老，为晋大夫，纳规赵武，而反其侈，书传美之。君天资睿哲，敏而好学，如川之逝，不舍昼夜。是以道德漫流，文章云浮，数术穷天地，制作侔造化，瓌辞丽说，奇技伟艺，磊落焕炳，与神合契。然而体性温良，声气芬芳，仁爱笃密，与世无伤，可谓淑人君子者矣。初举孝廉，为尚书侍郎，迁太史令，实掌重黎历纪之度，亦能焞曜敦大，天明地德，光照有汉。迁公车司马令、侍中，遂相河间。政以礼成，民是用思。遭命不永，闇乎迁徂。朝失良臣，民陨令君。天泯斯道，世丧斯文。凡百君子，靡不伤焉，乃铭斯表，以旌厥问。其辞曰：于惟张君，资质懿丰，德茂材美，高明显融。焉所不学？亦何不师？盈科而逝，成章乃达。一物不知，实以为耻。闻一善言，不胜其喜。包罗品类，禀受无形，酌焉不竭，冲而复盈。庳庳其庶，耋耋其几。膺数命世，绍圣作师。苟华必实，令德惟恭。柔嘉伊则，孝友祇容。允出在兹，维帝念功。往才女谐，化洽民雝。愍天不吊，降此咎凶。哲人其萎，罔不时恫。纪于铭勒，永终誉兮。死而不朽，芳烈著兮。[2]

---

① 碑未注明时间，据《后汉书 · 张衡传》注，可知此碑为崔瑗所撰。张衡卒于永和四年（公元139年），崔瑗卒于汉安初年（公元142年），则此碑创作时间应在公元139—142年之间。

② 严可均校辑：《全后汉文》卷45，第719页。

碑文述张衡籍贯、讳字、家世、学行、秉性、仕宦、卒后树碑之由。有序有铭，叙述与咏颂结合，承接自然，称美多形容描绘，时有典故偶句出现。如云张衡好学，以典故"如川之逝，不舍昼夜"形容；云张衡学行，用偶句"道德漫流，文章云浮，数术穷天地，制作侔造化"评价。语句之间衔接自然，"是以"、"然而"、"可谓"、"初"、"亦能"、"遂"、"乃"等转折连接之词的运用，使文章语气贯通，有浑然一体之感。铭文典雅润泽，锤句精工。这篇碑文不仅体现出崔瑗的文学才华，而且反映了在当时文人的创作中已经有意识将碑和诔区分开来，碑序中不再以传统四言诔文的句式为主，而是韵散结合，叙颂相间；碑铭对序文进行总括，以四言为主。而且碑文中以序为主、以铭为辅，序文篇幅长于铭文。从内容、功能、形制、语言等来看，都已经具有规范汉碑的特点。不仅在体式上已经基本奠定了标准碑文的框架，而且在碑文的文学化进程中起到了重要的促进作用，崔瑗的创作也由此获得后人的关注与赞赏。而与同期地处边陲的《孟孝琚碑》相比①，《孟孝琚碑》有序、有铭、有乱，铭为四言，极类诔辞，且篇幅长于序，乱为七言，体例驳杂，而且文辞比拟不典。显示出在碑文创作中京师与地方发展的不平衡性、著名文士与普通作者之间的高下差异。

应该说，在和帝、安帝、顺帝时期，碑文作为独立的文体已经

① 出土于云南昭通，立于汉和帝永元八年，内容参见高文《汉碑集释》第15—16页。

正式形成。其叙述生平、称颂亡者的内容已经完备,“刊石树铭,光示来世”(《范丹碑》)的功能也已确立[①],前面散体叙事后面韵文咏颂的前序后铭、以序为主的形式格局已经奠定。并且由于许多文士的投入写作,使文体规范不断完善,渐渐定型化、模式化。

二、汉碑文体的成熟时期(桓、灵时期)

东汉自桓帝元嘉年间至灵帝时期,是汉碑的成熟时期。至今留存的汉碑以此期数量最多[②],大部分汉碑都遵循着文体规范进行创作,有序有铭,序为主体,记述碑主世系、学行、历官、卒葬,而铭以四言韵语的形式对序进行总括,序长于铭,与前期不同。但仍存在着地区差异。总体上中原地区的墓碑文写法均已趋向稳定。而其他地区的表现则稍有差异。而从碑主的身份来看,主要为官员,但增添了名士、宦官和孩童,范围有所扩大。而立碑者亦多为门生故吏,折射出这一时期的政治局势。

此期碑铭称为诔的现象在中原地区非常少见,只有出土南方湖州地区的《堂邑令费凤碑》及《费凤别碑》,立于灵帝熹平六年(公元177年),前者有序、有诔,后缀以五言诗文。序曰以“堂邑令费君寝疾,卒,呜呼哀哉!于是夫人元弟故□□□守卜胤追而诔之,其辞曰”引出诔辞,而诔辞序学行、仕宦、卒年等,诔后又载费凤故吏故民两人为其竭力送终之事,最后以五言诗结尾。《费

① 严可均校辑:《全后汉文》卷78,第891页。

② 据统计,有明确纪年的东汉碑刻有160余件,其中立于桓帝年间的有59件,灵帝年间的有76件,其中多为墓碑。再加上文集中所保留的蔡邕碑作,此期墓碑文近200篇,详见书后附录。

凤别碑》首云孝子来奔丧之哀痛，叙诗一首，以“其辞曰”引出正文，正文则先叙费凤世系、历官，继以韵语 60 句，其三句六言，余皆五言，表哀痛之意，婉转凄切。而随着立碑的兴盛，碑文写作的普遍，边地碑文的体式亦在逐渐规范。如稍后同出土于湖州的《梁相费汎碑》，据碑文载，费汎为费凤之父，年 80 卒，其孙为立碑，碑有序有铭，已经为标准的碑文体式。

而此期蜀中的碑文从整体上来看仍处于文体的探索阶段。如《益州太守无名碑》（桓帝永寿元年，公元 155 年）文首以益州太守卒年开端，叙立碑之由。其后以“其辞曰”导出主要内容，咏其生平事迹，末以七言兮字句“乱”辞收束，似诔。《都乡孝子严举碑》（桓帝延熹七年，公元 164 年），为地方官表彰孝子之碑，碑有文、有颂，后缀以乱。《车骑将军冯绲碑》（桓帝永康元年，公元 167 年），碑文全以散体出之，无铭。《孝廉柳敏碑》（灵帝建宁二年，公元 169 年），碑有序，述立碑之由；其后以“勒铭叹之，厥辞曰”导出碑之正文，叙柳敏之行历，四言韵语，颇似诔辞；其后又有“辞曰”，以四言“兮”字句为主，以“宗子于集，喈其鸣兮；四祀烝尝，不废荒兮”结尾，文辞涩滞，体例芜杂。总之，蜀中相比于同时期的山东、河南等地，在碑文创作上显得滞后，不仅体例上尚未定型，而且缺乏文采，在形式上受诔文和楚辞的影响非常明显。这与此期文学的地域性发展趋势基本一致。

桓、灵之际尤其至灵帝时期，在碑文的内容上，叙写哀情的成分渐渐增多，显示出诔文对于碑文的渗透和影响。《平舆令薛君碑》、《金乡长侯成碑》、《淳于长夏承碑》、《郎中马江碑》、《慎令刘修碑》、《汉博陵太守孔府君碑》、《冀州从事郭君碑》、《安平相孙根碑》、《司隶从事郭究碑》、《小黄门谯敏碑》等均有抒发哀情之辞。如《司隶从事郭究碑》在碑序后云："悲夫，破镆铘之刃而不宰元，摧晨风之翼而不厉天，耆姪士女，呜悒惟戚。孤嗣叫号，涕零如雨，咸曰□晨有歿，历数有终，自古迄兹，孰能保存？生荣死哀，奕贵遗称。感慕卫悝赞先之义，乃伐石兴碑，以旌厥魂，俾后永有鑑焉。"[①]《安平相孙根碑》云："呜呼有哀，孝嗣夙夜，不舍严父；孝孙临殡，礼服承后，忉怛有感。□惟古圣，孔尼丧鲤，盈缩有命，不可增损。于是握粟，卜葬中垌。冠□奔赴，充衢塞庭，同胞恻怆，涕泪交零。呱呱竖子，号咷失声。故吏门生邦人咸曰：令问弗铭□勒，孰睹孰闻，乃立石碑，昭名不朽。"[②]

叙述哀情原为诔文之特点，刘勰《诔碑》云："详夫诔之为制，盖选言录行，传体而颂文，荣始而哀终。"[③]诔文是累列死者生平业绩的一种悼念性文章，目的是"累其德行，旌之不朽"，所谓"选言录行"，是就诔文的内容而言，它必须把死者美好、高尚的言行综合起来，加以择选写进文章；对于"荣始而哀终"，各家之注译和诠释是一致的，即指诔文在结构形式上，开头要赞颂死者的功业品德，结尾要表达对死者的哀悼之情，亦即颂首而哀末，先叙事后抒情，使情有所凭依，事有所升华。刘勰把它作为"诔之为制"的一个重要内容提出来。诔文所表达的哀思，要引起人们的共鸣，产生伤感之情。这是诔文的主旨之一。碑文虽然主要功能是叙颂生平功德，但作为一种述亡文体，在碑文中也

① 《隶释》卷10，第120页。

② 同上书，第116页。

③ 周振甫：《文心雕龙注释》，第128页。

会时时流露出生荣死哀的感情基调。而此桓、灵时期，许多碑文在写作中先载逝者履历行迹，后叙哀情，再咏颂功德，从功能上来说，已经完全替代了诔文。因此随着桓、灵之际碑的风行，同期诔文的创作归入沉寂。除有蔡邕《济北相崔夫人诔》流传之外，其余无闻①。

在此期间，更多的文士投身于碑文创作，文体规范得到进一步强化，语言风格更加华美，讲究藻采，语趋骈丽，由最早时期文学性较弱的应用文体走向文学性极强的美文的发展之路，碑文创作走向繁荣。《墓志铭考》曰："东汉则大行碑文，蔡邕为作者之首，后汉文苑之人，率皆撰碑。"在《后汉书》的著录中，主要活动于桓、灵时期的皇甫规、卢植、蔡邕、胡广、服虔、边韶、张升、张超等人，都创作过碑文作品。而以蔡邕文章数量最丰，"所著诗、赋、碑、诔、铭、赞、连珠、箴、吊、论议、《独断》、《劝学》、《释诲》、《叙乐》、《女训》、《篆势》、祝文、章表、书记，凡百四篇，传于世"②。其次为张升，"著赋、颂、碑、书，凡六十篇"③。其余人各有数篇。但后来这些人的作品多或失考，或不传，而蔡邕的碑文以其超拔时人、卓绝千古，在经历了绵邈的岁月沧桑之后，至今仍有多篇留存

① 此期碑文述哀，与当时感伤思潮的弥漫有关。自东汉中期开始，主昏政衰，士人对政治感到失望，至汉末清流力量屡遭打击，对汉王朝的亲和感已经渐渐淡薄乃至绝望，整个社会为浓郁的感伤气氛所笼罩。因此碑文叙事述德之外，并抒哀情。但碑文刻于金石，篇幅所限，若铺叙哀情，则恐汗漫无涯。加之碑文是一种饰终礼文，与碑文对碑主的赞颂多是夸饰形容一样，其所抒哀情也多是礼仪性、程式化的，缺乏真情实感，多是形容泛写。因此魏晋六朝时期，碑、诔功能显然分化，诔文的抒情写哀功能不断强化，而碑文则主要以"标序盛德"为目的。

② 《后汉书》卷60下《蔡邕传》，第2007页。

③ 《后汉书》卷80下《文苑传》，第2628页。

下来，代表了汉碑的最高成就。其总的特点是碑序叙事简明，铺叙和咏颂相间，韵散结合。对句趋于工丽，偶句增多，句式长短错综，富于变化，与此前以四言为主要句式、板滞凝重的碑序已有所不同。而碑铭亦更加雅致工整，体现出了高度的文学色彩。

三、汉碑的衰落期(献帝时期)

东汉后期碑主要集中于献帝时期。两次党锢之祸，使儒学士人精英遭到毁灭性打击，"海内涂炭，二十余年，诸所蔓衍，皆天下善士"，以至于"朝野崩离，纲纪文章荡然矣"[①]。幸存之知识分子开始改弦更张，渐图全身之计，"人人渐觉骨肉之间，皆有刀俎，若乃党锢之祸，俊、顾、厨、及，一网以尽，其学节冠一世，位望至三公者，并皆骈首阙下，若屠猪羊。天下之人，见权势之不可持也如彼，道德学问之不可持也如此，人心彷徨，罔知所适，故一循而入于虚无荒诞之域"[②]。因此对朝政的清议开始转为清谈，道德学问让位于才性容止、精神气度，以述德为主要内容和目的的碑文也失去了其文化背景，因此风光不再。

此外，献帝时政局动荡，帝室播迁，才士云散，碑文创作转入低潮；而建安十年曹操禁止厚葬立碑，更是以最高政令的形式宣告了碑文衰落的不可逆转的命运，"汉以后，天下送死奢靡，多作石室石兽碑铭等物。建安十年，魏武帝(曹操)以天下凋敝，下令不得厚葬，又禁立碑"[③]。《三国志·武帝纪》："十年春正月……

① 《后汉书》卷67《党锢传》，第2189页。
② 梁启超：《饮冰室合集》卷7《老学时代》，中华书局1989年版，第58页。
③ 沈约：《宋书》卷15《礼志》，第407页。

令民不得复私雠,禁厚葬,皆一之于法。"[1]表面上曹操禁碑是为了反对厚葬,发展生产,恢复经济,实际上有着很深的政治考虑,是出于对汉末士人朋党议政之风的清除和打击。会葬树碑既表现了朋党义气,又公开表达了儒家的价值观念和道德理想,这两者与曹操的治国方略都相违背,因此禁碑势所必行。

在这种形势下,此期碑文创作呈现萎靡不振之势。故而自献帝之后少有碑作,流传下来的极少。仅有孔融《张俭碑铭》(建安三年)、潘勖《荀彧碑》(建安十七年)、刘桢《处士国文甫碑》(建安十七年)、《巴郡太守樊敏碑》(建安十年)、《绥民校尉熊君碑》(建安二十一年)、《司徒掾梁休碑》(建安二十七年)[2]等几篇碑作。

在写法上,此期碑沿袭了桓灵之际碑文的传统写法,形式上仍然是前序后铭,先对碑主生平事迹进行叙述,再用韵语进行赞颂。但是在具体的行文上,已经有了变化。

中原文士所作之碑,有孔融《张俭碑铭》、潘勖《荀彧碑》、刘桢《处士国文甫碑》。潘勖文辞高妙,曹操封魏公,策命文即出其手。其撰《荀彧碑》,当出于曹操之命。荀彧为曹操心腹,建安十七年卒于从操征吴途中,卒后,潘勖作碑,曹植作《光禄大夫荀侯诔》。据《三国志·卫觊传》:"建安末,尚书右丞河南潘勖……与觊并以文章显。"注引《文章志》:"迁右丞。诏以勖前在二千石曹,才敏兼通,明习旧事,敕并领本职,数加特赐……魏公九赐策命,勖所作

① 《三国志·魏书》卷1,第27页。

② 汉献帝建安年号止于二十五年,而此碑出于吴地僻远之境,其民不知改元之事,仍题树碑之年为"建安二十七年",其实应为吴主孙权黄武元年。

也。"[1]此时文士碑文语趋骈偶,句式长短错落,精工严整,运用对偶、排比、比喻多种修辞手法,使行文颇有气势,与标准汉碑的庄重典雅和缓的风格已有差别,而带有建安文学的"奋笔直书、以气骋词"的慷慨之气。

这种变化由祢衡首开其风。刘师培云:"汉魏文士,多尚骋辞,或慷慨高厉,或溢气坌涌,此皆衡文开之先也。"[2]祢衡的《鲁夫子碑》、《颜子碑》虽为古圣先贤所写,不同于一般碑文,但他在写法上开创了新的风气。没有对于事迹的叙述,而几乎全是评价赞颂之语,碑文多用排比、对偶等方式,骋辞铺排,文采斐然,较接近骈丽文的写法,但整饬中有变化,文章气势充沛、连贯,汪洋恣肆。碑文在他笔下,涂抹上浓重的个人色彩,成为使气骋辞、抒发情怀的文学作品。

孔融、潘勖、刘桢碑作也体现了这种变化。刘桢的《处士国文甫碑》:

> 先生执乾灵之贞洁,禀神祇之正性,咳笑则孝悌之端著,匍匐则清节之兆见。龆龀以及成人,体无懈容,口无愆辞。兢兢业业,小心畏忌。勤让同俦,敬事长老。虽周之乐正子春,汉之江都董相,其饬躬力行,无以尚之。是以长安师其仁,朋友钦其义,闺门称其慈,宗属怀其惠。既乃潜身穷岩,游心载籍,薄世名也。初,海内之乱,不视膳羞十有余年,忧

---

① 《三国志·魏书》卷21,第610页。

② 刘师培:《中古文学论著三种》,第18页。

心泣血，不胜其哀。行销气竭，以建安十七年四月卒。于时龙德逸民，黄发实叟，缀文通儒，有方彦士，莫不拊心长号，如丧同生。咸以为诔所以昭行也，铭所以旌德也，古之君子，既没而令问不忘者，由斯一者也。铭曰：懿矣先生，天授德度，外清内白，如玉之素。逍遥九皋，方回是慕。不计治萃，名与殊路。知我者希，韫椟未酤。丧过乎哀，遘疾不悟。早世永颓，违此荣祚。咨尔末徒，聿修欢故。①

潘勖《荀彧碑》云：

夫其为德也，则主忠履信，孝友温惠，高亮以固其中，柔嘉以宣其外，廉慎以为己任，仁恕以察人物。践行则无辙迹，出言则无辞费，纳规无敬辱之心，机情有密静之性。若乃奉身蹈道，勤礼贲德，后之事间，非云予克。然后教以黄中之睿，守以贞固之直，注焉若洪河之源，不可竭也；确焉若华岳之停，不可拔也。故能言之斯立，行之斯成，身匪隆污，直哉惟清。紊纲用乱，废礼复经。于是百揆时序，王猷允塞。告厥成功，用俟万岁。②

可以看出：此时碑文叙事简略，世系、历官等不再一一叙述，忽略具体事迹，不注重官职升迁，而重在咏颂资禀品行，在碑文内

① 严可均校辑：《全后汉文》卷65，第829页。

② 严可均校辑：《全后汉文》卷87，第944页。

容的侧重上与标准汉碑已有所不同，辞胜而事寡，风华艳丽。这不仅体现出文学风气的转变，同时折射出建安时期社会价值观念的取向，品评人物不再以家族事功为主要标准，而更注重个人的内在品质和性格。碑文多用排比、对偶等方式，骋辞铺排，文采斐然，较接近骈丽文的写法，但整饬中有变化，文章气势充沛、连贯，汪洋恣肆，又非六朝骈丽文可比。

偏远之地碑文的创作仍然保留地方特色。《巴郡太守樊敏碑》出于蜀中梨州，有碑序、碑铭，铭后有“乱”，以四言兮字句为主，“金精大佐，实生贤兮……□欲救民，德弥大兮……鸣呼哀哉，魂神□兮”[①]。在碑文结构上仍继承前期碑如《都乡孝子严举碑》、《孝廉柳敏碑》等，保持地方特色；而出于道州的《绥民校尉熊君碑》有序有铭[②]，序中详细追溯其世系，载高祖、曾祖、祖父之历官后方叙熊君履历；碑铭先以四言为主，后又缀以楚辞“兮”字句式，每句字数不等，“追叙君兮怀纯精，名称于州里兮枢机发动，执忠贞兮溷乱而不惑，不枉身事污君兮，捐土爵而进退……”；铭之后又附列另外两人之官寿行事各数十言。内容芜杂，体例不纯，文辞冗长，显示出道州地区当时的文化水平。铭文中有“铭勒金石，没而不朽。灵也有知，佑福子孙。支干相生，告而无咎”之语，与《益州太守高颐碑》铭中“祚而后嗣，子孙之模”相似[③]，在碑文中有祈求亡者保佑子孙之语，此前汉碑中少见。而此期墓碑上镌刻有石工、碑师之姓名，《巴郡太守樊敏碑》末云“建安十季三月上

① 《隶释》卷11，第128页。

② 同上书，第130页。

③ 同上。

旬造，石工刘盛，息懆书"，《绥民校尉熊君碑》末云"碑师春陵程福造"，此种做法亦为此前所无，可见由于造碑之风的盛行，在东汉后期已经有专门以造碑为业的人员出现，并且"物勒工名"，以示宣传。

以上对于汉代墓碑大致进行了阶段性划分，并对于不同时期碑文在写法、内容上所表现出的主要特点进行了初步的归纳和阐述。当然这些只是对汉碑体式形成发展过程的一个粗线条的轮廓勾勒，虽不显明完整，但其间的轨迹还是可以大概看出来的。而从总体的分布来看①，北至河北蔚县，南到广东曲江，东抵浙江上虞，西达新疆鄯善，包括山东、河南、河北、天津、山西、安徽、江苏、浙江、江西、湖北、湖南、广东、陕西、甘肃、四川、云南、青海、新疆 18 个省市自治区在内。而最集中者是黄河中、下游地区，以河南、山东最多。据日本学者永田英正《汉代石刻概说》统计，两地加起来约占总数的百分之六十。这个分布特点，是与当时的文化发展相吻合的。山东是孔孟的故乡、儒学的发源地，自春秋战国以来一直是文化的中心。而东汉时定鼎洛阳，以洛阳为中心的豫州（主要包括今河南南部、东部等地）、兖州（主要包括今山东西部及河南东部）一带，成为学术文化中心，许多经学大师、党人名流出自此地，碑文在此的集中分布既与此地高度发展的文化水平相一致，也从另一角度证明了碑文兴起的社会政治背景。而从碑文总体的发展来说，河南、山东地区的碑文体式规范、文辞典雅肃

---

①　汉碑流传至今者十不有一，而且原初位置也不知几多变动，有确切地址可考者不足三分之一。因此只能依靠相关文献记载来进行大体描述，以见其大概情况。所记载的汉碑位置，其地名已随历史的变迁多次更改。故所述分布地区，按今之区划。

整,体现出较高的水平;而边地水平相对较低,文体芜杂、文辞不典。

汉碑在发展完善、成为定型的文体之后,就被纳入了礼仪制度的范围,成为上层社会经常使用的丧葬用品。汉代以来的礼仪制度都对碑的使用制度有具体的详细规定,说明墓碑已经成为社会等级的一种标志。这种观念一旦形成,便长期不会改变。在东汉晚期,树碑勒铭之风在官僚士大夫阶层十分流行,许多名士都投身碑文的写作。文士们的加入,对于汉碑的文学化、规范化、经典化进程都起到至关重要的推动作用,使原本质木无文的墓碑石刻文字成为文质相扶、典雅润泽的华美篇章,从而成为东汉各种文体中的一枝独秀。在这些名士中,蔡邕以其出众的才华和大量的实践,把碑文创作推向了高峰,为汉代碑文确立了一种至高的典范,被后世历代文士奉为圭臬。

第三章 汉碑的创作

碑文是汉代文人创作的主要文体形式之一。东汉文苑诸人,大多都曾撰写过碑文,使碑文在汉代呈现出一派繁荣景象。但是由于时代邈远,岁月剥蚀,大多数碑文都已失传。而留存至今的一些汉代碑文,因为当时树碑的书写习惯,一般不书撰者名字,其作者多不可考。汉代碑文,以蔡邕为大家,独步当时,见称后代。所以今天所传汉碑,也以蔡邕所撰最多,其碑文辞典雅清新,文质相扶,渊懿光华,自然和雅,代表了汉碑的最高水平。因此在本章对于汉碑创作的探讨,欲重点以蔡邕为例,进行剖析。

第一节 汉碑创作的目的、内容、主体、规范

一、创作目的

从墓碑的起源及形成的社会文化背景,可以看出它是在厚葬风气、孝道观念、留名心理、时代形势共同作用下而产生的一种具有极强社会功能的文体。刘勰认为"树碑述亡,同诔之区",而"诔者,累也。累其德行,旌之不朽也"。碑文的功能既然是述颂亡者,因此也决定了这种文体应当表现的内容,就是"标序盛德,必

见清风之华;昭纪鸿懿,必见峻伟之烈”①,鲜明突出地叙述死者的美好品德,一定要显现其清朗风节之光彩;清晰地记载其宏阔的高尚言行,必定要显示其丰功伟业,使亡者芳烈永驻,死而不朽。这是树碑的主要目的,也是写作碑文的最高准则。

在留名心理的普遍驱使下,人们希望“托有形之物,欲垂无穷之名”②,死后能够通过“树碑表墓,昭铭景行”③;而在孝道观念中,对于子孙来说,称美祖先、敬传其名是一种孝心;对曾受亡者教导之义、擢用之恩的门生故吏来说,颂述君上乃是其应当履行的义务,所谓“下有述上之功,臣有叙君之德”④。而碑所具有的垂范后昆、敦风化俗、裨益政教的实际作用也使它得到政府的肯定和提倡。因此在东汉社会中,这种蕴涵了多种心理需求和社会功能的表墓之物一旦形成,便迅速走向了繁荣。

因此在碑文中,这种为亡者歌功颂德、留名不朽的创作动机时时都有体现。刘桢《处士国文甫碑》:“于时龙德逸民,黄发实叟,缀文通儒,有方彦士,莫不拊心长号,如丧同生。咸以为诔所以昭行也,铭所以旌德也。古之君子,既没而令问不忘者,由斯一者也。”⑤《太尉杨秉碑》:“于是门人学徒,相与刊石树碑,表勒鸿勋,讃懿德,传万年。”⑥《太尉乔玄碑》:“于是故吏司徒博陵顾烈、

① 周振甫:《文心雕龙注释》,第128页。

② 《集古录》《后汉郎中王君碑》跋,文渊阁《四库全书》影印本,第681册,第47页。

③ 严可均校辑:《全后汉文》卷76,第884页。

④ 《隶释》卷7《山阳太守祝睦后碑》,第83页。

⑤ 严可均校辑:《全后汉文》卷65,第829页。

⑥ 严可均校辑:《全后汉文》卷75,第882页。

廷尉河南吴整等，以为至德在己，扬之在人，苟不皦述，夫何考焉？乃共勒嘉石，永昭芳烈。”[①]这些文辞都清晰地表明了碑文的职能及其树碑的目的，这也正是碑文创作的出发点。

二、创作内容

碑文的创作主要以亡者一生的个人行迹为主要素材。标准汉碑，一般都有序有铭两个部分，前序后铭。序，记载亡者姓氏、籍贯、家族世系、迁官次第、寿年、卒葬日期、刊石立碑以示悼念称颂等。铭则多为四言韵文，概括序之内容，对亡者进行赞颂。碑文在叙事内容的选取、落笔轻重的布置、行文顺序的安排上都体现了一定的原则。

由于碑石形制的限制，碑文的篇幅相对较小，那么在有限的篇幅内用哪些内容能够较为完整地勾勒死者一生，为其立传扬名呢？

既要“敬传其名”，亡者的名讳是碑序中所要记载的首要内容。

其次，人情不能忘本，祖先乃生命之源，对于具有浓厚“报本返始”意识的古人来说，姓氏所自、族系所出至为重要，记世系族出，以示绍述先祖之意，体现出儒家孝文化的最基本的含义——延续父母与祖先的生物性生命，使祖先的生命借助于后代不绝的“香火”而在子女生命中继续存在，得以永生。

再者，对于死者行治进行罗列。行治是死者一生的经历。人的一生有可供选择的无数材料，在碑志的具体化写作中，常钟情

---

① 严可均校辑：《全后汉文》卷77，第888页。

于儒家伦理规范，强调死者对现实与历史的贡献与影响，或述德，或铭功，或纪事，或纂言，体现出儒家“立德、立功、立言”的“三不朽”观念。对于“立德、立功、立言”的追求，正是士人超越个体生命、追求永生不朽的一种独特方式。因此，碑主的道德人格、现实功业是碑文中着墨最多、全力颂述的部分。

寿年、卒葬日期，是对于生命终结的纪念和回顾，在碑文内容中亦不可少。斯人已去，家人亲属、门生故吏追思感慕，因而树碑述亡，焕往辉来，使之精神长存，这是对于死者最好的纪念，所以碑文收束往往为悼念称颂之辞，以“其辞曰”（或铭曰、颂曰）引出有韵铭文，对碑主进行总括式颂赞。

碑文以亡者生平作为主要叙写内容，在行文时一般按照时间的线索展开，重在生平大节，而且基本上都是概括叙述，较少采用细节和典型事例来刻画人物形象，故而不像史传人物那么鲜明，往往有千篇一律之感。但在具体的创作中，针对碑主不同的经历和情况，在素材的选取处理上会有不同，或突出世系，或突出学行，或突出事功，因人而异，相题设施。

官高爵显者，则重在记历官、政绩，如《太傅胡广碑》、《太尉李咸碑》等；无官绩、世系可叙者则不叙。对于高蹈不仕的征士，碑文重在咏其学行品德，如《玄文先生李休碑》、《处士圈典碑》。对于终老乡邑的平民而言，重在记其布惠乡里、修身洁行之事，如《故民吴仲山碑》。

对于妇人，则重在述其母仪令德、相夫教子、翼克家道之圣善劬劳。出身名门者，则叙其族系，如《司徒袁公夫人马氏碑》，马氏出于扶风，世代名族，故而碑中极言其家世：“夫人右扶风平陵人也，曾祖中水侯，祖将作大匠，考南郡太守。中水侯弟伏波将军女，在淑媛作合孝明，诞生孝章，婚姻帝室，世为名族。”[①]碑中书夫人之父祖，以其显赫也。子嗣显达者，则多胪列子孙官爵，并详述其安享尊荣之状。如《交趾都尉胡府君夫人黄氏神诰》：“二孤童纪未龀，育于夫人。夫人怀圣善之姿，韬慈母之仁，抚育二孤，导以异方。思齐先姑，神罔时恫，致能迄用有成，诞应繁祉。广历五卿七公再封之禄，康亦由孝廉宰牧二城，九鼎之义，夫人是享。爰暨稚孙，更仕三宫，或典百里，或作虎臣，银艾貂禅，近侍显尊，受兹介福，于我夫人。自都尉任于京师，及广兄弟式叙汉朝，夫人居京师六十有余载，其乘辂执贽朝皇后，采柔桑于蚕宫，手三盆于茧馆者，盖三十年。上有帝室龙光之休，下有堂宇斤斤之祚，心耽其荣，体安其玄。”[②]相夫教子为妇人之职，碑中叙及夫、子之职官履历，以示相夫有成、教子有方，作为荣耀。

对于未成年而夭折的童子，无事功可叙，一般仅记其名姓、家世，重在述其聪明睿智早惠之状，抒发苗而不秀、慈亲伤痛之怀。如《童子逢盛碑》：“童子讳盛，字伯弥。薄令之玄孙，遂成君之曾孙，安平君之孙，五官掾之长子也。……年十有二，岁在协给，五月己巳，呼吸不反。夭陨精晃，苗而不秀。命有悠短，无可奈何。慈父悼伤，割哀回鲤。其十二月丁酉而安错诸。永潜黄垆，没而不存。于是门生东武孙理、下密王升等，感激三成，一列同义，故共刊石，叙述才美，以铭不朽，其辞曰：嘉嗣伯弥，天授其姿。早克

① 严可均校辑：《全后汉文》卷77，第890页。
② 严可均校辑：《全后汉文》卷79，第897页。

岐嶷，聪睿敏达，当遂委蛇，立号建基。时非三代，符命无恒。人生在世，寿无金石。身潜名彰，显于后叶。"①《童幼胡根碑》、《袁满来碑》等皆是如此。

凡此种种，均体现了汉碑创作中在内容处理上的一定的灵活性。

三、创作主体

东汉碑文，多由文士撰写，碑文是东汉，尤其是东汉后期文士写作的主要体式之一。据文献记载，东汉时桓麟、崔瑗、胡广、马融、卢植、服虔、刘珍、蔡邕、边韶、张升、张超、皇甫规、孔融、杨修、潘勖、樊钦等人，都撰写过碑文，但除了蔡邕之外，其余大多数人的碑作今天已经失考或不存。

由于时代绵邈，墓碑又多不书撰者，留存至今的汉碑作者基本无法考察。但是从大量作者无考的汉碑文辞来看，均体现出较高的文化修养和文学功底，则非文士不能为之。

或叙事与咏颂相结合，散文与韵文相结合，前后承接自然，行文连贯，文辞谨严庄重；如《封丘令王元宾碑》："君讳□字元宾，御史君之孙，茂才君之子也。其先出自周室，历秦及汉，有国有家，宰相牧守，踵武相袭，皆能输力尽规，纪功载籍。迄君之身，天钟其美。体兹明迹，不器之量。温慈惠和，行以忠恕。弱冠丧父，以孝立称。敦书悦礼，□心术艺。土阶环堵，兼业并授。门徒云集，盛于洙泗。学优而仕，位极州郡。察孝廉郎谒者考工宛陵叶封丘令，经国以礼，率下以德，黎庶有耻，莫□用□，蟊贼远屏，奸轨扫

---

① 《隶释》卷10，第114页。

迹……”[1]碑中记碑主名字、家世、族系，称扬其才学品性。以“学优而仕”转折，引出其仕宦历官。叙事与咏颂相间，叙以展示其人经历，咏以叹美其人德勋，质朴中呈现出文采。

或行文中多有形容描绘，生动形象，如《高阳令杨著碑》有“爱若秋日，畏如秋旻”、“衣不暇带，车不俟驾”之句[2]；《荆州刺史度尚碑》有“智舍渊薮，仁隆春暖，义高秋云，行洁冰霜”之句[3]；这种写法以表象形容代替了具体言行的记叙，既有很强的概括性，使笔墨简练；又有强烈的文学性，显示出碑文作为饰终礼文的美学特点。

或碑文中常引用典故以助文，尤其经常拟则经典文句，稽式古典，语求清雅。如《郎中郑固碑》：“膺游夏之文学，襄冉季之政事”[4]，化用《论语·先进》“政事：冉有、季路。文学：子游、子夏”之句；“入则腹心，出则爪牙”，借用《诗经·周南·兔罝》“公侯腹心”、《小雅·祈父》“王之爪牙”之句。这种情形，在碑铭中更为普遍。如《淳于长夏承碑》铭文：“於穆皇祖，天挺应期。佐时理物，绍踪先轨。积德勤约，燕于子孙。君之群戚，并时繁祉，明明君德，令问不已。高山景行，慕前贤列。庶同如兰，意愿未止。中遭冤夭，不终其纪，夙世陨祚，早丧懿宝。抱器幽潜，永归蒿里。痛矣如之，行路感动。傥魂有灵，垂后不朽。”[5]首句依《诗经·周

---

① 严可均校辑：《全后汉文》卷99，第1008页。

② 《隶释》卷11，第133页。

③ 《隶释》卷7，第84页。

④ 《隶释》卷6，第77页。

⑤ 《隶释》卷8，第94页。

颂·清庙》开篇“於穆清庙”；第六句兼用《诗经·大雅·皇矣》“施于孙子”及《文王有声》“诒厥孙谋，以燕翼子”；第八句用《诗经·周颂·雍》“介以繁祉”；第九、第十句据《诗经·大雅·江汉》“明明天子，令闻不已”；第十一句用《诗经·小雅·车辖》“高山仰止，景行行止”；第十三句用《易·系辞》“二人同心，其利断金，同心之言，其臭如兰”之意。碑文隶事用典，语言清雅，体现出作者深厚的文化素养。

以上所举数例，均可以体现出汉碑创作中的文学化色彩，而从碑文所蕴涵的文化内涵来说，又多反映出儒家知识分子的价值观念和评价标准，因此说汉碑的创作是以文人为主体，应是符合当时的实际情况的。

四、创作规范

碑文是应丧葬的需要而产生的一种叙颂亡者生平功德的文体。它要求叙亡者德行功绩，垂示后嗣，以告慰亡灵，表达人们的悼念称扬之情。对于碑文的创作来说，其文体功能和特征决定了其所应具有的语言体式、表现风格和写作方法，对此，文论家们从不同角度出发，均有探讨。这些论述都比较简略，但它反映了唐以前人对碑文的理解，也为我们研究汉碑的创作规范提供了借鉴。

首先，对于碑文叙写内容来说，要尚实。曹丕《典论·论文》曰：“铭诔尚实”；《文选》五臣注云：“铭诔述人德行，故不可虚也，丽美也。”[1]曹丕主张碑诔乃传述人之德行，主于写实，要较为客观

---

① 《文选》卷 52，第 2271 页。

地赞颂亡者的德勋。陆机《文赋》曰:“碑披文以相质”,李善《文选注》解释为:“碑以述德,故文质相半”①。据李善阐释,碑文因记叙德行而需要有事实可证,同时需要文采卓然。刘勰云:“夫属碑之体,资乎史才,其序则传,其文则铭,标序盛德,必见清风之华;昭纪鸿懿,必见峻伟之烈,此碑之制也。”②碑文写作时要“资乎史才”,这种“史才”,刘勰在《文心雕龙·史传篇》中表述为,既要有“实录无隐之旨”,又要有“博雅弘辩之才”,做到“文质辩洽”、“诠评昭整”、“苛滥不作”③。也就是说内容要真实,评价要客观,同时要有文采,能够传达出碑主的懿德风范。碑文创作时内容要真实客观,这是唐以前的文论家们的共识。

碑文创作时,碑序类似史传,其内容叙写亡者姓氏、籍贯、家族世系、官职升迁、卒年及主要德行,相当于碑主的传记,具有很强的写实性,因此写作时首先要有“史学精神”,在记叙时要皆本于事实,不能虚构;而在咏颂功德时要防止文字滥用,不能无美而称,溢美失实。李充《起居诫》曰:“古之为碑者,盖以述德记功,归于实录也”,④即着眼于碑文的写实性而言。但这种归于实录的碑文,和史传又有所不同。

碑文要刊刻于石,容量有限,所以篇幅一般比较短小,写作时必须文字省洁,叙事简要,适如刘勰所说:“其叙事也赅而要”。碑

---

① 《文选》卷17,第766页。

② 周振甫:《文心雕龙注释》,第128页。

③ 同上书,第170页。

④ 欧阳询:《北堂书钞》卷102“碑”条下引文,文渊阁《四库全书》影印本,第889册,第449页。

文创作并非写作者单纯的个人行为,它是一种记叙死者事迹、表彰死者功德的社会应酬文体,要求“论列德善功烈,称美弗称恶,以尽其孝子慈孙之心”,再加上为尊者、亲者、贤者讳的传统观念,碑志一般不记墓主的缺陷和过失。虽然碑文叙事和史传记载都要讲求“实录”的史学精神,但“金石之文,自与史家异体”[①],两者的求实是有区别的。[②]

碑文既然与史传有别,那么在具体的布局写法上就有不同。

受载体和篇幅影响,碑文不可能像史传那样运用细节和典型事例刻画人物形象,而主要在记写亡者功德,所以在叙写碑主生平事迹时要简明扼要,即所谓“叙事该要”;在选取材料、组织材料时,重在大节,概括叙述。“作碑铭者,如欲历数生平,宏纤毕备,必至繁芜冗长,生气奄奄,此不知谋篇之术,吝于割爱者也。”[③]因此碑文必须文字简要,只记大节。

既然碑文文体的要求和立碑的目的都是为了歌功颂德、传扬令名,展现亡者风采,因此,碑文铭德应以颂美为主。在具体写法上,要处理好虚与实、叙事与咏颂的关系。爵里生卒、迁官次第之记载为实,学行政绩之表象形容为虚。史传本以记事为主,固应纯粹写实,用表象形容之词即为失体,如《史记·石奋传》:“子孙胜冠者侧,虽燕居必冠,申申如也。”《汉书·朱云传》云“蹑履升堂抗首而请”,并用《论语·乡党》文。刘师培以为“用此两语,即近

① 姚鼐:《古文辞类纂》第1册序目,第10页。

② 详见本书第四章第四节之“汉代碑文与其他文体”。

③ 刘师培:《中古文学论著三种》之汉魏六朝专家文研究,第112页。

粉饰”[①]。而碑铭颂赞之文，本以“拟其形容，象其物宜”为尚，用表象形容，则甚和谐。因此在撰写碑文时实写与虚写相间，写实追虚，将叙事与咏颂完美结合，使碑主清风峻烈展现在世人面前。如若全实，则琐细似流水账，质木无文；如若全虚，则过于空泛。

其次，不同文体，对于语言风格和文体格调有不同的要求。碑文之内容，是要“标序盛德”、“昭纪鸿懿”，突出地叙写死者的美好品德，鲜明地记载死者的高尚言行，展现出死者的“清风之华”和“峻伟之烈”。碑既然继承了铭的功能，它所要表现的语言风格也应该是“博约而温润”。对此，《文选》李善注曰：“博约，谓事博文约也。铭以题勒示后，故博约温润。”[②]清人方廷珪《昭明文选大成》云：“铭以题勒示后，故欲事博文约。温润，取其可以讽咏。”要使语言温润，文可咏颂，必须借助于文采之饰。而作为饰终礼典之文，碑文必须要有“文”的品质，行文时，文字庄重、语尚典雅、音节和润，富丽华美、雕饰繁缛固不可取，缠绵往复、有似哀诔亦为乖体。文论家们推崇“骨鲠训典”[③]、“典正”[④]，而典雅之文，在撰作时离不开对经典的拟则、摹拟和化用。因此汉碑中多取熔经意，化用经书尤其是《诗经》、《尚书》、《论语》中的语句以助文笔，广采经史以为形容表象之词，力求典雅，因此也形成了一些较为固定的用典方式[⑤]。运典讲究妥帖，数典用事，须称其文。典雅之

---

① 刘师培：《中古文学论著三种》，第132页。

② 《文选》卷17，第766页。

③ 周振甫：《文心雕龙注释》，第128页。

④ 严可均校辑：《全晋文》卷77，第1906页，挚虞《文章流别论》云：“蔡邕为杨公作碑，其文典正，末世之美者。”

⑤ 详见本书第四章第一节“典雅庄重的语言特色”。

外,文辞亦需要平易通达,力戒艰涩费解,如若拟典谟以矜奇,用古字以鸣高,转令气滞光晦,于碑铭之体,则乖谬矣。因此对于碑文语言要锤炼,使之辞采相称,清新润泽,铺陈形容,以达到"词无择言,莫非清允"的效果。

再次,在内容与形式的问题上还要处理好质实与文华之间的关系。碑文为实用文体,但是实用本身又要求有文采可观,碑文铭德以颂美为主,需要以美的语言形式加以表现。质为内容,文为形式,内容要质实,形式要华彩。如果文过于质,竞尚藻采,词溢于意,则有虚美谀墓之弊;而如果质过于文,有内容质实而遣词平实乏采,则有质木无文之感(如《袁安碑》、《车骑将军冯绲碑》)。因此内容与形式、质实与文华必须相辅相成、相得益彰,文质彬彬,才能气味隽永,风韵天成。最高的境界是"披文相质",文质得中,浅深合度。

质木无文者,如《袁安碑》:

司徒公汝南女阳袁安召公,授《易》孟氏[学]。永平三年二月庚午,以孝廉除郎中。四[年]十一月庚午,除给事谒者。五年四月乙□,迁东海阴平长。十年二月辛巳,迁东平[任]城令。十三年十二月丙辰,拜楚郡[太]守。十七年八月庚申,徵拜河南尹。[建]初八年六月丙申,拜太仆。元和三年五[月]丙子,拜司空。四年六月己卯,拜司徒。孝和皇帝,加元服,诏公为宾。永元四年[三]月癸丑薨。闰月庚午葬。①

① 高文:《汉碑集释》,第25—26页。

述亡者籍贯、名讳、学业、历官、卒葬时间，内容平实，毫无文采。

文过于质，词溢于意者，如《司隶从事郭究碑》：

> 河岳降祚，幼而有□，孝弟恭肃，与性俱成，温慈惠和，睹义轻财，怀刑拜说，舍己从人，蹈中庸之路，处匹直之节，内省不疚，兼姿令问。物格能□，临疑弗惑。弱冠践郡，历主簿、都邮、五官掾功曹、守令长，含章吐忠，或从王事，严庄可恐，柔顺可爱，进善替否，所举见则，虽赵武之佐晋，宋甫之厉色，操筹撰功，君其越诸。辟司隶从事，部郡都官，耽耽鹰扬，所莅以齐，翕然之论，风飞川流。本朝察孝，贡器帝庭，恬荣忽浮，委爵礼让，群公侧席，书垂置邮。不幸短祚，命登六辰，春秋廿八而卒。①

郭究年近 28 而卒，全篇无一具体事迹，基本是四言咏颂，泛论其德行，着力夸誉，仅咏颂其品行，就用 65 字之多，无亦太过乎？而其丧，则以辰象没、历数终为比，比拟不典，溢美过甚，汉碑谀墓之弊，于此为烈。

但汉碑中此种情形尚不多见。魏晋而下，当碑文文体成熟之后，碑文开始程式化、应酬化，空泛、板滞，而褒美虚伪之风日趋严重。桓范《世要论·铭诔》中曾说，当“爵以赂至，官以贿成”的权

① 《隶释》卷 10，第 120 页。

贵死后，“门生故吏，合集财货，刊石纪功，称述勋德，高邈伊周，下陵管晏，远追豹产，近逾黄邵，势重者称美，财富者文丽。后人相踵，称以为义，外若赞善，内为己发，上下相效，竞以为荣，其流之弊，乃至于此。”[①]可以想见后世立碑之滥与碑文的严重失实。而至南北朝时，受注重辞采、讲究声韵的骈体文的影响，碑文极尽颂扬浮华之能事，“妄言伤正，华辞损实”[②]，文过于质，受到时人及后世的批评。

刘勰对于碑文的写作要领，概括得较为简略，但较之前人而言，则更为具体深入。在“原始以表末”和“选文以定篇”中，从正反两个方面提出了一些值得参考借鉴的经验和教训。既然他认为“树碑述亡，同诔之区”，墓碑文与诔文性质相似，则他强调写诔文时要“辩洽”、“新切”，有“伦序”，反对“烦秽”、“阔略”和“繁缓”、“自陈”，亦同样适合于碑文。刘勰认为“自后汉以来，碑碣云起，才锋所断，莫高蔡邕”，蔡邕所作碑文代表了汉碑的最高水平。他对蔡邕所写碑文的具体评价，亦阐明了汉碑写作的范式：“观杨赐之碑，骨鲠训典，陈郭二文，词无择言；周、胡众碑，莫非清允。其叙事也该而要，其缀采也雅而泽；清词转而不穷，巧义出而卓立；察其为才，自然而至矣。”[③]在叙写时如何选取材料、组织材料，遣词运句，使叙事该要，缀采雅泽，条理一贯，文质彬彬，蔡邕的碑

① 桓范：《世要论·铭诔》，见《全三国文》卷37，第1263页。

② 杨勇：《洛阳伽蓝记校笺》，中华书局2006年版，第83页。卷2注文引隐士赵逸言曰：“生时中庸之人耳，及其死也，碑文墓志，莫不穷天地之大德，尽生民之能事；为君共尧舜连衡，为臣与伊皋等迹。牧民之官，浮虎慕其清尘；执法之吏，埋轮谢其梗直。所谓生为盗跖，死为夷齐，妄言伤正，华辞损实。”

③ 周振甫：《文心雕龙注释》，第128页。

文提供了最好的典范。但蔡邕碑文之所以能够超拔时人，除了个人学养、时代风气的因素外，前人的创作实践也给予他不少滋养。因为“每个人都降生在一个先他而存在的文化环境之中，这一文化自其诞生之日起便支配着他，并随着他成长和成熟的过程，赋予他以语言、习俗、信仰和工具”①。作家同样降生于一个先他而存在的文化和文学环境中，在前人积累的种种文化规范中从事创造性的活动。蔡邕正是在前辈文人创造的碑文文体规范中，以自己深厚的学养、出众的艺术才华、丰富的独创性，将汉碑的创作推向了高潮。

第二节　蔡邕碑文创作的实践

东汉碑碣云起，许多文人投身于碑文写作，使碑文走向繁荣。在这些文人中，蔡邕的碑文不仅数量多，而且成就最高，文学性最强，创立了汉碑的典范和准则，成为后世文士摹拟的对象。蔡邕的碑文之所以超拔时人，卓绝千古，除了时风之影响，与其学养才艺更是密不可分。

蔡邕（133—192 年），字伯喈，陈留圉（今河南杞县）人。东汉末年著名的学者、文人。他博学多才，擅长文章，尤其善作哀铭碑诔。他所撰的碑文获得当时和后世的极大称誉，但同时也受到了不少非议，王应麟《困学纪闻》卷 12 云：“蔡邕自言‘为郭有道碑，

① 〔美〕L. A. 怀特著，沈原等译：《文化的科学》，山东人民出版社 1988 年版，第 162 页。

独无愧辞'，其他可知矣，其颂胡广、黄琼，几与韩、老同传。若继成汉史，岂有南董之笔?"[①]顾炎武《日知录》曰："东京之末节义衰而文章盛，自蔡邕始，其仕董卓，无守；卓死惊叹，无识。观其集中滥作碑颂，平日之为人可知矣。"[②]又云："《蔡伯喈集》中，为时贵碑诔之作甚多。如胡广、陈寔各三碑，乔玄、杨赐、胡硕各二碑。至于袁满来年十五，胡根年七岁，皆为之作碑。自非利其润笔，不至为此。史传以其名重，隐而不言耳。文人受赇，岂独韩退之谀墓金哉！"[③]对于这些问题，时人在研究蔡邕时或避而不谈，或谈之甚少，或持论不公。但笔者认为它对于评价蔡邕的碑文创作及文学影响极为重要。蔡邕的出仕董卓及董卓死后的感叹自是他人生的一个失误，其是非曲直且应从具体的历史情境中去考证评判。而由碑志作品之多进而怀疑蔡邕之文品、人品，蔡邕的文学地位因此暗淡，其在碑文创作中的成就也遭到忽视和冷遇，则似乎有失公允。故而不惮词费，在此进行辨析，首先为蔡邕正名。

一、关于蔡邕出仕董卓是否"无守无识"的问题

蔡邕博学多才，在经学、辞章、书画、音乐等方面均有极高造诣。他精通经学，曾在熹平四年(175年)任议郎期间，与五官中郎将堂谿典、光禄大夫杨赐、谏议大夫马日磾等奏求正定《六经》文字，并自书于碑，列于洛阳太学门外，为当时士子提供了一个经书的标准文本。故碑始立，"其观视及摹写者，车乘日千余辆，填

---

① 王应麟：《困学纪闻》，文渊阁《四库全书》影印本，第894册，第396页。
② 陈垣：《日知录校注》卷13"两汉风俗条"，第720页。
③ 陈垣：《日知录校注》卷19"作文润笔条"，第1073页。

阶塞陌"[①],盛况空前。同时蔡邕又能文工书、多才多艺,"好辞章、术数、天文,妙操音律"[②]。经学、才艺知名于时,所作文章也超拔时人,朝廷一些重要的礼文均出自蔡邕之手。《后汉书·胡广传》载:"熹平六年,灵帝思感旧德,乃图画广及太尉黄琼于省内,诏议郎蔡邕为其颂云。"[③]《太平御览》卷750引孙鉴之《述画》曰:"汉灵帝诏蔡邕图赤泉侯杨喜五世将相形象于省内,又诏邕为赞,仍令自书之。邕文书画,于时独擅。"[④]在东汉后期兴起的树碑撰铭的热潮中,蔡邕更成为首屈一指的制作大家,以其雄藻丽辞施之以碑文撰作,把原本质木无文的铭墓之体改造成华美的饰终之文,确立了一种至高的典范,从而使这一新兴的实用文体大放异彩,成为后世文人竞相驰骋才华的场所。

以蔡邕的才艺,本应该有广阔的空间供他施展,但他身处汉末多事之秋,先是外戚梁冀家族的疯狂聚敛,后是宦官集团的专权腐化,卖官鬻爵。政治的腐败唤起了文人的救亡意识,前后两次的党锢之祸,使大批有正义感的文人士大夫遭受杀戮或禁锢,时局更加昏暗。生逢如此恶劣的政治环境,蔡邕的悲苦命运似乎早已注定。他前期仕途蹭蹬,饱受迫害,晚年出仕董卓并且因叹息董卓之死而为权臣所杀,使多少名流扼腕叹息,而后世对他的非议也因之而起。抨击最力者当属明末顾炎武,顾氏之言,初看尚觉有理,而遍检有关史料,细考蔡邕生平,方觉顾氏所说未免

① 《后汉书》卷60下《蔡邕传》,第1990页。

② 同上书,第1980页。

③ 《后汉书》卷44,第1511页。

④ 李昉等:《太平御览》,文渊阁《四库全书》影印本,第899册,第645页。

偏颇。

蔡邕的前期履历充分体现出他是一个颇谨于行藏去就和品节操守的正直文人。

早在延熹二年(公元159年)蔡邕23岁时,“中常侍徐璜、左悺等五侯擅恣,闻邕善鼓琴,遂白天子,敕陈留太守督促发遣。邕不得已,行到偃师,称疾而归”①。蔡邕因琴艺高超,被宦官征调赴京献艺。蔡邕面对诏书,痛苦抉择,不去则违抗朝廷,后果可知;去则受良知谴责,有损个人操守。他不得已踏上征途,但路上饿殍遍野、满目疮痍的景象促使他最终下定决心,借病中途返回,拒绝与权贵同流合污,保全了名节。灵帝光和元年(公元178年),灾异之事不断出现,灵帝刘宏认为是不祥之兆,便询问大臣。时值第二次党锢之令刚刚颁布之后,正直有影响的文人士大夫纷纷被捕被杀,因言得祸者更是不计其数,宦官气焰甚嚣尘上。故而大臣们噤若寒蝉,对皇帝的询问都敷衍了事。而担任议郎的蔡邕见灵帝推诚下问,便上书直言时政,指斥宦官干政祸国,为位卑才浅之小人。这在当时是需要多大的勇气和胆量!由此可知蔡邕是一位非常有正义感有血性的人。蔡邕因而遭到宦官嫉恨,被诬告下狱。虽然经人援手,免于死罪,但全家被流徙朔方。一路上宦官派刺客追杀、陷害,历尽艰险。几个月后,皇帝念其才高,蔡邕被赦还本郡,但途中又因不肯逢迎宦官亲戚,再一次被迫亡命天涯。如果蔡邕当时能稍假辞色,情形自会不同。而他虽然饱受打击,但傲骨气节、锋芒棱角依旧未改。从蔡邕的《释诲》、《述行

① 《后汉书》卷60下《蔡邕传》,第1980页。

赋》中我们感受到的不仅是他忧国忧民的情怀,同时还有他对于立身之道和心灵自由的坚守。凡此种种,都表明蔡邕是一个极重名节操守又具有强烈政治责任感的人,他关心国家兴亡,希望社会安定,人民安居乐业,贤士尽其才用。因而,顾炎武讥刺蔡邕出仕董卓为无德,似乎过于武断。一个人为坚持气节历经磨难尚且不改,不可能在晚年突然改弦更张,背道易节。蔡邕出仕,自有他的隐衷。

蔡邕之仕董卓,实属士人在专制强权下的无奈和妥协,有着特殊的历史背景。

"中平六年,灵帝崩。董卓为司空,闻邕名高,辟之。称疾,不就。卓大怒,詈曰:'我力能族人!蔡邕遂偃蹇者,不旋踵矣。'又切敕州郡举邕诣府,邕不得已,到,署祭酒,甚见敬重。"①从中可知三点:一是蔡邕因才名太高而被董卓征召。二是蔡邕称病,拒绝出仕。三是董卓大怒,以灭族相威胁,邕不得已,进京应召。

但或许是历经坎坷已对官场失望,或许是年事已高、身心疲惫,或许是对董卓其人怀有疑虑,因此他拒绝了董卓的征召,称病不出,蔡邕希望能以此方法再次躲避险恶的政局,隐居山林,耕读自适。但是现实却不容他逃避。董卓听到蔡邕不肯合作,勃然大怒,并以灭族相威胁,这一招可谓正中蔡邕的要害。蔡邕生性笃孝,"母常滞病三年,邕自非寒暑节变,未尝解襟带,不寝寐者七旬。母卒,庐于冢侧,动静以礼。有菟驯扰其室旁,又木生连理,

① 《后汉书》卷60下《蔡邕传》,第2005页。

远近奇之,多往观焉。与叔父从弟同居,三世不分财,乡党高其义"[①]。蔡邕孝悌之心发于自然,故常能以己之孝心度之于人,对他人之孝性、孝心也能体察入微,并极力称颂。听到孝子程末之事,立即召见,体察他"其志行发于自然,非耳闻目见所仿效也。虽成人之年,知礼识义之士,恐不能及"[②],于是就上表荐举。由此可以看出蔡邕是一个孝友仁笃之人。现在,如若不出仕董卓,整个家族都会受到灭顶之灾,对于孝悌友爱、颇谨于行藏去就的蔡邕来说,暮年的抉择更为痛苦。在强权之下,他只好屈从,他不愿意再次使亲人受到牵连。

蔡邕被迫出仕后,虽深受董卓厚待,但并不阿附董卓,在原则问题上正言直谏,以匡社稷而并非俯仰取容,明哲保身。史载,"卓重邕才学,厚相遇待,每集燕,辄令邕鼓琴赞事,邕亦每存匡益。"[③]西迁长安后,董卓擅权,行为越礼,蔡邕屡有规劝,董卓对他的谏言也时有采纳。但是董卓刚愎自用,任性猜情,纵容部下烧杀抢掠,无恶不作,而且僭越之意愈益明显。对此蔡邕深感忧虑。史云:"然卓多自佷用,邕恨其言少从,谓从弟谷曰:'董公性刚而遂非,终难济也。吾欲东奔兖州,若道远难达,且遯逃山东以待之,何如?'谷曰:'君状异恒人,每行观者盈集,以此自匿,不亦难乎?'邕乃止。"[④]蔡邕虽受重视,但在多次劝谏董卓无效之后,也明白董卓非可佐之人,时局更无法扭转,意欲逃隐,却无处可投。正

① 《后汉书》卷60下《蔡邕传》,第1980页。

② 严可均校辑:《全后汉文》卷71,第863页。

③ 《后汉书》卷60下《蔡邕传》,第2006页。

④ 同上。

在此时，董卓被杀，蔡邕正在司徒王允坐席上，闻之不禁讶然叹息。王允大怒，以为他同情董卓，把他下狱治罪。蔡邕请求黥面刖足，留得性命，以续成汉史，王允不许。蔡邕死讯传来，缙绅士大夫无不流泪，经学大师郑玄感叹说："汉世之事，谁与正之?"[①]在当时的形势下，明哲之士已知汉室"大树将颠，非一木所维"[②]，"吾夜观乾象，昼察人事，天之所废，不可支也"[③]，纷纷高蹈避世，而蔡邕却因才名太高，屡被关注而无法脱身隐逸，而他在官场又每怀赤诚报国之心，不计个人利害，正言直谏，终致困顿殒身，一代名士风流云散，至堪浩叹！

对于蔡邕的结局，范晔以为："意气之感，士所不能忘也。流极之运，有生所共深悲也。当伯喈抱钳扭，徙幽裔，仰日月而不见照烛，临风尘而不得经过，其意岂及语平日幸全人哉！及解刑衣，窜瓯越，潜舟江壑，不知其远，捷步深林，尚苦不密，但愿北首旧丘，归骸先垄，又可得乎？董卓一旦入朝，辟书先下，分明枉结，信宿三迁。匡导既申，狂僭屡革，资同人之先号，得北叟之后福。属其庆者，夫岂无怀？君子断刑，尚或为之不举，况国宪仓卒，虑不先图，矜情变容，而罚同邪党？执政乃追怨子长谤书流后，放此为戮，未或闻之典刑。"[④]对蔡邕应召出仕的无奈、在朝劝谏董卓的苦心，及董卓被杀后的反应，范晔可谓体察入微，给予了充分的理解和同情。

---

① 《后汉书》卷60下《蔡邕传》，第2006页。

② 《后汉书》卷53《徐穉传》，第1747页。

③ 《后汉书》卷68《郭泰传》，第2225页。

④ 《后汉书》卷60下《蔡邕传》，第2007页。

而顾炎武对蔡邕却深加贬责，认为蔡邕之仕董卓，毫无操守；蔡邕之哀董卓，缺乏见识。关于董卓其人，历史早有定论，无须赘辞。但从以上所论可知，蔡邕早年一直就注重个人气节，刚直不阿；而晚年出仕，本出于无奈，而董卓虽然专权，但天下依然是刘家的天下，蔡邕虽然受董氏重用，但他每以国家为虑，正身立朝，时时匡导董卓趋于正道，并未谄附，不能谓之"无守"；董卓死于仓卒之间，蔡邕闻之叹息，出于人之常情，君子闻行刑，尚且为之罢乐，何况曾受董卓厚恩的蔡邕？座中无人感叹，而只有蔡邕不计利害，率性而为。性情使然，并非"无识"。顾氏身处明清易代之际，怀抱家国之痛、黍离之悲，目睹士人纷纷变节易服、屈事清朝，满怀愤慨。他借蔡邕之事大发议论，痛下针砭，表达了对士大夫的出处形藏和名节操守的异常关注。这种做法无疑是饱含深意的，掺杂了浓厚的时代感喟和个人情怀。但若细研史书，设身处地，推之以蔡邕平日之为人，揆之以蔡邕所处之情势，察之以蔡邕立朝之作为，若讥其无德无识，质疑其人品，则似欠公允，有厚诬古人之嫌。

二、关于蔡邕碑作有无愧辞的问题

儒家重视丧葬，主张"事死如事生，事亡如事存"。《荀子·礼论篇》云："故丧礼者无它焉，明死生之义。送以哀敬，而终周藏也。故葬埋，敬藏其形也。祭祀，敬事其神也。其铭诔系世，敬传其名也。事生，饰始也。送死，饰终也。终始具而孝子之事毕，圣人之道备矣。"[①]丧葬主哀，祭祀主敬，慎终追远，是儒家所强调的

① 王先谦:《荀子集解》，第371页。

一贯精神。汉代从汉武帝起,“罢黜百家,独尊儒术”,儒家思想成为正统思想,从而对汉代社会政治的方方面面都产生了重要影响。汉代的丧葬制度、丧葬礼俗、丧葬观念无不体现了这种影响。汉人重丧厚葬,树碑铭墓成为丧葬礼俗中的一个重要内容,门生故吏为其长官、子孙为其父祖、弟子为其师尊、士人为其友朋立碑撰文,叙述逝者事迹,昭明逝者功德,使之永垂不朽。这种形式既涵养着孝悌哀思,又使亡者的德行成为一种榜样,垂范后昆,体现了儒家立德立功立言以求不朽的生命价值观念。因此在崇名重孝的东汉社会中,它一经产生便迅速流行,蔡邕更是以其深厚的学养和出众的才华广为时人所推重请托,从而成为首屈一指的碑文创作大家。

蔡邕撰作的碑文,受到历代文论家或文学家的高度评价,人们对他的碑文成就往往赞誉有加。如西晋挚虞《文章流别论》云:“蔡邕为杨公作碑,其文典正,末世之美者也。”[①]东晋李充《起居诫》曰:“中世蔡伯喈长于为碑。”[②]萧子显《南齐书·文学传论》云:“孙绰之碑,嗣伯喈之后;谢庄之诔,起安仁之尘。”[③]萧绎《内典碑铭集林序》:“夫披文相质,博约温润,吾闻斯语,未见其人。班固硕学,尚云赞颂相似;陆机钩深,犹闻碑铭如一。唯伯喈作铭,林宗无愧,德祖能诵,元常善书,一时之盛,莫得系踵。”[④]刘勰云:“自后汉以来,碑碣云起,才锋所断,莫高蔡邕:观杨赐之碑,骨

① 严可均校辑:《全晋文》卷77,第1906页。
② 严可均校辑:《全晋文》卷52,第1766页。
③ 《南齐书》卷53,中华书局1972年版,第908页。
④ 严可均校辑:《全梁文》卷17,第3053页。

鲠训典；陈郭二文，词无择言；周胡众碑，莫非清允。其叙事也该而要，其缀采也雅而泽；清词转而不穷，巧义出而卓立；察其为才，自然而至。”[①]李兆洛《骈体文钞》曰：“碑志之文，本与史殊体。中郎之作，质其有文，可为后法。”[②]刘师培说：“碑铭之体应以蔡中郎为正宗，然自齐梁以迄唐五代，碑文虽较逊于伯喈，而其体式则无殊于两汉，盖惟辞采增华，篇幅增长而已。”[③]这些评价，表明了蔡邕在碑志文体发展史上的巨大贡献以及无可动摇的崇高地位，从而使得他的碑志作品引起人们的关注，广泛流传，为人们所接受，也成为后世文人创作的范式。他的墓碑文不仅数量多，而且成就最高，超拔时人。《文选》碑文选 4 人 5 篇，独蔡邕一人两篇。李兆洛《骈体文钞》墓碑类选碑文 5 人 21 篇，蔡邕一人有 14 篇入选。可以说，在碑志文体的发展史上，蔡邕是第一个大力写作碑文并取得卓越成就，对后世碑志创作影响深远的人。

蔡邕碑文辞采雅泽，纵意铺衍，语求骈俪，广为用典，呈现了高超的语言表达能力和文学才华。语趋骈偶、藻采、雅训三者巧妙结合，行文自然流畅，是蔡邕碑文的主要特征，而这也正是东汉文学语言形式的审美追求，蔡邕自觉地把他的文学审美追求融入碑文写作之中，确立了一种至高的典范，从而使这一新兴的实用文体大放异彩。

蔡邕一生写了很多碑文，尽管李充、刘勰等人对其大加称扬，但是在后世也受到了非议。据《后汉书·郭泰传》载：“明年春，卒

---

① 周振甫：《文心雕龙注释》，第 128 页。

② 李兆洛选辑：《骈体文钞》，上海书店 1988 年版，第 513 页。

③ 刘师培：《中古文学论著三种》，第 169 页。

于家,时年四十二。四方来会葬者千余人,同志者乃共刻石立碑,蔡邕为其文,既而谓涿郡卢植曰:吾为碑铭多矣,皆有惭德,惟郭有道无愧色尔!”[①]蔡邕“惭德”之说对后世影响极大,后人因此对蔡邕之为人及其碑文而颇有微词。裴松之《请禁私碑表》曰:“若乃亮采登庸,绩用显著,敷化所莅,惠训融远,述咏所寄,有赖镌勒。非斯族也,则几乎僭黩矣。俗敝伪兴,华烦已久。是以孔悝之铭,行是人非;蔡邕制文,每有愧色。”[②]唐代封演在其《封氏闻见记·碑碣》中也表达了同样的看法。诚然,随着碑志的发展,其弊端也逐渐暴露出来,许多碑文顺情虚饰、浮夸不实,《洛阳伽蓝记》中借后魏隐士赵逸之口就抨击了这种风气:“生时中庸之人耳,及其死也,碑文墓志,莫不穷天地之大德,尽生民之能事;为君共尧舜连衡,为臣与伊皋等迹。牧民之官,浮虎慕其清尘;执法之吏,埋轮谢其梗直。所谓生为盗跖,死为夷齐,妄言伤正,华辞损实。”[③]这种现象的产生,与碑志文体本身的特征、时风的影响及撰碑者的素质密切相关。但在评价蔡邕时,依据其“惭德”之言来否定他的为人及全部碑文作品,似乎并不客观。

首先来考察蔡邕此言的背景。郭泰为东汉末年人,博通坟籍,善谈论,乐于奖掖后进,擅长鉴别人伦。游学京师时,与党人领袖李膺友善,名震京师,后来回乡闭门教授,弟子以千数,故而士人景慕,海内从风。郭泰卒后,前来会葬者千余人。蔡邕对郭泰本来就极为折服倾慕,郭泰葬时,蔡邕能厕身其间,并亲撰其碑

---

① 《后汉书》卷68《郭泰传》,第2225页。

② 严可均校辑:《全宋文》卷17,第2525页。

③ 杨勇:《洛阳伽蓝记校笺》,第83页注文。

文,自是备感荣耀。他认为以郭泰的学识、品行、声望、影响,任何称颂之词都不嫌过分,故而有"惟郭有道碑无愧色"之感慨。据碑传载,郭泰卒于建宁二年正月乙亥,而据陆侃如《中古文学系年》,应在建宁四年(公元171年)[①]。《水经注》卷六也引用了同样的话,只不过说话的对象变成卢植和马日磾两人。如《水经注》所载,此话是蔡邕对卢植、马日磾两人所说,那就应当是三人同去会葬,或是三人同处时所发生的事。三人同去会葬无史料可考,属于合理推测。而三人同处共事则有据可依,其时间可通过排比史料约略得知。《后汉书·蔡邕传》云:"召拜郎中,校书东观……与卢植、韩说等撰补《后汉记》。"[②]《中古文学系年》将此事系于熹平二年(公元173年)。《后汉书·卢植传》云:"会南夷反叛,以植尝在九江有恩信,拜为庐江太守……岁余,复征拜议郎,与谏议大夫马日磾、议郎蔡邕、杨彪、韩说等并在东观,校中书《五经》记传,补续《汉记》。"[③]《系年》定于熹平六年(公元177年)。熹平四年、五年卢植出为九江、庐江太守。所以蔡邕此言有可能是郭泰下葬的建宁四年(公元171年),或与卢植同在东观校书的熹平二年(公元173年),亦有可能是三人(蔡邕、卢植、马日磾)同处东观校书的熹平六年(公元177年)时所说。一年后即光和元年(公元178年)蔡邕因上书得罪权宦,流徙朔方,后虽赦,为避害而亡命江海达十二年之久,三人即无缘聚首。察《后汉书·郭泰传》引蔡邕此言在林宗死后,用"既而"一词,可知距其葬后不久。所以,推测

---

① 陆侃如:《中古文学系年》,第249页。

② 《后汉书》卷60下《蔡邕传》,第2003页。

③ 《后汉书》卷64,第2117页。

蔡邕发此感慨的最有可能的时间是在公元171年或公元173年，此时距郭泰之卒不久，在碑文刚写成之后。[①] 诚如蔡邕所言，熹平二年（公元173年）之前，确已写了不少碑文，如蔡朗、李休、周勰、朱穆、杨秉、度尚、胡硕、胡根、黄氏、章氏等碑，除了其恩师胡广家人及蔡朗、李休事不可考外，周勰、朱穆、杨秉、胡广之碑所载事迹与史传相较，并无夸饰不实之处，如何蔡邕会有愧色？有愧色者抑或是那些受人请托无德可述而又不得不写的关系文章？

其次从碑文的文体特征来看，碑文作为一种饰终的礼文，它是应丧葬的需要而产生的一种叙颂亡者生平功德的文体，具有叙生平、歌功德、抒哀思的职能，它的内容一方面有很强的写实性，关于亡者的姓氏、籍贯、世系、履历、卒年及主要行事大节，都要据实书写。另一方面，它作为一种礼文，又具有文的品质，要求用美的语言形式来颂扬功德，讲究文采。内容质实，文辞华美，是碑文创作的准则。蔡邕对于立碑刊铭有自己的立场和看法，他说："春秋之论铭也，天子令德，诸侯言时计功，大夫称伐。钟鼎礼乐之器，昭德纪功，以示子孙。物不朽者，莫不朽于金石，故碑在宗庙两阶之间。近世以来，咸铭之于碑，德非此族，不在铭典。"[②]他认为立碑的目的是颂美功德，有功有德者方能树碑铭墓。而蔡邕文学才华杰出，在碑文写作中更是自觉努力地追求文雅华美，力求把这种刚刚兴起的实用文体打造成美文。在这种思想指导下，以蔡邕的雄辞丽藻施之于碑文创作，应该是能产生许多合乎披文以

① 汉人除了在下葬后立碑外，还有在周年、二周年立碑之习俗，参见杨赐碑文。

② 严可均校辑：《全后汉文》卷74，第875页。

相质、衔华以佩实的优秀碑文来。但是,文与质、华与实本来就有矛盾,华是对质的粉饰,文辞越华丽,文与质之间的矛盾就越突出。《礼记·祭统》云:"为先祖者,莫不有美焉,莫不有恶焉,铭之义,称美而不称恶,此孝子贤孙之心也,惟贤者能之。"[①]碑铭只能称美不称恶,屈从孝子贤孙的要求。而且在当时的社会风气下,铭墓成风,蔡邕又是擅作碑文的大家,很多时候碍于人情无法推辞,不得不替一些无功可书、无德可颂的人撰作华美的饰终礼文,美文与功德的距离使他内心陷于矛盾困惑之中,故而难免有"惭德"之叹。蔡邕的一番话,感叹郭泰的品行声望才真正值得"树碑表墓,昭明景行,俾芳烈奋乎百世,令问显于无穷"[②],同时也流露出他碑文创作中的一些无奈。结果却成为后人拿来怀疑批评他的全部碑文创作的依据,似乎他的每篇碑文都是华饰无实的"惭德"之作,千年来蒙受恶名。而此时他的碑志创作的高峰时期还尚未到来,大批优秀的碑文在随后的十几年中才陆续产生。[③] 我们今天将《汝南周勰碑》、《朱穆坟前方石碑》、《太尉杨秉碑》、《太尉陈球碑》、《太尉杨赐碑》等和《后汉书》相关的传记对照,人物行迹、善恶大节并无出入,甚至史书中对有些人物的评价在某些字句上与碑文似乎都如出一辙(如胡广、杨赐)。若以史书的质实精神来考察蔡邕所撰之碑文,蔡邕又何惭德之有?蔡邕撰写的碑

① 杨天宇:《礼记译注》,第646页。

② 严可均校辑:《全后汉文》卷76《郭泰碑》,第884页。

③ 郭泰碑之后,蔡邕碑作还有李咸碑,175年;陈球碑,179年;乔玄碑,184年;刘宽碑,185年;范丹碑,185年;杨赐碑,185年;陈寔碑,186年;刘勰《文心雕龙》所赞蔡邕五碑,其中三碑作于郭泰碑之后。

文中固然有一些他自认为的“惭德”之作，但这是受碑文文体规范所限，也是人情所难以避免的，而以南、董之史笔来衡量碑文写作，是忽视了碑文与史书的文体差别和不同要求，结论未免偏颇。即使被后人盛赞的文学巨匠韩愈，他的有些碑志作品亦被同时代人目为“谀墓”。但从有史可考的碑主事迹来看，蔡邕基本上做到了“词无择言”、“莫非清允”。因此不了解碑文文体的限制，不深究蔡邕所处的历史背景，以蔡邕在熹平年间的感慨来定论他一生的碑文创作，认为“每有碑作，便有愧色”，似乎为时过早，并且过于武断。

三、关于蔡邕滥作碑文的问题

蔡邕为当世很多人都作过碑文，据《全后汉文》可知，有名姓者有 35 人，其中可考知有官者 19 人，命妇 4 人，未成年夭折者两人，拒不应召的征士 7 人，其余几人因碑文残缺严重，无法确定。从这个统计看，蔡邕集中并非是尽为权贵所作，高蹈避世、不事王侯的名士也受到他的极大关注。

碑的产生是对先秦彝器铭功之制的继承，蔡邕的《铭论》和刘勰的《文心雕龙·诔碑》都阐述了这种观点。碑既然负载着昭德纪功的使命，在先秦时是为天子、诸侯、大夫服务，到了汉代后期，它作为丧葬礼制的内容，自然也有等级的限制。再者，士人深受儒家思想熏染，积极进取，或立德修身，或为官治民，或著书立说，虽然并非人人有资格进入史书，较乎常人，似乎更有树碑可传的业绩。故而蔡邕碑文大部分为达官所作，也无可厚非。

蔡邕作碑文，有为一人而作多篇，如胡广 4 碑（包括胡广祠堂碑），陈寔 3 碑，乔玄汉碑作乔玄，《后汉书》作桥玄，以碑为据。杨赐、胡硕各2碑，这种做法曾为后人所诟病。但若仔细追寻，这几人都与蔡邕有某些联系，胡广为蔡邕之师，蔡邕年少时随胡广学习，而胡广少子胡硕与蔡邕年岁相当，两人当有过往；杨赐与蔡邕有同僚之谊，在光和元年曾一起被皇帝诏对，均因直言不讳而触怒了宦官，蔡邕被徙朔方，杨赐以帝师身份而得免罪。蔡邕最初进入仕途，是由于司徒桥玄的征辟，乔玄对他有知遇之恩，“建宁三年，辟司徒桥玄府，玄甚敬待之”[①]。陈寔为士林精神领袖，品行高洁，遭党事禁锢20年，死后“（大将军）何进遣使吊祭，海内赴者三万余人，制衰麻者以百数，共刊石立碑，谥为文范先生。”[②]胡广、胡硕、杨赐、乔玄的丧葬，朝廷都极为重视，皆有策赠，并遣使送丧，公卿会葬，赴者云集。如此隆重盛大的丧葬，立碑既是礼仪之需，而撰碑者自然是擅长碑作、熟悉逝者的蔡邕，非蔡邕之文辞不足以媲美盛大的葬仪。

而在树碑铭墓之风盛行的东汉，这几人或生前官高位隆，或众望所归，卒时葬礼隆重，百僚会集，卒后家人、门生、故吏、同好，纷纷为亡者树碑勒铭，故而一人有多篇碑文流传下来。胡广三碑，其一为“故吏司徒许诩论集行迹，铭诸琬琰”。其二为“故吏济阴池喜树石作颂，用扬德音”。其三为“掾太原王允、雁门卑整、属扶风鲁宙、颍州殷历等撰举功勋，刊之于碑，用慰哀思”[③]。三碑皆胡广故吏所立，蔡邕与胡广有师生之谊，故而不辞其劳，一一代人执笔。乔玄、杨赐、胡硕、陈寔一人多碑的撰作，均是如此，立碑嘱

① 《后汉书》卷60下《蔡邕传》，第1990页。

② 《后汉书》卷62《陈寔传》，第2067页。

③ 严可均校辑：《全后汉文》卷76《胡广碑》，第885—886页。

托者姓名在每一篇碑文中都有所交代，了然可见，而并非是蔡邕自愿自发地一再撰作，反复为其歌功颂德。在这些为同一碑主所作的各篇碑文中，蔡邕精心结构，摹拟立碑者口吻语气，从不同的侧重点对碑主进行描述，力求篇篇面貌有别，避免雷同。以杨赐为例，杨赐共有4碑[①]，其中2碑为其子杨彪所立，分别立于葬时、大祥（两周年）之际，前者综述功业，后者从下葬直到小祥（周年）、大祥之况写起，写法稍异，重在写其恭逊谨慎以及不骄不吝的品行之美。另外一碑为故吏所立，主要叙杨赐的履历政绩，匡弼之功；一碑为门生何进所立，突出杨赐道术之美，诲人善诱。4碑言语、句式准则典诰，多化用《尚书》、《诗经》文句，庄重典雅，而且谋篇布局，各有侧重，绝不蹈袭。从一人多碑的情形中，显示出蔡邕对碑文创作的重视及其用力之勤、用心之深，而并非随意为之的“滥作”。

在蔡邕所作的碑文中，碑主凡是在史书中有传记者，证之于史传，人物行迹、善恶大节若相符契，如朱穆、周勰、杨秉、度尚、郭泰、李咸、姜肱、陈球、乔玄、刘宽、范丹、杨赐、陈寔、房桢等，蔡邕的称美和当时人对他们的评价一致，并无虚美。在资料取舍上，蔡邕以为“凡所履行，事类博审，不可胜数，略举首目，具实录之记，在乎其传”[②]，碑所记仅大事大节，详细的事迹自有史传来著述，但在征实这一点上两者的取向是一致的。只不过史书是后人记述，要做到秉笔直书、善恶皆述相对容易做到。而作碑则不同，

---

① 严可均校辑：《全后汉文》卷78，第893—895页。

② 同上书，第892—893页。

受孝子贤孙所托，本着碑铭“歌功颂德”称美不称恶的宗旨，为同时代的人撰写盖棺定论，能够恰如其分地描述亡者功德，不过分溢美、无德而称，诚为不易。从现有可考的史料来看，蔡邕基本上做到了这一点。

蔡邕所作碑文中，以胡广碑受后人非议最多，除了因数量多（三篇）受到诟病外，也有认为蔡邕用“方叔克壮其猷，公旦纳于台屋”、“同轨旦、奭”等语称颂胡广，溢美不实①。

据史书载，胡广侍奉六帝，备受荣宠，屡历显职，凡一履司空，再作司徒，三登太尉，又为太傅，其所辟命皆天下名士。“性温柔谨素，常逊言恭色，达练事体，明解朝章，虽无謇直之风，屡有补阙之益。”②胡广勤劳王事，学识渊博，而且乐于提携后进，在士人中很有声望。但他与宦官联姻、在立储问题上阿附大将军梁冀的行为又遭到有识之士的讥刺。蔡邕碑文基本如实叙写了胡广的生平行历，至于史书所贬胡广的“怀禄图存，朝章虽理，据正或挠”，蔡邕虽限于碑文体制无法写入，但他以“蹈明哲以保身，与福禄乎终始”、“既明且哲，保身遗则”③来论定他的恩师胡广一生，应该是寓意深长的，评价尚属客观公允，隐约间似可考见蔡邕的“微言大义”。至于赞胡广“同轨旦、奭”，则是因胡广所处地位、职责同周公、召公相近，故而把两者比较，并非就意味着胡广功德可比肩周公、召公，胡广第三碑中有“其致治也，通水泉于润下，蕃后土于稼穑，训五品于群黎，理人伦于区域，耀三辰于混元，协六和于皇

① 周振甫：《文心雕龙注释》，第133页。
② 《后汉书》卷44《胡广传》，第1510页。
③ 严可均校辑：《全后汉文》卷76《胡广碑》，第886页。

极,傅圣德于幼冲,率旦奭之旧职”之语,可以证之。这是汉人文集中极其常见的一种修辞手法。而碑文要求“表序盛德,必见清风之华;昭记鸿懿,必见峻伟之烈”①,所以在述德颂美时这种夸饰的手法更是屡见不鲜。如《太尉李咸碑》就有“操迈伯夷,德追孔父”、“虽元凯翼虞,周召辅姬,未之或逾”②之语。这是碑文文学化追求的一个手段,不必过分推敲。如果认为蔡邕徇私,极端赞美胡广的话,把胡广三碑和乔玄两碑放在一起对照,大概就不会有这种感觉了。乔玄和胡广一样,亦对蔡邕有恩,也曾位高望重,任过司徒、司空、太尉,蔡邕碑文中评价他“公性质直,不惮强御,在宪台则有尽规之忠,领州郡则有虎彤之威。其拔贤如旋流,讨恶如霆击。每所临向,清风先翔,远近豫震,兹可谓超越众庶彰于远迩者已”③,以之与胡广“蹈明德以保身,与福禄乎终始”的赞语相比,孰高孰低,一目了然。而且在乔玄碑文中蔡邕详述乔玄一生行迹,详于史传,其中记载乔玄的平定西域之事、开仓赈济之事史籍均不载。全文1300多字,洋洋洒洒,比胡广三碑中最长的一篇830字要长出很多。从两碑篇幅和所用赞语可以看出,对胡广和乔玄的一生功绩的评价,蔡邕有着自己客观冷静的史学原则,并非是随意褒美,任情称颂。尽管有称德颂美的文体限制,有为亲者讳的情感困惑,但蔡邕在撰作中融入了个人的道德判断和价值取向,尽可能把史学精神和美文追求结合起来,从而使他在碑文创作上取得极大的成就,也赢得了刘勰“其叙事也该而要,

① 周振甫:《文心雕龙注释》,第128页。

② 严可均校辑:《全后汉文》卷76《李咸碑》,第887页。

③ 严可均校辑:《全后汉文》卷77《乔玄碑》,第888页。

其缀采也雅而泽，清词转而不穷，巧义出而卓立”的高度赞誉。正是由于蔡邕大力创作碑文，并努力把它改造成美文，从而奠定了碑文的最初典范，使碑成为后世文人驰骋才华的重要场所。而顾炎武以后世风气来推测蔡邕作碑为“谀金”之举、多作碑颂为阿附时贵，王应麟等认为蔡邕谬赞胡广，进而推断其人品、文品，现代人以“或无美而诬称，或虚辞而不实”[①]来评价蔡邕碑作，显然都难以令人信服。

综上所论，可以得出：蔡邕的“惭德”之说，反映了蔡邕对前期碑作中文学化追求与质实之间关系处理的矛盾与反思，应该从具体的历史时间和碑文体制去考察它原本的含义。蔡邕一生写作了大量碑文，虽非篇篇精品，但大都精心撰作，对主要人物的评价也合乎史实，而并非是滥作碑颂，阿附权贵。应当说，后人或昧于碑文体制，或脱离历史情景，或不能细研碑文文本，以致对蔡邕的评价有失客观公允，从而对其在文学史上尤其在碑文创作上的贡献未予以充分重视。是到了该为蔡邕正名并重新认识其碑文创作成就的时候了。

第三节 蔡邕碑文创作艺术风格

蔡邕碑文，不仅数量多，而且成就高，是汉碑中的杰出者和典型代表。刘勰《文心雕龙·诔碑》云：“自后汉以来，碑碣云起。才锋所断，莫高蔡邕：观杨赐之碑，骨鲠训典；陈郭二文，词无择言；

① 陈平原：《中国散文小说史》，上海人民出版社2004年版，第120页。

周胡众碑，莫非清允。其叙事也该而要，其缀采也雅而泽；清词转而不穷，巧义出而卓立；察其为才，自然而至。”[1]刘勰对于蔡邕碑文的特点及成就给予了充分的评价。谭献称“碑刻之文至伯喈别成规矩，遂为千秋效法。”[2]李兆洛称：“表墓之文，中郎为正宗。”[3]蔡邕的碑作可谓是汉碑的集大成者，不仅为后世树立了碑文创作的典范，同时自觉追求碑文的形式之美，使碑文具有浓厚的文学色彩，将原本质木无文的应用文体改造成美文。因此对蔡邕碑文写作实践的解析，不仅有助于我们对汉碑创作理论的深入探讨，而且对于客观全面地评价汉碑的历史地位大有裨益。

蔡邕的碑文，总体来说，可以用李兆洛“中郎之文，皆雍雍矩度”来综括。“矩度”主要体现在蔡邕有意识按照儒家的礼的规范进行碑文创作，在内容的选材、人物评价、哀情的表达上都体现了对儒家“礼”的遵守，对碑主的生平事迹进行叙述与评价，实现了实录与虚饰的完美结合，符合碑的文体文风的要求；实现了碑叙德述美的职能，遵守了碑文创作的矩度。在具体写法上，又有以下特征：

第一，立意谋篇，追求变化。

相题设施，因人而异，随事而变，是蔡邕在谋篇布局、体裁结构安排上的突出特点，往往显示出蔡邕的匠心独运。虽然在碑序的布局上，一般都是按时间顺序，依次记写名讳、家世、资禀、学行、历官、立碑之人等。但是根据个人的不同情况，往往着墨的重

---

① 周振甫：《文心雕龙注释》，第 128 页。

② 李兆洛：《骈体文钞》，上海书店 1988 年版，第 9 页。

③ 同上书，第 513 页。

点不同。

对于官高位达者，则多详历官以显其事功，如太尉杨赐、太傅胡广、太尉李咸等人，在叙述历官时多采用两种方式：或依次叙述迁职履历，每叙一官后，即以语论其职责、评其政绩，最后再加以概括。如《杨赐碑》二云："公以群公之举，进授尚书于禁中，迁少府、光禄勋，敬揆百事，莫不时序，庶尹知恤，阊阖推清。列作司空，地平天成，阴阳不忒，公遂身避，托疾告退。又以光禄大夫受命司徒，敬敷五品，宣洽人伦，燮和化理，股肱耳目之任，靡不克明。及至太尉，四时顺动，三光耀润，群生丰遂，太和交薄。三作六卿，五蹈三阶，受爵开国，应位特进。非盛德休功，假于天人，孰能该备宠荣，兼包令锡，如公之至者乎！"[①]或概叙历官而后以语总括政绩者，《胡广碑》三："五作卿士，七蹈相位，太仆、司农、太傅、司空各一，司徒、特进各二，太常、太尉各三，光辅六世，历载三十有余。其致治也，通水泉于润下，蕃后土于稼穑，训五品于群黎，理人伦于区域，耀三辰于混元，协六和于皇极，傅圣德于幼冲，率旦奭之旧职。譬彼四时，功成则退，在盈思冲，升隆以顺。"[②]以前一种方式居多，叙事与咏颂结合。

而对于屡辞征辟、爵禄不显之士，则重在咏颂其资禀、学问、操行。如《周勰碑》、《玄文先生李休碑》、《翟先生碑》、《范丹碑》等；对于夭逝的童子，一般仅叙其聪敏早慧之状，叹其苗而不穗，抒发亲属悲悼之情，较简短。如《童幼胡根碑》、《袁满来碑》。蔡

① 严可均校辑：《全后汉文》卷78，第894页。
② 严可均校辑：《全后汉文》卷76，第886页。

邕为妇人所撰碑，有《太傅安乐侯胡公夫人灵表》、《交趾都尉胡府君夫人黄氏神诰》、《议郎胡公夫人哀赞》、《司徒袁公夫人马氏碑》。由于封建社会中男女社会角色的不同，妇人不为事功，美德难以外在化、实践化，所以碑文一般多叙母氏劬劳，鞠育幼弱，孝养舅姑，营克家道，以享光宠景福。碑主出身名门者多叙家世。子孙显者多叙子孙历官，以示母氏尊荣。铭颂中极尽哀恻凄怆，表达孝子孺慕之思。蔡邕撰碑，不仅能揣摩请托者之口吻语气而代为设辞，而且根据碑主的身份经历来确定挥墨运笔之详略轻重，使之面目各异而又无一不妥帖自如，非若普通汉碑之缺少变化，给人千篇一律之感。

蔡邕碑作，在行文结构上亦灵活多变。尽管常规碑文叙事以官阀始卒、仕宦履历为主，在写法上多叙事咏颂相间而以咏颂为重，在碑序的记叙顺序上，一般是按照名讳、家世、学行、历官、寿年、卒葬的前后顺序来展开，但蔡邕在常规写法中依然有变化灵动的一面。有以卒葬情况以发端者，如《朱穆坟前方石碑》、《处士圈典碑》、《胡广碑》三、《司徒袁公夫人马氏碑》、《陈寔碑》三、《太尉杨赐碑》一；有以议论发端者，如《翟先生碑》、《陈寔碑》三；有全以咏颂出之，无名讳、家世、行事、卒葬等具体事实者，如《翟先生碑》、《荆州刺史度尚碑》、《处士圈典碑》，有纯以叙事的如《朱穆坟前方石碑》、《乔玄碑阴》，这些情况在蔡邕碑文中属于变体，但均能因意谋篇，因人而异，妥帖自如。

追求变化，也体现在一人数碑的创作中。蔡邕所撰碑文中，《杨赐碑》、《胡广碑》、《陈寔碑》、《胡硕碑》等均是一人数篇。运用同一题材创作数篇碑文，使其避免雷同而又能各出新意，是非常有难度的。蔡邕此类创作，章法各异，变化多方，更能体现出他在布局谋篇上的巧思和自觉追求。

前文已经分析过杨赐、胡广数碑的特点，在此以《陈寔碑》为例，加以分析。陈寔为汉末名士，其卒后，“大将军何进遣使吊祭，海内赴者三万余人，制衰麻者以百数。”[①]如此盛大隆重之丧葬，立碑必是典礼所需，因此由蔡邕代笔的碑文流传下来的就有三篇之多。《陈寔碑》一为河南尹种府君所立，于仕宦履历甚为简括，而重在咏其进退有度，淡然自逸的品德，详述其卒后群公百僚会葬祭吊的场面和情况，以身后哀荣显示其德望之高；而《陈寔碑》二为其子所立，重在咏颂陈寔德施于民、化导神速，详叙世系历官，并及卒后国人立庙祭祀之状，以突出其政绩之美。《陈寔碑》三为陈寔卒后两年豫州刺史所立，于陈寔家世、历官等均略，仅简单论其德绩，并及陈寔二子之事迹，显示地方长官“褒功述德”、追慕清尘、以宣教化之意。三碑各有侧重，内容上详略互补，可相参见。碑三但发议论，不叙事实；碑二碑一同叙事实，而一详生前，一详死后。碑一的写法与蔡邕的惯常写法尤其不同。蔡邕碑文一般叙事、咏颂相间，而多以咏颂为主，表象形容，叙事赅要。而《陈寔碑》一以叙述为主，对陈寔归隐及卒后情况更是不惜笔墨，记载了大将军何进、司徒袁公使人招辟晓谕之言、陈寔婉拒之词、朝中三公感叹之语、陈寔临终遗命薄葬之事、何进吊词及议谥之词、太守诔文、比县会葬之事等等，篇幅占到碑序的三分之二，内容虽繁，但这些材料均统一于展现碑主声望功德的目标之下，组织有序，

① 《后汉书》卷62《陈寔传》，第2067页。

裁减适中，而行文格调一致。虽有别于常规碑文的结构，也不似蔡邕多数碑文语言的缀采铺陈，但是从另一视角突出表现了陈寔的淡泊、俭朴及崇高德望，和《陈寔碑》二的标准写法相比，各有千秋，堪称“词无择言，莫非清允”。

同一题材，而能有数种作法，面目各异而又相得益彰，使碑主的形象更加丰满，峻伟之烈、清风之华尽现于前，胡广、杨赐、陈寔、胡硕等一人数碑均是如此。一人数碑的撰作，显示出蔡邕在碑文创作上的追求变化及谋篇布局上的巧思功力。故刘师培以为“使非谋篇在前，安能选材各异？世谓碑铭之文千篇一律，惟修辞有工拙者，岂其然乎？是知作文之法，因意谋篇者其势顺，由篇生意者其势逆。名家作文，往往尽屏常言，自具杼轴，即有谋篇在先，故能驭词得体耳！”[①]此语施之蔡邕，允为的评。清人刘大櫆评韩愈碑志“一集之中篇篇变，一篇之中段段变，一段之中句句变”[②]，以之施用于蔡邕碑文，亦毫不为过。

第二，精于选材，叙事该要。

蔡邕碑文，特点之二为叙事该要，言简事赅，意繁词炼。虽然刘勰云碑“其序则传”，但碑同史传毕竟不同。碑文叙事与史传殊，若以《后汉书》杨秉、杨赐、郭泰、陈寔等本传与蔡邕所作碑铭相较，则作法迥异。史传纯以纪实，为散体文，往往通过话语、行动、具体事件来显示人物的性格、作风。而碑文虽大体属于传记性质，而且叙事尚实，但往往以骈体写作，更注意骈体文所崇尚的

① 刘师培：《中古文学论著三种》，第 111 页。

② 刘大櫆：《论文偶记》，见《韩愈资料汇编》，中华书局 1983 年版，第 1200 页。

文采之美，即对偶工整、辞藻华美、声韵和谐、用典精切等要素，它对于传主的德行、功业等，只作概括的叙述，以典雅华美的文采来代替具体的叙述，因而多表象形容（虚），以虚写实，虚实并存。如若全实，则琐细似流水账；如若全虚，则过于空泛。而蔡邕碑文，基本遵循汉碑的行文格式，但在创作中虚实相生，以虚运实，转折自然。刘师培云："蔡邕之碑铭无不化实为空，运实于空，实叙处亦以形容词出。此盖得诸《诗》、《书》，如《尧典》首二段虚实合用，表象之辞甚多。"[①]此言可谓精当。普通汉碑，或以叙为主，如《袁安碑》、《车骑将军冯绲碑》等，或一叙一咏，而蔡邕叙事简洁精要，以咏颂形容为主，经常将叙事融于咏颂之中。在选取材料上，蔡邕以为"凡所履行，事类博审，不可胜数。略举首目，具实录之记，在乎其传。"[②]碑在叙述人物生平时本于事实，有类实录，但并不同于实录的事无巨细，一一录入，而要突出主要履历，略举首目即可。因此在叙事上至为简括，层次分明，而把大量笔墨用于咏颂。如《陈寔碑》叙陈寔历官"四为郡功曹，五辟豫州，六辟三府，再辟大将军。宰闻喜半岁，太丘一年。"《太傅胡广碑》三叙胡广履历"五作卿士，七蹈相位，太仆、司农、太傅、司空各一，司徒、特进各二，太常、太尉各三。光辅六世，历载三十有余。"寥寥数语，即概括无遗。如《郭泰碑》，序文部分仅用 269 字，便将一个学行高远、器宇宏深、砥节砺行、高蹈不仕的征士形象描绘出来，其中一段文字："尔乃潜隐衡门，收朋勤诲，童蒙赖焉，用祛其蔽。州郡闻

---

① 刘师培：《中古文学论著三种》，第 133 页。

② 严可均校辑：《全后汉文》卷 78《陈寔碑》二，第 892 页。

德，虚己备礼，莫之能致。群公休之，遂辟司徒掾，又举有道，皆以疾辞。将蹈鸿涯之遐迹，绍巢许之绝轨，翔区外以舒翼，超天衢以高峙。"[①]疏疏几笔，一个隐居讲学的高士形象跃然纸上。刘师培评此段文字"叙事简括，殆臻其极"。刘勰评其"词无择言"，都指出蔡邕碑文用语精当的特点。与南北朝时期的碑作叙事历数生平，宏纤毕备，繁芜冗长相比，蔡邕碑作"叙事该要"的特点更加突出。刘师培指出："试观蔡伯喈所作碑文，但形容事实，不加赞美，而其揄扬已溢于事实之表，赞美与事实融合无间，故文章绝妙。将及六朝，此法渐缺乖失。"[②]叙事融于咏颂，评价寓于事实，自然会节省不少笔墨。这种叙事简要的做法，可以使蔡邕将主要精力用于咏颂，展示其文学才华。

第三，熔铸经诰，缀采雅泽。

文学是语言的艺术。碑文是一种悼亡的应用文体，是死者的盖棺定论，因此它的语言规范应当庄重典雅，以与肃穆的气氛相吻合。综观蔡邕碑文，其语言体现出渊懿含蓄、典雅润泽的总体特征，这一语言特征，虽来自于文体本身的要求，但也与蔡邕深厚的学养和高超的语言运用能力密切相关，使得其碑文辞之美迥出普通汉碑之外。

首先，蔡邕碑文广为用典，行文雅训。引经据典、熔铸经书以为己用本是东汉时期人们在经学浸染下的一种时代文风，《文心雕龙·事类》云："至于崔、班、张、蔡，遂捃摭经史，华实布濩，因书

① 严可均校辑：《全后汉文》卷76，第884页。

② 刘师培：《中古文学论著三种》，第139页。

立功,皆后人之范式也。”[①]汉碑创作势必受到时风影响。而同时经典的典雅庄重,与碑文的肃穆一致,而且经典涵盖丰广、意蕴深厚,亦颇适合有篇幅限制的碑文创作。因此汉碑中用典成为一种普遍现象。而蔡邕碑文用典之多,运用之自如,时人无出其右。或用事典,以形容表象碑主德行;或用文典,摹用经书语句文意以助文笔。

引事典以比附事实,形容表象,在蔡邕碑文之中,随处可见:

《荆州刺史度尚碑》:事亲以孝,则行侔于曾闵;结交以信,则契明于黄石。[②]

《太尉李咸碑》:操迈伯夷,德追孔父。[③]

《司空房桢碑》:公言非法度,不出于口;行非至公,不萌于心。治身,则伯夷之洁也;俭啬,则季文之约也;尽忠,则史鱼之直也;刚平,则山甫之励也。总兹四德,式是百辟,夙夜匪懈,以事一人。[④]

蔡邕碑文中用典密集,但却自如妥帖,音节和雅,并无堆砌滞涩之弊。

而拟则经书语句以助行文,集中体现了蔡邕行文雅泽之特点的,莫过于挚虞、刘勰所推崇的《太尉杨赐碑》,为了直观显示,故就其中化用《尚书》诸篇文句者稍加注于后,以见原文出处。

《太尉杨赐碑》四:

---

① 周振甫:《文心雕龙注释》,第411页。

② 严可均校辑:《全后汉文》卷79,第896页。

③ 严可均校辑:《全后汉文》卷76,第887页。

④ 严可均校辑:《全后汉文》卷78,第895页。

汉有国师司空文烈侯杨公，惟司徒之孙，太尉公之胤子，皇祖祖考以懿德胥及聿勤（语出《盘庚》："古我先王暨乃祖乃父，胥及逸勤，予敢动用非罚？"），式建丕休，勋启洪范（语出《洪范》：天乃赐禹洪范九畴，彝伦攸叙。）。公祗服弘业，克丕堂构（语出《大诰》："若考作室，既厎法，厥子乃弗肯堂，矧肯构？"），小乃不敢不慎，大亦不敢不戒，用罔有择言失行，在于其躬（语出《吕刑》："用罔有择言在身。"）。洎在辟举，先志载言，罔不攸该。乃自宰臣，以从王事，立功不有，用辞其禄。逮作御史，允执国宪。纳于侍中，在帝左右。爰董武事，王师孔闲。群公以旧德硕儒，道通术明，宜建师保，延入华光，侍晏露寝。敷典诰之精旨，达圣王之聪睿。帝以机密斋栗，常伯剧任，鲜克知臧，以厘其采。命公再作少府，俾率其属，以熙庶绩（语出《尧典》："允厘百工，庶绩咸熙。"）。天地作险，国家丕承，军门祛禁，式遏寇虐。命公再作光禄，亦总其熊罴之士，不二心之臣，保乂帝家（语出《康王之诰》："则亦有熊罴之士，不二心之臣，保乂王家。"）。岩岩大理，惟制民命，命公作廷尉，惟刑之恤（语出《舜典》："怙奸自终，当刑杀之，钦哉！钦哉！惟刑之恤哉！"），旁施四方，惟明折狱，蔽罪于宪之中。亦惟三礼六乐，国之元干，命公作太常，明德为馨（语出《君陈》："至治馨香，感于神明。黍稷非馨，明德惟馨。"），八音克谐，神人以和（语出《舜典》："八音克谐，无相夺伦，神人以和。"），永世丰年。溥天率土，而众莫外。命公作司空，公惟戢之，翊明其政，时惟休哉！惟天阴骘，下民彝伦，所由顺序（语出《洪范》："惟天阴骘下民，相协厥居。"）。命公作司徒，而敬敷五教，以亲百姓，父义母慈兄友弟恭子孝，时惟休哉！（语出《舜典》："帝曰：契！百姓不亲，五品不逊，汝作司徒，敬敷五教，在宽。”）昭孝于辟雍，命公作三老，帝恭以祗敬，遵有虞于上庠。茫茫大运，垂光烈耀。命公作太尉，璇玑运周，七精循轨，时惟休哉！帝欲宣力于四方，公则翼之，辟道或回，公则弼之（语出《益稷》：“予欲宣力四方，予违汝弼。”）。虔恭夙夜，不敢荒宁（语出《无逸》：“治民祗惧，不敢荒宁。”），用对扬天子丕显休命（语出《说命》：“说拜稽首曰：敢对扬天子之休命！”）。天子大简其勋，用授爵赐，封侯于临晋，功成化洽，景命有倾。帝乃震恸，执书以泣。命于左中郎将郭仪作策，赐公骠骑将军临晋侯印绶，兼号特进。谥曰文烈。宠命毕备，而后即世。[1]

这篇碑文，化用《诗》、《书》文句处甚多，基本以之作为全文构架，叙述咏颂了杨赐一生的功绩德业，体现出典雅庄重的特点。刘勰赞之“骨鲠训典”，挚虞评之“其文典正”，可谓名实相副、恰如其分。东汉一代之文皆能熔铸经诰，碑文亦是如此。但普通汉碑用经书堆砌成篇，又不能以气运之，故而文辞滞涩；而蔡邕用典以我为主，能使之入化，又能涵咏《诗》、《书》之音节，而模拟其声调，自然和雅，因此运典自如，行文疏朗。

其次，在蔡邕的碑文语言中还充分表现出语转骈丽的特征。蔡邕崇尚丽辞，多使用偶句来形容，丽语之工，刻镂之巧，方之齐梁间骈文亦毫不逊色。刘勰《文心雕龙·丽辞》曰：“自扬、马、张、蔡，崇尚丽辞，如宋画吴冶，刻形镂法。丽句与深采并流，偶意共逸韵具发。”[2]蔡邕文辞的这个特点，在碑文中处处可见：

---

① 严可均校辑：《全后汉文》卷78，第894页。

② 周振甫：《文心雕龙注释》，第384页。

“凡其事君，过则弼之，阙则补之，通清夷之路，塞邪枉之门，举善不拘阶次，黜恶不畏强御。”（《范丹碑》）[①]

“公乃布恺悌，宣柔嘉，通神化，道灵邪，取忠肃于不言，消奸宄于爪牙，是以君子勤礼，小人知耻，鞠推息于官曹，刑戮废于朝市，余货委于路衢，余种栖于畎亩。”（《太傅胡广碑》一）[②]

“该通五经，洗洞坟籍，为万里之场圃，九隩之林泽。挹之若江湖，仰之若华光。玄玄焉测之则无源，汪汪焉酌之则不竭，可谓生民之英者已。”（《翟先生碑》）[③]

这种骈丽之句，并不似齐梁骈文以四六句式为主，固定僵硬，而是往往长短错落，搭配使用，多以排比句式出现，使语意连贯而变化多端，给人以一气呵成、气势贯通之感，显示出作者强烈的感情色彩，具有浓厚的感染力。

如《太傅胡广碑》二：“其为政也，宽裕足以容众，和柔足以安物，刚毅足以威暴，体仁足以劝俗，故禁不用刑，劝不用赏，望之如日月，从之如影响，思不可忘，度不可革，遗爱结于人心，超无穷而垂则。”[④]《荆州刺史度尚碑》：“君资天地之正气，含太极之纯精，明洁鲜于白珪，贞操厉乎寒松。朗鉴出于自然，英风发乎天骨。事亲以孝，则行侔于曾闵；结交以信，则契明于黄石。温温然弘裕虚引，落落然高风起世。信荆山之良宝，灵川之明珠也。”[⑤]《司空

① 严可均校辑：《全后汉文》卷77，第891页。
② 严可均校辑：《全后汉文》卷76，第885页。
③ 严可均校辑：《全后汉文》卷79，第896页。
④ 严可均校辑：《全后汉文》卷76，第885页。
⑤ 严可均校辑：《全后汉文》卷79，第896页。

房桢碑》:"公言非法度,不出于口;行非至公,不萌于心。治身,则伯夷之洁也;俭啬,则季文之约也;尽忠,则史鱼之直也;刚平,则山甫之励也。总兹四德,式是百辟,夙夜匪懈,以事一人。枉丝发,树私恩,不为也。讨无礼,当强暴,弗避也。"①

上举各例均语句工丽,偶句工整,但同时句式富有变化,分别以二字句、三字句、四字句、五字句、六字句、七字句等错落搭配使用,使行文生动而富有变化,气脉贯通,即所谓"巧义出而卓立"的具体展现。而一般汉碑,多用四字句,虽字句典雅,但句式单调,音节板滞,缺乏贯通的气势。

再次,蔡邕碑文使用多种修辞手法,极大地提高了语言表现能力。除了广为用典、骈辞丽句、以排比句式铺陈之外,他还在散句叙述中运用各种修辞手法,以增强咏颂效果。

以反问加强语气,使文意起伏。《太尉杨秉碑》:"非黄中纯白、穷达一致,其恶能立功立事、敷闻于下,昭升于上,若兹巍巍者乎!"②《汝南周勰碑》:"焉有该百行、备九德,齐光日月,洞灵神明,如君之至者与!亶所谓天民之秀也。"③《太尉杨赐碑》:"非盛德休功,假于天人,孰能该备宠荣,兼包令锡,如公之至者乎!"④

使用比喻使抽象的咏颂更生动形象。《汝南周勰碑》:"洋洋乎若德,虽崇山千仞,重渊百尺,未足以喻其高究其深也。"⑤《郭泰

① 严可均校辑:《全后汉文》卷78,第895页。
② 严可均校辑:《全后汉文》卷75,第882页。
③ 同上书,第881页。
④ 严可均校辑:《全后汉文》卷78,第894页。
⑤ 严可均校辑:《全后汉文》卷75,第881页。

碑》："于时缨緌之徒、绅佩之士，望形表而影附，聆嘉声而响和者，犹百川之归巨海，鳞介之宗龟龙也。"[①]《陈寔碑》二："民之治情敛欲，返于端懿者，犹草木之偃于翔风，百卉之挺于春阳也。"[②]《翟先生碑》："该通五经，洗洞坟籍，为万里之场圃，九隩之林泽。挹之若江湖，仰之若华光。玄玄焉测之则无源，汪汪焉酌之则不竭，可谓生民之英者已。"[③]《荆州刺史度尚碑》："明洁鲜于白珪，贞操厉乎寒松……信荆山之良宝，灵川之明珠也。"[④]

以映衬来突出人物的品质。《太傅胡广碑》一："虽老莱子婴儿其服，方叔克壮其猷，公旦纳于台屋，正考父俯而循礼，曷以尚兹？"[⑤]《太尉李咸碑》："虽元凯翼虞，周召辅姬，未之或逾。"[⑥]《司空房桢碑》："门无立车，堂无宴客，衣不变裁，食不兼味。虽易之贞厉，诗之羔羊，无以加也。"[⑦]《太尉刘宽碑》："虽龙左纳言，山甫喉舌，无以尚焉。"[⑧]

这些修辞手法在蔡邕碑文中的综合运用，使咏颂的人物品德更加生动感人，使作者的感情流露更加明显。碑志文本属为死者藻饰功德之作，如刘师培所说，"全以死者为主"，是客观的应用文，主要是客观述颂，而不能主观自抒。尽管如此，蔡邕还是在不

① 严可均校辑：《全后汉文》卷 76，第 884 页。
② 严可均校辑：《全后汉文》卷 78，第 892 页。
③ 严可均校辑：《全后汉文》卷 79，第 896 页。
④ 同上。
⑤ 严可均校辑：《全后汉文》卷 76，第 885 页。
⑥ 同上书，第 887 页。
⑦ 严可均校辑：《全后汉文》卷 78，第 895 页。
⑧ 严可均校辑：《全后汉文》卷 77，第 890 页。

突破文体的既定体式下，通过遣词运笔，“只是形容事实，不加赞美，而揄扬之意已溢于事实之表，赞美与事实融合无间”①，使其所撰碑文强烈凸显着主体的情感色彩，带有鲜明的个人创作烙印，气势贯通，情感充沛。同时这些手法使行文当中变化层出，起伏跌宕。试以蔡邕所撰《周勰碑》与《泰山都尉孔宙碑》作比，孔碑虽亦用典，却稍显生硬而不妥帖；语调无起伏，平铺直叙，缺少充沛之气势；句式少变化，叙述以四字句为主，间以六字句，无长短错落之生动；字句锤炼亦不够精当，质朴无文采。而周碑则行文富于变化，气势滂沛，辞采斐然，因此两碑的高下显而易见。

蔡邕碑文中往往洋溢强烈的感情色彩，贯穿着充沛的气势。一方面固然是出于他和墓主的亲密关系，或墓主高洁品行的感召，如上举胡广、乔玄、周勰、郭泰等人，在浓郁感情的驱遣下，形成自然流畅的气势。另一方面得益于他遣词运笔、挥洒自如的文学表现能力。这种气势达到了情炎于中、不可遏制的一种状态，具有极强的感染力，为普通汉碑所少有。

最后，蔡邕碑文的语言之美还体现在其铭词上。他撰写的碑文铭词，基本以四言为主，亦有三言，如《太尉刘宽碑》、《太傅胡广碑》三；亦有四言后接以楚辞兮字句式者，如《童幼胡根碑》、《议郎胡公夫人哀赞》。亦有六言者，如《太傅安乐侯胡公夫人灵表》。四言铭词典雅润泽，一般隔句用韵，数句转韵，音调和谐。

如《太傅胡广碑》一铭辞：

---

① 刘师培：《中古文学论著三种》，第132页。

尹汉元辅，时惟文恭。聪明睿哲，思心痒容。毕力天机，帝休其庸。赋政于外，有邈其踪。进作卿士，粤登上公。百揆时序，五典克从。万邦黎献，共唯时雍。勋烈既建，爵土乃封。七被三事，再作特进。弘唯幼冲，作傅以训。赫赫猗公，邦家之镇。泽被华夏，遗爱不伦。日与月与，齐光并运。存荣亡显，没而不泯。①

这段铭辞渊懿典雅，“聪明睿哲”、“百揆时序”、“五典克从”、“万邦黎献”、“共唯时雍”、“弘唯幼冲”等句，基本化用《尚书》语句而来，“赫赫猗公”、“邦家之镇”、“日与月与”等句盖化用《诗经》语句而来，雅畅通流，并无艰涩之感。而同时他又能涵咏《诗》、《书》之音节，而模拟其声调，自然和雅。隔句用韵，中间转韵，韵调变化，使语气起伏生动，读起来朗朗上口、清音满室，不讲平仄而音节谐调。他所撰的其他碑文铭辞亦是如此。

第四，兼收并蓄，融会贯通。

碑文作为一种应用文体，和其他纯文学体裁如诗赋等，无论在思想内容还是艺术表现上都存在着相当差异。虽然在东汉时期已经有较为鲜明的辨体意识，②但在汉代宽泛的文学观念下，实用文体形态和文学文体形态是浑然一体的，并没有一条截然分明

---

① 严可均校辑：《全后汉文》卷76，第885页。

② 参见第二章，如蔡邕《独断》考释的大多是策书、制书、诏书、戒书，以及章、奏、表、驳议等公牍文体。而刘熙《释名》卷6《释书契第19》和《释典艺第20》则对奏、檄、谒、符、传、券、策书、册、启、书、告、表、令、诏书、论、赞、叙、铭、诔、碑、词等文体进行了训释。反映出东汉时期初步的辨体意识。

的界限。因此在创作实践中，必然会出现各种文体之间一定的交融。对于才华出众而又兼擅数体的蔡邕来说，其碑文创作实践中，更容易借鉴别体文学式样的表现手法，在创作中实行兼容并蓄、融会贯通。

蔡邕碑文创作中可见史传的影响。碑文虽与史传相似，记载一个人的生平事迹。但碑文一般关注亡者功绩及其生平大节，并不像史传那样记载事实经过曲折，纤细不遗；经常通过具体事件、语言、行为细节等来刻画人物，使其性情神气惟妙惟肖，生气勃勃。因此碑文往往给人以陈陈相因、千篇一律的感觉，一方面是由于碑文载体和篇幅的限制，但主要是碑文和史传写法的根本不同所造成。但是蔡邕在碑文创作中，为了更好地表现人物，以达到"观风似面，听辞如泣"[①]的效果，也时时借鉴史传的某些写法，选取一些最能体现碑主性格特征的材料作细节的描绘，以塑造人物。以细节刻画人物，如《范丹碑》，记范丹"与从事荷负徒行，人不堪其忧，君不胜其逸"及卖卜梁宋之间事，突出其体勤能苦、安贫乐贱的个性。《太尉杨秉碑》以杨秉的生活细节"厨无宿肉，器不镂雕，夙丧嫔俪，妾不嬖御"来表现其正直清俭。《太傅胡广碑》一以"于时春秋高矣，继亲在堂，朝夕定省，不违子道。旁无几杖，言不称老。居丧致哀，率礼不越"突出胡广的蒸蒸至孝。以言行突出人物者，如《太尉杨赐碑》一："公曰：'昔在三后成功，惟殷于民，而皋陶不与焉，盖吝之也。'及为特进，又曰：'惟汉重臣，中兴

① 周振甫：《文心雕龙注释》，第128页。

以来,克称斯位者,其为高密元侯乎！吾何德以堪诸?'"[①]以杨赐语言入碑,体现其谦逊之德。还有详叙送葬场面者,如《太尉杨赐碑》一:"皇帝遣中谒者陈遂、侍御史马助持节送柩,陈遵桓典兰台令史十人将羽林骑,钲车介士,前后故吹,以骠骑将军官属及司空法驾,与公卿尚书三台以下,葬我文烈侯。三年九月甲申,小祥。会如初。四年九月戊申,大祥。公卿尚书三台以下,会如小祥之礼。"[②]在篇幅有限的碑文中,如此着力叙写会葬场面,是为了彰显碑主死后哀荣,从而突出杨赐德望之高。此类笔法在蔡邕碑文中还有很多。蔡邕叙事用笔一向简括,而在这些细节方面有时却不吝笔墨,这种因人而异、随事而变、异于常规的典型化处理方式显示出蔡邕在碑文谋篇布局、选取组织材料时的精心用力,它不仅充实了碑文内容,有助于塑造个性鲜明的人物形象,也使蔡邕碑文呈现出丰富多样的面貌,具有很强的文学色彩,体现出他在碑文创作中自觉的艺术追求。蔡邕以史传手法引入碑文创作,为唐代韩愈等人的碑文文体改革开创了先河。

蔡邕碑文中述颂碑主学行时常纵意铺衍,多方形容,清新相接,丽句奔会,层出不穷,其写法明显可以看出汉赋的影响。如《琅邪王傅蔡朗碑》:"君雅操明允,威厉不猛,履孝悌之性,怀文艺之才,包洞典籍,刊摘沈秘,知几达要,通含神契。既讨三五之术,又采二南之业,以鲁诗教授,生徒云集,莫不自远而至。栖迟不易其志,箪食曲肱,不改其乐。心栖清虚之域,行在玉石之间,是以

---

① 严可均校辑:《全后汉文》卷78,第893页。

② 同上。

德行儒林，智周当代，四岳称名，帝曰余闻。”①《太傅胡广碑》三云：“佥谓公之德也，柔而不犯，威而不猛，文而不华，实而不朴。静而不滞，动而不躁，总天地之中和，览生民之上操，聪明睿敏，兼质先觉。涉观宪法，契阔文学，睹皋陶之闱阃，究孔氏之房奥。然而约之以礼，守之以恭，宽以纳众，泛爱多容。其诱人也，恂恂焉，怡怡焉，使夫蒙惑开析，愎戾优顺，逸惰能夫勤信……其致治也，通水泉于润下，蕃后土于稼穑，训五品于群黎，理人伦于区域，耀三辰于混元，协六和于皇极，傅圣德于幼冲，率旦奭之旧职。譬彼四时，功成则退，在盈思冲，升隆以顺。”②这种纵意骋词、着力铺陈的做法，实取法汉赋，有类于汉赋的铺采摛文、穷极声貌，极大拓展了碑文的文学表现能力。

蔡邕碑文创作亦受到楚辞的影响，融入了楚辞的某些表现手法。蔡邕碑铭，除了纯粹四言铭文之外，又有楚辞“兮”字句式铭文，还有四言铭文后又接以楚辞句式的形式。如《太傅安乐侯胡公夫人灵表》铭文纯以六言兮字句式出之，以叙悲为主，回环往复，再三叹喟，哀惋动人：“悲母氏之不永兮，怀殷恤以摧伤。惟子道之无穷，惜闻诲之未央。庶黄耇以期颐，胡委我以夙丧？忧心怛以激切，亦割肝以绝伤。……顾新庙以累唏，伏几筵而增悲。嗟既逝之益远，眇悠悠而不追。”③《议郎胡公夫人哀赞》则兼用四言和楚辞句式，以四言总括碑序，而以楚辞句式来抒发其凄怆悲思之情：“愍予小子，夙罹孔艰。严考殒没，我在龆年……疾大渐

① 严可均校辑：《全后汉文》卷75，第880页。
② 严可均校辑：《全后汉文》卷76，第886页。
③ 严可均校辑：《全后汉文》卷79，第897页。

以危亟兮,精微微而浸衰。逼王职于宪典兮,子孙忽以替违。目不临此气绝兮,手不亲夫含饭。陈衣衾而不省兮,合绠棺而不见。昔予考之即世兮,安宅兆于旧邦。依存意以奉亡兮,迁灵柩而同来。考妣痛以惨兮离乖,神柩集而移兮增哀。黄垆密而无间兮,出入阒其无门。"[①]从表现手法看,四言脱胎于以"赋"为主要表现手法的《诗经》,所以它形成了宜于铺叙的特点,非常适合类列死者德行。而自楚辞以来,骚体一直被用来抒发强烈的感情。黄伯思说:"顿挫悲壮,或韵或否,楚声也。"[②]说明骚体句比较适合抒情。从节奏来看,四言句以四个字为一顿,显得短促而又板滞,不利于表现强烈情感。而骚体句中,句末或句中的"兮"字,作为句子之间的一个必然间隔,既有效地阻遏了过度的铺陈,又巧妙地化解了节奏的滞重。骚体句语气舒缓,则以之来回忆往事和借景抒情;四言语气短促,则以之来直抒胸臆。两种兼用,则是将四言的庄重典雅、楚辞的抒情缠绵结合起来,使情感旋律时而缓,时而急,起伏不定,体现出缠绵凄怆的艺术特色。

因此蔡邕所撰的妇人之碑,较之其他碑文,更富于艺术感染力,更具有情感色彩。究其原因,妇人碑一般为子女所立,请人代笔,而蔡邕体察孝子之心,叙其怀念慈母之情,哀恻缠绵,催人泪下。这种效果一方面固然可能与蔡邕幼年失怙之经历有关,因此在撰写碑铭时融入自己的身世之感;另一方面,则与他高超的文学表现能力及他所选用的楚辞文体的表现手法有关。

---

① 严可均校辑:《全后汉文》卷79,第898页。

② 黄伯思:《东观余论》卷下《校定楚词序》,文渊阁《四库全书》影印本,第850册,第381页。

通过对蔡邕碑文创作实践的分析，可以看到，一种文体在产生的过程中，就会形成自己约定俗成的文体要求与文体惯例，这种文体要求与文体惯例又不断规范着后来的创作。创作必须合乎规范，这是古人关于文体的一个重要观念。刘勰云："夫才童学文，宜正体制，必以情志位神明，事义为骨髓，辞采为肌肤，宫商为声气。"[①]宋代倪思认为："文章以体制为先，精工次之；失其体制，虽浮声切响，抽黄对白，极其精工，不可谓之文矣。"[②]然而体制的遵守一边起着规范的作用，一边又不是死板、绝对的，它有着一定的灵活性，"定体则无，大体则有"。一个具有独创性的作家，总是力求在遵守体制的前提下，有所创造、丰富和发展，将自己独特的资禀个性、审美体验和文学追求通过作品表现出来，形成鲜明的艺术风格，蔡邕的创作正是如此。

① 周振甫：《文心雕龙注释》，第 462 页。

② 徐师曾著，罗根泽校点：《文体明辨序说》，第 80 页。

第四章 汉碑文学特征

东汉中叶以后,文学观念的演进,文人审美意识的增强,使得文学创作在形式风格上呈现出时代的新特征。碑文作为一种有着特定写作对象的应用文体,有着其特定的语言形式和规范。但是作为东汉文学演进的重要组成部分,它也同时受到时代审美观念和文学思潮的影响。汉碑的语言形式和艺术手法的总体特征是与同期的文学变化一致的。

第一节 典雅庄重的语言特色

一、隶事用典

信古、崇古是古代中国人的普遍心态。对过去时代的追慕,对往古的迷恋,沉淀于古代中国人的意识之中。在两汉时期,“罢黜百家,独尊儒术”,人们浓烈的崇古心理,又外化为尊经的社会习惯,直接表现为对古代典籍的崇信,当时“群臣奏议,莫不援引经义,以为依据”[①],因此彪炳六经,稠叠纬侯,构成了两汉文化对经典的特殊依赖。这种风气自然影响到当时的创作,各种文体都

---

① 皮锡瑞:《经学历史》,中华书局2004年版,第67页。

深受经学的浸染。因此东汉之文，多引经据典、融化经书以为已用，碑文亦是如此。

“汉碑雅训，词句皆有所本，不可目以剽窃。经子成语，触目皆是。”[①]汉碑引典，主要出于儒家经典，以《论语》最多，其次为《诗经》、《尚书》、《周易》、《左传》、《孟子》、《礼记》，《谷梁传》、《公羊传》最少[②]；另外还波及史书如《战国策》、《史记》，先秦子书如《管子》、《晏子春秋》、《文子》、《韩非子》、《墨子》、《鬼谷子》等。在行文时或化用经书文句以助文笔，或引用经史典故以形容表象，形成语言典奥、风格凝重的特色。汉碑创作，用典多采用儒家思想，且为文多推崇圣人的思想，一方面与碑文述亡颂德的文体特征有关；另一方面，也体现了东汉的时代文风。

汉碑中引典，主要用典来形容，以典故比附事实，因此往往可以不分地位，使用随意。赞圣人之语，不妨施之童稚，如“克岐克嶷”原称后稷聪明，而《童子逢盛碑》亦可用来形容儿童：“早克岐嶷，聪明敏达。”[③]《泰山都尉孔宙碑》云：“躬忠恕以及人，兼禹汤之罪己。”[④]孔宙为人臣，而引禹、汤作比。欧阳修评之为“盖汉世近古，简质犹如此”[⑤]。而六朝以后，形容词用法甚严，状拟君王之词绝不能施诸臣民；同时用典的范围更为普遍，由经书旁及子、

① 叶昌炽撰，柯昌泗评：《语石　语石异同评》，第393页。

② 汉碑借鉴或移用的句式主要来自《诗经》的雅、颂部分，这实际是由碑文的述德内容决定的。扬雄云“诗人歌功，乃列于雅”(《赵充国颂》)，可以说内容上的相似导致了形式上的模仿。

③ 《隶释》卷10，第114页。

④ 《隶释》卷7，第81页。

⑤ 《集古录》卷2《后汉泰山都尉孔君碑》跋，第29页。

史、集、百家杂说、佛道之语。

汉碑引典，形成了一些较为固定的用语：

夙智早成，则曰岐嶷。（《诗经·大雅·生民》："诞实匍匐，克岐克嶷。"称赞后稷聪明。）

《童子逢盛碑》：早克岐嶷，聪明敏达。[①]

《从事武梁碑》：掾讳梁，字绥宗，掾体德忠孝，岐嶷有异。[②]

吊母氏，则引《凯风》、《蓼莪》。（《诗·邶风》："凯风其南。"笺云：以喻宽仁之母。《诗·小雅·蓼莪》："哀哀父母，生我劬劳。"）

《梁相孔耽神祠碑》：竭凯风以惆怅，惟蓼仪以怆恨。[③]

《司隶校尉鲁峻碑》：息睿不才，弱冠而孤，承堂弗构，析薪弗何，悲蓼莪之不报，痛昊天之靡嘉。[④]

《卫尉衡方碑》：感背人之凯风，悼蓼莪之劬劳。[⑤]

比喻正直，则引《羔羊》。（《诗·召南》："羔羊之皮，素丝五纶。"序云：在位皆节俭正直，德如羔羊也。）

《卫尉衡方碑》：兢兢业业，素丝羔羊。[⑥]

《淳于长夏承碑》：羔羊在公，四府归高。[⑦]

比喻为政有绩，则比迹豹、产、召公、周公。

---

① 《隶释》卷10，第114页。

② 《隶释》卷6，第73页。

③ 《隶释》卷5，第59页。

④ 《隶释》卷9，第101页。

⑤ 《隶释》卷8，第90页。

⑥ 同上。

⑦ 同上书，第94页。

《司隶校尉鲁峻碑》：视事四年，比纵豹、产，化行如流。[①]（《左传》襄公三十年载郑国子产从政三年，国人诵之曰："我有子弟，子产诲之。我有田畴，子产殖之。子产而死，谁其嗣之？"《史记·魏世家》："任西门豹守邺，而河内称治。"）

《卫尉衡方碑》：迁会稽东部都尉，将继南仲、召虎之轨，飞翼轸之旌。[②]（《诗·大雅·常武》："王命卿士，南仲大祖。"笺云：南仲，文王时武臣也。宣王之命卿士为大将也。《江汉》："王命召虎。"传云：召公，召穆公，名虎。宣王命其平淮夷。）

比喻有遗爱于民，则曰甘棠。（《诗·召南·甘棠》："蔽芾甘棠，勿翦勿伐，召伯所茇。蔽芾甘棠，勿翦勿败，召伯所憩。"序云：美召伯也。笺云：召伯听男女之讼，不重烦劳百姓，止舍小棠下而听断焉。国人被其德，说其化，思其人，敬其树。）

《武都太守耿勋碑》：老者得终其寿，幼者得以全育，甘棠之爱，不是过矣。[③]

《沛相杨统碑》：甘棠遗爱，东征企皇。念彼恭人，怒焉永伤。[④]

喻教化速行，则曰置邮。（《孟子·公孙丑》："德之流行，速于置邮而传命。"）

《司隶从事郭究碑》：委爵礼让，群公侧席，书垂置邮。[⑤]

《卫尉衡方碑》：□本肇末，化速邮置。[⑥]

---

① 《隶释》卷9，第100页。

② 《隶释》卷8，第90页。

③ 严可均校辑：《全后汉文》卷102，第1024页。

④ 《隶释》卷7，第87页。

⑤ 《隶释》卷10，第120页。

⑥ 《隶释》卷8，第90页。

《郃阳令曹全碑》：惠政之流，甚于置邮。[①]

治边郡则比之李广、魏绛。（《史记》卷39《晋世家》："公卒，贤（魏）绛，任之政，使和戎，戎大亲附。"《史记》卷109《李将军列传》："后广转为边郡太守，徙上郡，尝为陇西、北地、雁门、代郡、云中太守，皆以力战为名。"）

《卫尉衡方碑》：征拜议郎、右北平太守，寻李广之在边，恢魏绛之和戎。[②]

《太尉李咸碑》：还迁度辽将军，协德魏绛，和戎绥边。[③]

叙学行才能，则多以孔门弟子作比。（《论语·先进》："德行：颜渊、闵子骞、冉伯牛、仲弓。言语：宰我、子贡。政事：冉有、季路。文学：子游、子夏。"《论语·学而》："曾子曰：慎终追远，民德归厚矣。"）

《广汉属国侯李翊碑》：朝有申甫之节，居则曾、闵之风。[④]（孔门弟子曾参、闵子骞，孝行突出。）

《卫尉衡方碑》：安贫乐道，履该颜、原，兼修季由"闻斯行诸"，砥仁砺□。[⑤]（俞樾《读书余录》曰："颜，颜渊。原，原宪。季由，仲由，字季路也"。[⑥]）

《郎中郑固碑》：膺游、夏之文学，襄冉、季之政事。[⑦]（子游、

---

① 严可均校辑：《全后汉文》卷105，第1037页。

② 《隶释》卷8，第90页。

③ 严可均校辑：《全后汉文》卷76，第887页。

④ 《隶释》卷9，第102页。

⑤ 《隶释》卷8，第90页。

⑥ 高文：《汉碑集释》，第311页，注6引文。

⑦ 《隶释》卷6，第77页。

子夏、冉有、季路。)

隐居不仕,则比之沮、溺。(《论语·微子》:"长沮、桀溺耦而耕,孔子过之,使子路问津焉。"郑玄注曰:长沮、桀溺,隐者也。)

《玄儒先生娄寿碑》:荣沮、溺之耦耕,甘山林之杳蔼。[①]

形容品行,廉则比孤竹,洁则拟公仪。(《史记·伯夷列传》载,伯夷、叔齐为孤竹君之二子,有廉让之德。《史记·循吏·公仪休传》载公仪休不受客鱼之事。)

《溧阳长潘乾校官碑》:履孤竹之廉,蹈公仪之絜。[②]

《巴郡太守张纳碑》:清逾公仪,洁如素丝。[③]

落职家居,教授门徒,则曰洙泗。(洙、泗为鲁曲阜二水名。皇侃《论语集解义疏序》云:"(孔子)以鲁哀公十一年冬,从卫反鲁,删诗定礼于洙泗之间,门徒三千人,达者七十有二。")

《卫尉衡方碑》:归来洙泗,用行舍藏。[④]

《太尉刘宽碑》:丧旧君以弃官,遵洙泗之业,有悔仕思初之计。[⑤]

《封丘令王元宾碑》:土阶环堵,兼业并授,门徒云集,盛于洙泗。[⑥]

敷政优优,雍容自得,则曰委蛇,汉碑中有时作"祎隋"、"委虵"。(《诗·召南·羔羊》:"退食自公,委蛇委蛇。")

---

① 《隶释》卷9,第103页。

② 《隶释》卷5,第58页。

③ 《隶释》卷5,第62页。

④ 《隶释》卷8,第90页。

⑤ 《隶释》卷11,第124页。

⑥ 严可均校辑:《全后汉文》卷99,第1009页。

《卫尉衡方碑》:夙夜惟寅,委蛇在公。①

《冀州从事张表碑》:含谟吐忠,委虵公门。②

远遁避世则曰色斯。(《论语·乡党》:"色斯举矣,翔而后集。"何晏集解引马融曰:"见颜色不善则去之。王引之《经传释词》卷八:"色斯者,状鸟举之疾也。……色斯,犹色然,惊飞貌也。")

《山阳太守祝睦后碑》:色斯举矣,复身衡门。③

《竹邑侯相张寿碑》:君常怀色斯,舍无宿储,遂用高逝。④

安贫家居,则曰衡门。(《诗经·陈风·衡门》:"衡门之下,可以栖迟。"衡门原指以横木为门,比喻简陋的房屋。后代指隐者所居。)

《从事武梁碑》:安衡门之陋,乐朝闻之义。⑤(《论语·里仁》:"子曰:朝闻道,夕死可矣。")

《郭泰碑》:尔乃潜隐衡门,收朋勤诲,童蒙赖焉。⑥

居武职则曰鹰扬。(《诗经·大雅·文王》:"维师尚父,时维鹰扬。凉彼武王,肆伐大商。")

《司隶从事郭究碑》:辟司隶从事部郡都官,耽耽鹰扬,所莅以齐。⑦

---

① 《隶释》卷8,第90页。

② 同上书,第91页。

③ 《隶释》卷7,第84页。

④ 同上书,第89页。

⑤ 《隶释》卷6,第75页。

⑥ 严可均校辑:《全后汉文》卷76,第884页。

⑦ 《隶释》卷10,第120页。

《广汉属国侯李翊碑》:拜广汉属国侯,到官鹰扬,威怀以文。[①]

《北军中侯郭仲奇碑》:拜北军中侯,当授□城,万里鹰扬。[②]

仕宦升迁则曰鸿渐。(《周易·渐》:"初六,鸿渐于干。六二,鸿渐于磐。九三,鸿渐于陆。六四,鸿渐于木。九五,鸿渐于陵。"指鸿鹄飞翔从低到高,循序渐进。后喻仕宦升迁。)

《太尉杨震碑》:鸿渐衡门,群英云集,咸共饮酌其流者,有逾三千。[③]

悼亡则曰憖遗。(《诗·小雅·十月之交》:"择三有事,亶侯多藏。不憖遗一老,俾守我王。择有车马,以居徂向。"陆德明《释文》引《尔雅》:"憖,愿也,强也。""憖遗"本意为愿意留下,后以"憖遗"或"天不憖遗"作为哀悼之辞。)

《高阳令杨著碑》:上天不惠,不我憖遗。[④]

《平舆令薛君碑》:旻天不吊,不憖遗君,奄忽薨徂。[⑤]

赞颂死者则曰荣哀。(《论语·子张》:"其生也荣,其死也哀。"何晏集解:"故能生则荣显,死则哀痛。"荣哀,指生前死后蒙受的荣宠。)

《敦煌长史武斑碑》:生荣死哀,是□万年。[⑥]

《司隶从事郭究碑》:自古迄兹,孰能保存?生荣死哀,弈贵遗

---

① 《隶释》卷9,第102页。

② 同上书,第99页。

③ 《隶释》卷12,第136页。

④ 《隶释》卷11,第133页。

⑤ 严可均校辑:《全后汉文》卷100,第1011页。

⑥ 《隶释》卷6,第74页。

称。[①]

绍述先祖,则曰堂构。(《尚书·大诰》:“若考作室,既底法,厥子乃弗肯堂,矧肯构?”孔传:“以作室喻治政也。父已致法,子乃不肯为堂基,况肯构立屋乎?”比喻继承祖先的遗业。)

《慎令刘修碑》:时兄弟并典干城,子孙盈门,克昌堂构。[②]

门人立碑,皆述在三之义。(《国语·晋语一》曰:“民生于三,事之如一。父生之,师教之,君食之。非父不生,非食不长,非教不知,生之族也,故壹事之,唯其所在,则致死焉。”韦昭注:“三,君、父、师也。”在三之义,成为礼敬君、父、师的典故。汉代铭志类皆门人所立,故用此语者颇多。)

《童子逢盛碑》:于是门生东武孙理、下密王升等,感激三成,一列同义,故共刊石,叙述才美,以铭不朽。[③]

《太尉杨震碑》:汝南陈炽等缘在三义一,颂有清庙,故敢慕奚思之追述,树玄石于坟道。[④]

《沛相杨统碑》:故吏戴条等追在三之分。[⑤]

《高阳令杨著碑》:感三成之义,惟铭勒之制。[⑥]

世代为官,则曰亦世载德。(《诗·大雅·文王》:“不显亦世。”传:亦世显德乎也者,世禄也。)

---

① 《隶释》卷10,第120页。

② 《隶释》卷8,第96页。

③ 《隶释》卷10,第114页。

④ 《隶释》卷12,第136页。

⑤ 《隶释》卷7,第87页。

⑥ 《隶释》卷11,第133页。

《中常侍樊安碑》：亦世载德，守业不忿。[①]

《北军中侯郭仲奇碑》：亦世载德，以臻于君。[②]

以上仅例举了汉碑中一部分资料，以见隶事用典之大概情况。汉碑之用典，有语典、有事典。因为汉碑多以四言句式为主，因此在引经据典时，就要对原材料进行加工提炼，将原典熔铸为新的词语，用在句中，使典故的运用符合碑文四字格的要求。在具体构成方式上有很多种，其中以缩略式和割裂式构成为最主要。

缩略式是在不影响表达的情况下，简缩典籍语言的片段，形成缩略式语言固定搭配，使其具有意义的整体性和结构的凝固性。如生荣死哀，《敦煌长史武斑碑》云："生荣死哀，是□万年。"[③]语出《论语·子张》："其生也荣，其死也哀。"高山景行，《淳于长夏承碑》云："高山景行，慕前贤列。"[④]语出《诗·小雅·车辖》："高山仰止，景行行止。"《溧阳长潘乾校官碑》："彬文赳武，扶弱抑强。"[⑤]彬文、赳武，语出《论语·雍也》"文质彬彬"与《诗经·兔罝》"赳赳武夫"。缩略为"彬文赳武"，用以赞颂潘乾文武兼备。

而割裂式则是随意割裂所引典籍文句的一部分，构成特定含义的四言句式。如"有朋自远"。《玄儒先生娄寿碑》："下学上

① 《隶释》卷6，第78页。
② 《隶释》卷9，第99页。
③ 《隶释》卷6，第74页。
④ 《隶释》卷8，第94页。
⑤ 《隶释》卷5，第58页。

达，有朋自远。”[①]从《论语》“有朋自远方来，不亦乐乎”中割裂而成。《博陵太守孔彪碑》：“仁必有勇，可以托六。”[②]从《论语·泰伯》“可以托六尺之孤”中割裂而来。《司隶从事郭究碑》：“昭德塞违，克纪克纲。”[③]语出《左传·桓公二年》：“君人者，将昭德塞违，以临照百姓。”

通过对语源材料的加工，使之变为整齐匀称的四言句式。无论是哪种方式的使用，都可以使汉碑语言意蕴深厚，典雅凝重，用最简洁的形式，表达最丰富的内容，极具表现力。

这些意蕴深厚的四言句式在使用中逐渐固定下来，因此产生了很多成语，大部分流传到现代汉语中，一部分成语则成为后世成语的发展的源头。据有人统计，东汉明确源流的碑刻成语以出自经部书籍的最多，其中出自《论语》30 条，《诗经》14 条，《尚书》、《周易》各 8 条，《左传》6 条，《孟子》3 条，《礼记》2 条，《谷梁传》、《公羊传》各 1 条；其次出自史书共 6 条，《战国策》5 条，《史记》1 条；源于子书的成语：《管子》2 条，《晏子春秋》、《文子》、《韩非子》、《墨子》、《鬼谷子》各 1 条。[④] 这个大概的统计数字，已经能够充分体现出汉碑语言隶事用典的特色，也反映了汉代碑刻语言对于汉语词汇史研究的重要价值。东汉碑文中用典情形的普遍，用典技巧的日趋成熟，显示出碑文用典已经成为东汉文人创作的一种文学自觉。

---

① 《隶释》卷 9，第 103 页。

② 《隶释》卷 8，第 97 页。

③ 《隶释》卷 10，第 120 页。

④ 刘志生：《东汉碑刻成语考察》，《广西社会科学》2006 年第 8 期。

二、锤炼词句，讲究文采，语尚骈偶

东汉文风整体上有骈化的趋势。"从文章体制上看，东汉中期以后，骈俪之体已渐渐脱胎，成为文坛上的主潮，影响及于各种文学体裁，开始了它的新的发展时期。"[①]因受这种时代文风的浸染，碑文的创作也毫无例外地受其影响，具有骈文的一些特点，语言华美，富于文采。

汉碑语言的演变趋势是逐渐由散体向骈俪发展，早期汉碑仅简单叙事，语言平实乏采。而东汉中期以后的汉碑开始有意追求语言形式的整齐、骈偶，显示出逐步成熟的对偶技巧，而且文辞上有日益明显的藻饰趋向。这个趋势与东汉文学的复苏步伐是一致的，是作家审美意识与文学观念觉醒的标志，体现了文学发展的进步。

早期汉碑多以四字句为主，对偶句式一般为四字句对四字句的偶对形式，在碑文叙事中出现。如《汉故益州太守北海相景君铭》："残伪易心，轻黠踰竞，鸱枭不鸣，分子还养。"[②]后来出现了五字句、六字句、七字句甚至八字句的对偶句式，如《河间相张平子碑》："数术穷天地，制作侔造化。"[③]《堂邑令费凤碑》："修孝友于闺阀，执忠蹇于王室。"[④]《孔谦碣》："幼体兰石自然之姿，长膺清妙孝友之行。"[⑤]有时同字数的对偶句式在碑文中往往成组出

---

① 于景祥：《中国骈文通史》，吉林人民出版社2002年版，第234页。

② 《隶释》卷6，第72页。

③ 严可均校辑：《全后汉文》卷45，第719页。

④ 《隶释》卷9，第107页。

⑤ 《隶释》卷6，第76页。

现。如《郎中郑固碑》:“孝友著乎闺门,至行立乎乡党。初受业于欧阳,遂穷究于典籍。膺游夏之文学,襄冉季之政事。”①《泰山都尉孔宙碑》:“田畯喜于荒圃,商旅交乎险路。会鹿鸣于乐崩,复长幼于酬酢。”②有时则句式长短错落,或以四六句式对偶,如《冀州刺史王纯碑》:“穷则乐善,达则□人。进则延宾分禄,退则却扫闭门。”③或以分句形式,前后隔句对偶,句子字数长短随意。如《北军中侯郭仲奇碑》:“君幼有岐嶷天然之姿,长有明肃弘雅之操。刚毅多略,有山甫之纵。沉懿敦笃,为万夫之望。”④《沛相杨统碑》:“德以化圻民,威以怀殊俗,慕义者不肃而成,帅服者变衽而属,疆易不争,障塞无事。”⑤这种长短错置的对偶句式,对仗工整,而又变动不拘,使庄重典雅的碑文平添华美流畅之韵味,极大拓展了碑文的文学表现能力。

而在今天所能见到的四十余篇蔡邕撰写的碑文中,虽然其文不尽是骈俪,但传世佳篇,皆以骈俪著称。如《郭泰碑》叙郭泰资禀学行曰:“先生诞应天衷,聪睿明哲,孝友温恭,仁笃慈惠。夫其器量弘深,姿度广大,浩浩焉,汪汪焉,奥乎不可测已。若乃砥节厉行,直道正辞,贞固足以干事,隐括足以矫时,遂考览六经,采综图纬,周流华夏,随集帝学,收文武之将坠,拯危言之未绝,于时缨緌之徒,绅佩之士,望形表而影附,聆嘉声而响和者,犹百川之归

① 《隶释》卷6,第77页。
② 《隶释》卷7,第81页。
③ 同上书,第80页。
④ 《隶释》卷9,第99页。
⑤ 《隶释》卷7,第87页。

巨海,鳞介之宗龟龙也。”[1]《陈寔碑》一叙陈寔的德行政绩云:“含元精之和,应期运之数,兼资九德,总修百行。于乡党,则恂恂焉,彬彬焉,善诱善导,仁而爱人,使夫少长,咸安怀之。其为道也,用行舍藏,进退可度,不徼讦以干时,不迁贰以临下。……德务中庸,教敦不肃,政以礼成,化行有谧。会遭党事,禁锢二十年,乐天知命,淡然自逸,交不谄上,爱不渎下,见机而作,不俟终日。”[2]这些碑文中已经有很多标准骈句,文采富丽,音节和雅,即使置之骈文成熟的齐梁时代作品中亦毫不逊色。蔡邕的后期作品已经高度骈俪化,对偶句式更加密集,锤炼更加精工,而且句式长短相间,多排比使用,既使音节整齐匀称,韵律感强,又使语言气势增强,感情得到加深,气脉贯通,酣畅淋漓,展示出在对偶技巧运用方面的娴熟流畅和精审自如。因而蔡邕被认为是“汉末大骈文家”[3],其《郭泰碑》也往往被认为是骈文的最初作品,收入各种骈文选中。而在同期的汉碑中,虽然由于作家自身才华素养不同,其作品中骈辞俪句不如蔡邕碑文的密集和锤炼精工,但也或多或少都反映出东汉碑文创作中对偶技巧日益熟练的发展轨迹。

汉碑中对偶句式,有长有短,一般多为四句,六句亦常见,七句较为少见。《文心雕龙·丽辞》云:“故丽辞之体,凡有四对:言对为易,事对为难,反对为优,正对为劣。”[4]观东汉碑文,言对为多,事对为少,正对为多,反对为少。正对多,反对少的现象,部分

① 严可均校辑:《全后汉文》卷76,第884页。

② 严可均校辑:《全后汉文》卷78,第892页。

③ 姜书阁:《骈文史论》,人民文学出版社1986年版,第266页。

④ 周振甫:《文心雕龙注释》,第384页。

因为碑文是一种叙颂死者生平德业的文体，在创作时一般多选取盛赞死者的丰功伟绩，同言对多、事对少一样，也因为对偶技巧在东汉时尚不十分发达的缘故。虽然东汉碑文的对偶在技巧方面不若后代对偶方法多样，技艺精湛，转承自如，毫无滞涩，但是已经具备了作为对偶的基本形式，掌握了基本技巧。这些对偶句从形式上看，节奏鲜明，音调铿锵，朗朗上口；从内容上看，凝练集中，概括力强，因此在汉碑中广为运用。由此呈现出汉碑骈化的一个重要方面。

第二节　写实追虚的艺术手法

“写实追虚，碑诔以立。铭德纂行，文采允集。观风似面，听辞如泣。石墨镌华，颓影岂戢。”①

碑文要叙写死者生前的功业，追忆死者留下的德行，铭刻美德，记叙善行，使人看到文章的风采犹如面见其人，听了作品的言辞好像耳闻哀泣。只有如此，方能使死者“光彩允集”，虚化的影像长留人间。为了达到这种效果，仅靠简单的叙事纪实是不够的，还必须借助一些修辞手法来虚写烘托。因此在碑序和碑铭中实与虚相间，爵里生卒、迁官次第之记载为实，学行政绩之表象形容为虚。在虚写中，除了在词语的锤炼、句式的选择之外，在修辞格上，比喻、夸饰、排比、映衬等是汉碑经常使用的艺术手法。

汉碑中常用比喻来形容碑主德行品绩。《荆州刺史度尚碑》：

---

① 周振甫：《文心雕龙注释》，第128页。

"仁隆春暖，义高秋云，行洁冰霜。"[①]《高阳令杨著碑》："德以柔民，刑以威奸，是以黎庶爱若冬日，畏如秋旻。"[②]《酸枣令刘熊碑》："仁恩如冬日，威猛烈炎夏，贪究革情，清修劝慕。"[③]《幽州刺史朱龟碑》："养善繇时雨之澍品物，除恶如农夫之务去草。"[④]《太尉杨震碑》："所在先阳春以布化，后秋霜以宣威，宽猛惟中，五教时序。"[⑤]将碑主的抽象品性用生活中的自然物象来比喻，使其更加具体可感，生动形象，具有很强的表现力，显示出碑文力求摆脱初期的简单记事的写法，将叙事和咏颂结合，与碑铭形成一个有机的颂赞体式，体现出汉碑的文学化追求。

排比句式。汉碑中经常使用排比句式，把结构相似的几个句子排列起来，可以使气势增强，文义拓广，赞颂之情抒发得淋漓尽致。如《北海相景君铭》："纷纷令仪，明府体之；仁义道术，明府膺之；黄、朱劭父，明府三之；台辅之任，明府宜之。"[⑥]《先生郭辅碑》："其少也，孝友而悦学；其长也，宽舒如好施。"[⑦]《汉故榖城长荡阴令张君表颂》："《尚书》五教，君崇其宽。诗允恺悌，君隆其恩。东里润色，君垂其仁。劭伯分陕，君懿于棠。晋阳佩韦，西门带弦，君之体素，能双其勋。"[⑧]在这一段碑文中，句句用典，而且以

---

① 严可均校辑：《全后汉文》卷79，第896页。
② 《隶释》卷11，第133页。
③ 《隶释》卷5，第64页。
④ 《隶释》卷10，第121页。
⑤ 《隶释》卷12，第136页。
⑥ 《隶释》卷6，第72页。
⑦ 《隶释》卷12，第142页。
⑧ 严可均校辑：《全后汉文》卷105，第1038页。

相同句式排列铺衍，对张迁的政绩咏颂赞美，效果极其强烈。

映衬。汉碑在咏颂碑主德行时，经常使用前代贤人作陪衬，以突出其形象。如《司隶从事郭究碑》："虽赵武之佐晋，宋甫之厉色，操筹撰功，君其越诸。"[①]《稾长蔡湛颂》："郑产、密豹之徒，殆不及矣。"[②]

借代。在汉碑用典中，常使用借代手法。《广汉属国侯李翊碑》："二交追恋，咏其甘棠。"[③]以甘棠来指代碑主爱民之政绩。《郭泰碑》："尔乃潜隐衡门，收朋勤诲，童蒙赖焉。"[④]以潜隐衡门代指隐居。这种借代往往使表达形象生动，特点鲜明，具有很好的效果。

婉语。中国人向来对于死亡这种生命现象不愿明说，往往采用多种手段造出不同语言表达形式来代替"死亡"一词，既使读者明了其意，又显得委婉含蓄，符合中国人特有的婉曲蕴藉心理。如《严䜣碑》："颠賈徂落，寿不宽弘。"[⑤]《童子逢盛碑》："夭陨精晃，苗而不秀。"[⑥]以颠陨徂落表示死亡，以苗而不秀表示夭折，比直接说死要委婉、含蓄得多，在心理上淡化了人们对死亡的恐惧与厌恶。

夸饰。通过对事物加以合乎情理的渲染，以引起人们丰富的想象，突出事物的本质和特征；同时深刻表现出作者鲜明的感情，

---

① 《隶释》卷10，第120页。
② 《隶释》卷5，第57页。
③ 同上书，第102页。
④ 严可均校辑：《全后汉文》卷76，第884页。
⑤ 严可均校辑：《全后汉文》卷98，第1002页。
⑥ 《隶释》卷10，第114页。

唤起人们的强烈共鸣。一般汉碑往往对伤逝之痛着力描绘，如《平舆令薛君碑》："旻天不吊，不慭遗君。奄忽薨徂，命不可延。国人巷哭，丧若厥亲。须白号怛，童稚呻吟。嗟嗟酷痛，如何昊乾，灵柩旋归，□□穸窀。哀哀士俊，恻尔酸辛。姻族毕至，素缟填庭。于是吏民，乃复追叹……如可赎也，人百其身。昔邵临国，民谓之父。今也薛君，追蹈厥绪。身殁言存，是谓不朽。于我吏民，悲慕罔已。刊石纪铭，永昭于后。"①汝南平舆人才济济，许劭、陈蕃等出于此，儒风浓厚，而此碑文也写得声情并茂，楚楚有致。薛君典临平舆未足一月，即奄忽薨徂，吏民如何能号啕痛哭，如丧厥亲？而文之夸张可见。但正由此夸饰，方能将哀痛之情写得凄恻感人，显示出薛君之深受拥戴。其他如《金乡长侯成碑》、《淳于长夏承碑》、《堂邑令费凤碑》、《冀州从事郭君碑》亦是如此。亦有对死后之冷清凄凉进行渲染，如蔡邕《司徒袁公夫人马氏碑》："不享遐年，以永春秋，往而不返，潜沦大幽。呜呼哀哉！几筵虚设，帷帐空陈，品物犹在，不见其人，魂气飘摇，焉所安神？兄弟何依？姊妹何亲？号咷切怛，曾不我闻。吁嗟上天，何辜而然？伤逝不续，近者不旋。"②以子女口吻叙怀念慈母之情，哀恻缠绵，催人泪下，极富于文学表现力。尽管夸饰述哀为诔之特征，但汉碑往往在追述功德之外，有抒发哀情之笔，反映出碑对于诔文的借鉴和吸收。

《童子逢盛碑》则对逢盛的早惠多才着意铺衍："胎怀正气，生

---

① 严可均校辑：《全后汉文》卷100，第1011页。

② 严可均校辑：《全后汉文》卷77，第890页。

克自然，㨗育孩婴，弱而能言。至于垂髫，智慧聪哲。过庭受诫，退诵诗礼。心开意审，闻一知十。书画规矩，制中园范。日就月将，学有辑熙。才亚项橐，当为师楷。自天生授，罔不在初。谓当以遂，令仪令色。整齐珪角，立朝进仕，究竟人爵，克启厥后。以彰明德，胤嗣昭达。"[①]对一个年方12的童子如此溢美，无怪乎后人要抨击谀墓之泛滥了。所以如果无美而称，名实不符，夸饰过度，就会产生弊端。

总之，对于语言形式的重视，隶事用典、语求整齐骈偶及多种文学修辞手法的综合运用，均体现了东汉人对于碑文这种实用文体外在形式的审美要求，使东汉中后期的碑文在语言运用上比前期有了质的飞跃。这是碑文受到当时文风和时代潮流的驱动，在语言运用时迎合当时社会的普遍文化风尚，形成的一种庄重严肃、雍容高华、古奥雅训的风格。正是这种追求，不断刺激和推动了碑文的文学化和经典化进程，使之最终成为美文。而东汉之后魏晋南北朝时期的碑文则进一步扩展了语言的形式美，追求词语华美、辞藻铺张、语词的特殊搭配，以及用骈语行文，语言风格已从汉代的典雅庄重、语浅意深发展为流丽轻灵、辞丰意巧。

第三节　前序后铭的文体结构

一、汉碑题名方式

汉碑主人大多为官吏，碑首往往有题名，表明碑主身份。一

① 《隶释》卷10，第114页。

一检读归纳，题名方式大概可分为以下几类：

一般多为以最终任官题名者。如《议郎元宾碑》，元宾曾任仓龙司马，秩千石，而议郎秩六百石，秩轻。而碑以议郎题名，盖其为最终任官也。其他如《陈留太守胡硕碑》、《淳于长夏承碑》等均如此。唐宋碑文题名一般如此。

亦有题其最尊之官者。如《车骑将军冯绲碑》，冯绲终官廷尉，而以车骑题碑，盖车骑将军位尊，同三公。《卫尉衡方碑》，衡方孝桓时曾任卫尉，最后历官为步兵校尉。《百官志》云："步兵校尉一人，比二千石。"而卫尉卿，中二千石，为九卿。以九卿而作五校，殆是左迁。故碑首举其尊者称之。《太尉陈球碑》，陈球官终永乐少府，而碑题云太尉。《太尉乔玄碑》，乔玄官终少府太中大夫，题太尉。均以曾任最高官职题之。

官秩相同，则题其中著名者。《高阳令杨著碑》，杨著为太尉杨震之孙，常山相让之子。仕历司隶从事、议郎、高阳令、思善侯相。汉之王国相则秩二千石，侯国相才与令长等耳。思善者，汝南之小国，碑首不题杨著最终任官而题以高阳令者，盖"丛尔小国，不若壮哉剧县也"①。

题名或以其权重者。《司隶校尉鲁峻碑》，鲁峻历郎中谒者、河内丞、侍御史、顿丘令、九江太守、太尉长史、御史中丞、司隶校尉、屯骑校尉，司隶校尉与屯骑校尉秩同，比二千石，而前者权尊而秩清，故而以之题碑。

或有官，而重其德行，以孝廉称之者。如《孝廉柳敏碑》，洪适

---

① 《隶释》卷11，第133页。

以为:“柳敏历五官功曹、宕渠令。而碑以孝廉称之,重其行也。”[①]

或以立碑故吏所在之郡题碑者。《博陵太守孔彪碑》,孔彪历郎中、博昌长、京府丞、尚书侍郎、治书侍御史、博陵太守、下邳相、河东太守。博陵太守、河东太守均为二千石,而碑以前官博陵太守为题,何也?洪适云:“此碑阴有故吏十三人,皆博陵之人也。盖其函甘棠之惠,痛夏屋之倾,相与刊立碑表,故以本郡题其首也。”[②]《沛相杨统碑》,杨统曾历金城太守,最后历官为沛相,太守秩二千石,沛相秩如令长,千石,虽秩低于太守,而以题碑。观碑阴题名十五人,不称郡,皆沛人也。杨统在沛有甘棠遗爱,故吏立碑,以沛相题名。

或以重朝官也。《司徒掾梁休碑》,休曾辟司徒府,终于新都令。新都令为地方官,司徒掾为朝官。而以司徒掾书其额者,其以重内也。[③]

或以其政绩显著之地题碑者。《荆州刺史度尚碑》,度尚以平定长沙贼寇起家为荆州刺史,此后又任辽东太守。而碑题荆州刺史者,以其政绩显著也。

亦有以历官、郡邑同时题碑者,此种极为少见,仅见于《光禄勋刘曜碑》,碑额题为“汉故光禄勋东平无盐刘府君碑”。[④]

亦有将所历官尽列以题碑额者,此种做法墓阙及神道碑有之,墓碑中仅见,《绥民校尉熊君碑》篆额题为:“汉故绥民校尉骑

① 《隶释》卷8,第94页。

② 《隶释》卷8,第98页。

③ 《隶续》卷1,第297页。

④ 《隶释》卷11,第135页。

都尉桂阳曲红灌阳长熊君之碑。”①

或以郡望题碑者。一般为高蹈不仕之人。如《汝南周勰碑》、《彭城姜肱碑》。

妇人碑题名,或以其夫历官,如《司徒袁公夫人马氏碑》;或以其夫姓名,如《李翊夫人碑》、《贾武仲妻马姜墓记》。盖妇人以从人为贵,卒后如树碑,题名亦须从其夫后,以定身份。

二、前序后铭的碑文结构

标准汉碑一般分为两个部分,前为碑序,叙述碑主生平功德,多为散、韵结合,亦有纯为散体者。记叙世系、历官为散体,咏颂学行政绩为四言韵体,间以五言、六言偶句;后为碑铭,总括碑序事实,犹如史传后之论赞,整齐有韵,多以四言为主,次为三言,亦有极少数的七言兮字铭文、杂言铭文。

1. 碑序

碑序叙事,一般多以时间顺序进行,先后记载名讳、世系、学业、历官、卒葬、立碑缘由等情况。但亦有少数碑文从卒葬写起者,如《北海相景君铭》:“惟汉安二年仲秋□□,故北海相任城景府君卒,呜呼哀哉!国□□宝,英彦失畴。列宿亏精,晚学后时。于何苍穹,布命授期,有生有死,天寔为之。岂夫仁哲,彼克不遗。于是故吏诸生相与论曰:上世群后,莫不流光□于无穷,垂芬耀于书篇。身殁而行明,体亡而名存。或著形象于列图,或鏨颂于管弦,后来咏其烈,竹帛叙其勋。乃作诔曰……”②这种以卒年、述哀

① 《隶释》卷11,第132页。

② 《隶释》卷6,第72页。

开端的写法是诔文的特点,《谒者景君墓表》、《郏令景君阙铭》、《益州太守无名碑》、《严䜣碑》、《景君碑》、《堂邑令费凤碑》、《平舆令薛君碑》,均是以诔辞镌碑,因此呈现出诔文的写法特征。

汉碑中亦有少数以议论发端、直接叙述立碑之由者,如《山阳太守祝睦后碑》:"故吏王堂等窃闻,下有述上之功,臣有叙君之德,自昔在前列,莫不纪名于典(缺六字)者。故孔子曰:民人登祝,上天歆焉,用永其世而丰其年。僚属钦熙,孰不咨贤,代作颂曰……"[①]《陈寔碑》三:"维中平五年春三月癸未,豫州刺史典,以褒功述德,政之大经,是以作谥封墓,兴于周礼,卫鼎晋铭,其昭有实……"[②]这是在碑主一人有数碑的情况下,为避免重复雷同而在规范写法之外的另辟蹊径;《李翊夫人碑》、《司徒袁公夫人马氏碑》从卒年、立碑写起[③],《太尉杨赐碑》一从卒葬场面写起,这些写法体例毕竟在汉碑中占极少数,大多数汉碑均是按照规范写法来创作的。

起首有两种形式,一般为叙述名字籍贯,以"君讳某,字某,某人也"开端。如《中常侍樊安碑》:"君讳安,字子仲,南阳湖阳人也。"[④]《玄儒先生娄寿碑》:"玄儒先生讳寿,字元考,南阳隆人

---

① 《隶释》卷7,第83页。

② 严可均校辑:《全后汉文》卷78,第893页。

③ 汉代妇人立碑者极少,流传至今者仅有《李翊夫人碑》、《司徒袁公夫人马氏碑》、《太傅安乐侯胡公夫人灵表》、《交阯都尉胡府君夫人黄氏神诰》、《陈留太守胡公夫人哀赞》数文。这几人其夫均为朝廷命官,而碑文或以诔上碑,或称神诰、灵表、哀赞等等,可见其时妇人立碑尚未成为定制,因此在碑文名称及写法上各有不同。

④ 《隶释》卷6,第78页。

也。"[①]亦有以"君讳某,某某官之孙、某某官之子也"开端。如《淳于长夏承碑》:"君讳承,字仲充 ,东莱府君之孙,太尉掾之中子,右中郎将弟也。"[②]《安平相孙根碑》:"府君讳根,字元石,司空公之伯子,乐安太守之兄子,汉阳太守侍御史之兄,乘氏令之考。"[③]介绍墓主,以某某官之孙、某某官之子等来定位,不及其名。孙根父无官,竟不叙及,可见当时浓厚之官本位思想。

叙世系,一般从周代叙姓之所出,亦有追溯更远者,或云"肇祖虙戏"(《巴郡太守樊敏碑》),或云"出自少昊"(《三老赵掾碑》)、"出自颛顼"(《荆州刺史度尚碑》、《郎中马江碑》、《绥民校尉熊君碑》),或云"系帝高辛"(《山阳太守祝睦碑》、《冀州从事张表碑》),或云"出自帝尧"(《汉成阳令唐扶颂》、《卫尉衡方碑》),或云"裔出有虞"(《太尉陈球碑》),或云"帝禹之苗"(《相府小史夏堪碑》),或云"祝融后裔"(《山阳太守祝睦碑》),或有荒诞不经,云"其先盖五行星仲廿八舍柳宿之精"者(《孝廉柳敏碑》)。汉碑亦有直接从父祖叙起而不及远代世系者,如《车骑将军冯绲碑》:"君讳绲,字皇卿,幽州君之元子也。"[④]《幽州刺史朱龟碑》:"君讳龟,字伯灵,广陵太守之孙,昆阳令之子也。"[⑤]东汉碑文载碑主祖先一般多书其官衔,不及名讳,后世反是。

叙学业,如攻某经,则往往书其流派。《严䜣碑》:"祖考相承,

① 《隶释》卷9,第103页。
② 《隶释》卷8,第94页。
③ 《隶释》卷10,第115页。
④ 严可均校辑:《全后汉文》卷100,第1014页。
⑤ 《隶释》卷10,第121页。

招命道术，治严氏春秋冯君章句。”[①]《陈留太守胡硕碑》：“总角入学，治孟氏易、欧阳尚书、韩诗，博综古文，周览篇籍。言语造次，必以经纶。”[②]汉碑中所见经学流派《诗经》有韩诗经、鲁诗经韦君章句，《尚书》有欧阳，《礼记》有小戴，《春秋》有颜氏春秋、严氏春秋、公羊春秋，《易》有京氏易、孟氏易、梁丘易等，均为汉代今文学派。一则可见东汉经学之盛，二则可知当时甚重师承家法，正如《后汉书》郑玄传论云：“汉兴，诸儒颇修艺文；及东京，学者亦各名家，而守文之徒，滞固所禀，异端纷纭，互相诡激，遂令经有数家，家有数说，章句多者或乃百余万言，学徒劳而少功，后生疑而莫正。”[③]而东汉经学昌明，谶纬大盛，文士无不通经综纬，以为晋身之阶，汉碑叙学业时亦往往对此有所反映。《玄文先生李休碑》：“少以好学，游心典谟，既综七经，又精群纬，钩深极奥，穷览圣旨。”[④]《冀州从事张表碑》：“该览群纬，靡不究穷。”[⑤]《广汉属国侯李翊碑》：“通经综纬，兼究古雅。”[⑥]

叙历官，基本一叙一咏，按迁官次第，先叙写一官或数官，综述咏颂政绩，然后又记一官或数官，再咏颂政绩，叙事咏颂相间。如《司隶从事郭究碑》：“历主簿、督游、五官掾功曹、守令长，含章吐忠，或从王事，严庄可恐，柔顺可爱，进善替否，所举见则，虽赵武之佐晋，宋甫之厉色，操筹撰功，君其越诸。辟司隶从事部郡都

① 严可均校辑：《全后汉文》卷98，第1002页。
② 严可均校辑：《全后汉文》卷75，第882页。
③ 《后汉书》卷35《郑玄传》，第1213页。
④ 严可均校辑：《全后汉文》卷75，第881页。
⑤ 《隶释》卷8，第91页。
⑥ 《隶释》卷5，第102页。

官，耽耽鹰扬，所莅以齐，翕然之论，风飞川流……”[①]《太尉杨赐碑》二：“公以群公之举，进授尚书于禁中，迁少府、光禄勋，敬揆百事，莫不时序，庶尹知恤，闾阖推清。列作司空，地平天成，阴阳不忒，公遂身避，托疾告退。又以光禄大夫受命司徒，敬敷五品，宣洽人伦，燮和化理，股肱耳目之任，靡不克明。及至太尉，四时顺动，三光耀润，群生丰遂，太和交薄。”[②]这种叙事咏颂相结合的方式，使碑文文质得中，虚实相间，成为汉碑的主要特色。

叙卒葬。汉碑一般记寿数、卒年。名士显宦、德高望重者多载其死后会葬、送葬情况，有时记皇帝追赠赐策，彰显哀荣。如《陈寔碑》一：“群公百僚，莫不咨嗟；岩薮知名，失声挥涕。大将军吊词，锡以嘉谥，曰征士陈君…… 搢绅儒林，论德谋迹，谥曰文范先生……三公遣令史祭以中牢，刺史敬吊，太守南阳曹府君命官作诔曰……遣官属掾吏前后赴会，刊石作铭。府丞与比县会葬，荀慈明、韩元长等五百余人，缌麻设位，哀以送之，远近会葬，千人以上。”[③]《中常侍樊安碑》：“朝思其忠，追拜骑都尉，宠以印绂，策书褒叹，赙赠有加。”[④]有时载碑主遗命俭葬之事，如《泰山都尉孔宙碑》、《山阳太守祝睦后碑》、《朱穆坟前方石碑》、《车骑将军冯绲碑》等。卒葬情况之后，少数碑有叙及子嗣者，如《先生郭辅碑》云：“有四男三女，咸高贤姣丽，富贵显荣，可谓子孙繁者已。”[⑤]

---

① 《隶释》卷 10，第 120 页。
② 严可均校辑：《全后汉文》卷 78，第 894 页。
③ 严可均校辑：《全后汉文》卷 78，第 892 页。
④ 《隶释》卷 6，第 78 页。
⑤ 《隶释》卷 12，第 142 页。

《太尉杨震碑》后详叙子孙名字官爵："除二子郎中，长子牧，富波侯相；次让，赵常山相；次秉，寔能缵修，复登上司，陪陵京师；次奉，黄门侍郎；牧子统，金城太守、沛相；让子著，高阳令，皆以宰府为官，奉遵先世，易世不替"，以示杨震之庆流后裔，"天钟嘉祚，永世无极"。[①]汉碑亦有极少数叙及夫人者，《金乡长侯成碑》末云："夫人以延熹七年岁在甲辰十一月三日庚午，遭疾终。"[②]《郎中马江碑》末云："夫人冤句曹氏，终温淑慎，咸曰女师，年五十五，建宁三年十二月卒。"[③]顾炎武以为"此为后世人作碑时兼记夫人之开端"[④]，并不准确，因为以时间而言，《金乡长侯成碑》（建宁二年）早于《郎中马江碑》（建宁三年）。

叙立碑缘由。一般在碑序最后，抒发悲悼追慕之情，点明立碑者身份及立碑缘由，或为碑主之亲朋故友，或为碑主之门生故吏。《小黄门谯敏碑》："呜呼哀哉。国丧良佐，家陨栋梁，遐迩咨悼，士女哀怀。寮朋亲戚，莫不失声，泣涕双流，于是立表，写愤斯铭，传于罔极。"[⑤]点明碑乃亲朋所立。《博陵太守孔彪碑》："呜呼哀哉！魂神超迈，家兮冥冥。遗孤忉绝，于嗟想形。□□哀远，念不欲生。群臣号咷，靡所复逞……王沛等伏信好古，敢咏显□，乃刊斯石。"[⑥]显见系故吏刊铭。

---

① 《隶释》卷12，第136页。

② 《隶释》卷8，第93页。

③ 同上书，第95页。

④ 顾炎武：《金石文字记》卷1《金乡长侯成碑》后记，文渊阁《四库全书》影印本，第683册，第715页。

⑤ 《隶释》卷11，第126页。

⑥ 《隶释》卷8，第97页。

2. 碑铭

碑铭即碑文末尾用以表示哀悼斯人已逝、赞叹墓主功业德行的文字。通常为韵文，绝大多数为四言，少数为三言，亦有五言、六言者、七言兮字句式（《冀州从事张表碑》、《梁相孔耽神祠碑》、《广汉属国都尉李翊夫人碑》）以及杂言的铭文，个别汉碑无铭（如《车骑将军冯绲碑》、《故民吴仲山碑》）。三言有《国三老袁良碑》、《议郎元宾碑》、《冀州从事郭君碑》、《山阳太守祝睦后碑》、《郎中马江碑》、《北军中侯郭仲奇碑》、《郃阳令曹全碑》、《舆令赵君碑》、《司徒掾梁休碑》、《相府小史夏堪碑》等，三言铭如《太傅胡广碑》三："焕文德，伊朝后。应期运，作汉辅。喜中兴，膏民庶。泽洪淳，亶攸序。互地区，充天宇。辚高逵，踵遐武。扬景烈，垂不朽。仰邃古，耀昆后。"[①]五言铭文如《堂邑令费凤碑》："今君□于彼，卓谲而超伦。吏氏慕高踪，来者其如雨。伟名建磐石，垂示于□□。"[②]七言铭如《冀州从事张表碑》："於穆君兮焕流芳，阐洪轨兮休烈彰。令德攸兮宣重光，仕州郡兮迪民康。宜王臣兮为栋梁，旻不吊兮降沦霜，凋芝华兮歼彦良，伊喆人兮寿不将。"[③]杂言铭文如《绥民校尉熊君碑》，前为四言铭文后续以七字、八字、九字句铭文："追叙君兮怀纯精，名称于州里兮枢机发动，执忠贞兮溷乱而不惑，不枉身事污君兮，捐土爵而进退……稷由文武兮兴后叶，子孙殖兮世享禄。龙潜体于枯木兮就生存，是以刊石兮为君

① 严可均校辑：《全后汉文》卷76，第886页。
② 《隶释》卷9，第107页。
③ 《隶释》卷8，第91页。

立碑……"[①]碑铭主要以四言句式为主，而且多借鉴或移用《诗经》"雅"、"颂"，这实际是由碑文的述德内容决定的。扬雄云"诗人歌功，乃列于雅"（《赵充国颂》），《诗经》"雅"、"颂"叙先烈、述祖德的这一模式，在汉代浓厚的宗经气氛里，影响到碑文的创作，可以说内容上的相似导致了形式上的模仿。此外，从语言风格来讲，四言"以雅润为本"，非常适合庄严肃穆的丧礼场合。褚斌杰先生指出："铭文、碑文赞颂文辞习用四言，主要是利用《诗经》中'雅'、'颂'部分诗的传统，而且写出来显得古朴、肃穆。"[②]

这些铭文大多隔句用韵，数句一转韵。亦有一韵到底者，如《金乡长侯成碑》："於穆君德，姿履正平。乾皇所挺，应符如生。耽艺乐术，恬忽世荣。虚位礼请，分然不倾。寿非南山，不俟河清。梁木圮颓，鸿仪催零。昆嗣切剥，哀恸感情。乃铭乃勒，亿载永宁。"[③]铭文韵脚为平、生、荣、倾、清、零、情、宁，属于同一韵部。

虽说在声韵说盛行之前，文人尚不能自觉地进行协韵的文学创作，但是汉代文人还是凭借着一种本能和天赋的语感，创作了不少协韵的篇章。从汉碑铭文的用韵情况来看，句尾押韵已经运用得很普遍。尤其是发展到蔡邕，其碑铭基本上通篇押韵，而且数句转韵，自然和谐，无雕琢装饰之感，体现出高超的技巧，被刘师培誉为"气韵光彩，音节和雅"[④]，极富有文学表现力。

汉碑碑序中的四言韵语及大量有韵铭文，为研究汉代音韵提

---

① 《隶释》卷11，第131页。

② 褚斌杰：《中国古代文体概论》，北京大学出版社1990年版，第134页。

③ 《隶释》卷8，第93页。

④ 刘师培：《中古文学论著三种》，第106页。

供了重要资料。王国维曾辑石鼓诸文以考周秦古韵，而"汉魏以来石刻有韵之文，亦可仿此成书，以为韵学之旁证也"[①]。

有时碑铭之后又缀以皇帝诏策，以示荣宠，如《中常侍樊安碑》。或顺便交代夫人情况，如《金乡长侯成碑》。或铭文之后又有铭辞，如《孝廉柳敏碑》，反复叹颂，冗辞沓义，异于规范文体。或铭辞后又有乱辞，如《北海相景君铭》、《巴郡太守樊敏碑》等，此当受汉赋、楚辞影响，以乱辞收束全文。或铭文后述重立碑之由，如《丹阳太守郭旻碑》。

第四节　汉代碑文与其他文体

汉代碑文在发展形成的过程中与其他一些文体发生了渗透、融合、汇通，吸收了许多文体的语言特点，造成了它语言形制上的丰富性。除了前面章节所涉及的诔文、颂文、铭文等文体之外，碑文还与四言诗、五言诗、七言诗、哀辞、史传等诗文体裁之间存在密切的关系。

一、碑铭与四言诗

撇开碑序中的四言句式不谈，单看碑序后综括事实、颂扬功德的四言铭文，其数量就非常之大。这些四言有韵的铭文跟四言诗在形制上没有任何差别，句式整齐，基本隔句押韵，数句一转韵。如《彭城姜肱碑》：

① 叶昌炽撰，柯昌泗评：《语石　语石异同评》，第398页。

邈矣先生，应天淑灵。孝友是备，上德是经。弘此文艺，耽怡是宁。恂恂善诱，童冠来诚。有烨其誉，有焕其声。显显群公，并加辟命；赫赫圣皇，仍获其聘。委策避国，守此玄静。绰乎其裕，确乎其操。畴昔洪崖，双名并高。嗟乎陨没，缙绅永悼。依依我徒，靡则靡效。勒铭金石，弥远益曜。①

这首铭文前半韵脚为清韵，后半韵部为高韵，基本是偶句押韵，句式整齐，音节和谐，从外在形式和韵律来看，应该说具有诗的特征。在中国历史上，第一部诗歌总集《诗经》产生于西周到春秋中叶，以其独特的形式奠定了四言诗的基础。从形式上说，汉碑铭文是《诗经》四言诗的继承和发展。

其次，如果从传统的诗学观念来看，这些四言铭文也具有叙事抒情的特点。如《太尉乔玄碑》铭：

赫矣乔父，秉文握武。内为宗干，出为藩辅。在宪弹枉，竟由厥矩。允牧于凉，刈彼裔土。爰将度辽，亦用齐斧。敷教四畿，旋统京宇。敦兹五服，众庶是与。膺践七命，翼我哲圣。登空补衮，陟徒训敬。尹尉清宸，熙帝之政。终始为贞，典章以定。遗爱在民，皇哀其命。立石刊铭，莫逸斯听。魂而有灵，万亿其盛。②

① 严可均校辑：《全后汉文》卷76，第887页。

② 严可均校辑：《全后汉文》卷77，第888—889页。

《司徒袁公夫人马氏碑》铭：

> 於穆母氏，其德孔休。思齐先始，百行聿修。宣慈惠和，恩泽并周。义方之训，如川之流。俾我小子，蒙昧以彪。不享遐年，以永春秋，往而不返，潜沦大幽。呜呼哀哉，几筵虚设，帷帐空陈，品物犹在，不见其人，魂气飘摇，焉所安神？兄弟何依？姊妹何亲？号咷切怛，曾不我闻。吁嗟上天，何辜而然？伤逝不续，近者不旋。①

这些铭文叙述碑主功德业绩，抒发伤逝追慕之情，继承了《诗经》的叙事和抒情传统，从句式和句意上明显有《诗经》相关篇章的影子，而且篇幅明显增长，铺叙更多，抒情意味更浓，体现出碑铭在形式上对《诗经》的推崇和发展。

四言诗在先秦时代产生，并且以《诗经》为代表，达到了很高的艺术水平。而到了汉代，文学以辞赋为大宗，四言诗的创作只有少数文人，如韦孟的《讽谏诗》等。而汉碑大量的四言铭文中，有不少优秀的作品，尤其是蔡邕所撰碑铭，不仅语句精工，辞采雅润，而且音节和谐，琅琅可诵。上举《司徒袁公夫人马氏碑》铭文，先颂马氏的美德，然后抒发子女追思之情，以问句形式层层推进，呼天抢地，将孝子的丧母之痛表现得哀恻缠绵，催人泪下。在文学表现手法上，较之《诗经》中原有的悼亡题材有了更进一步的拓展和延伸。

---

① 严可均校辑：《全后汉文》卷77，第890页。

汉碑的四言铭文虽然附属于碑文，并非以独立的形式而存在，但它体现出了对《诗经》四言诗形式和特征的继承，应该说可以弥补汉代文人四言诗的空缺，对汉代四言诗的发展具有重要的参考价值，为我们认识汉代四言诗的全貌提供了很多新的证据材料。

二、碑铭与五言诗

关于五言诗的起源与发展，学术界一般认为：先秦是萌芽时期，《诗经》中一些零散的五言诗句，如《行露》、《北山》、《沧浪歌》等，已具有五言诗的形式。西汉是五言诗的酝酿时期，而直到东汉班固的《咏史》，是文人第一首完整的五言诗，此后还有张衡的《同声歌》，基本属于五言诗的成立时期，后来秦嘉的《赠妇诗》、蔡邕的《翠鸟》、郦炎的《见志诗》、赵壹的《疾邪诗》、辛延年的《羽林郎》、宋子侯的《董娇娆》等都是五言诗作，东汉末年《古诗十九首》标志文人五言诗的成熟，到建安时期，五言诗达到高潮。

在汉代五言诗的发展过程中，班固《咏史诗》首开文人五言诗的先河，班固生活于东汉明帝、章帝、和帝时期；其后就是生活于章帝、和帝、顺帝时的张衡，秦嘉、蔡邕、郦炎、赵壹基本上生活于桓帝、灵帝之时，辛延年、宋子侯一般认为是东汉末人。除此之外，汉代署名的文人五言诗资料就非常罕见了。而在秦嘉、郦炎、赵壹诗作之后，蔡邕之前①，还有两人的五言诗作在汉碑中保存了下来：

---

① 据陆侃如《中古文学纪年》，秦嘉诗作于永寿三年（157 年），郦炎卒于熹平六年（177 年），赵壹卒于光和元年（178 年），蔡邕卒于初平三年（192 年）。而《堂邑令费凤碑》及《费凤别碑》云费凤卒于熹平六年（177 年），则碑当作于其卒后不久。

堂邑令费君寝疾，卒，于是夫人元弟故□□□守卜胤追而诔之……忠□君厚德，念君之仁恩。闻君之陨隧，剥断而辛酸。复截缞麻杖，□君之柩棺……列种嘉其树，特为之润鲜。忠业与□□，犹君恩使然。虽君有大化，孰能尔者难？子丧之终□，□□思其颜。而□死可赎，不爱□□人。今君□于彼，卓谲而超伦。吏氏慕高踪，来者其如雨。伟名建磐石，垂示于□□。①

君舅家中孙石勋，字子才，载驰载驱，来奔丧于庭，肝摧意悲，感切伤心。瞻彼碑诔，怀之好音。司马慕蔺相，南容复白圭。仰之以弥高，钻之而弥坚。不堪哀且思，叙诗之一篇。庶几昔子夏，起夫子之所言……仁义本于心，慈孝著于性。言不失典术，行不越矩度……宰司委职位，思贤以自辅，玄懿守谦虚，白驹以逐隙。丹阳有越寇，漫□□□□，命君讨理之。……强者绥以德，弱者以仁抚。简在上帝心，功训而特纪。輶舆宰堂邑，基月而致道。……中表之恩情，兄弟与甥舅，鸠与女萝性，乐松之茂好。闻君显令名，举宗为欢喜。不悟奄忽终，藏形而匿景。耕夫释耒耜，桑妇投钩莒。道阻而且长，望远泪如雨。策马循大路，褰裳而涉洧。悠悠歌黍离，黄鸟集于楚。惴惴之临穴，送君于厚土。嗟嗟悲且伤，每食□不绝。夫人笃旧好，不以存亡改。文平感渭阳，凄怆益以甚。诸姑咸擗踊，爰及君伯姊。孝孙字元宰，生不识考妣。

① 《隶释》卷9《堂邑令费凤碑》，第107页。

追惟厥祖恩，蓬首斩缞杖。世所不能为，流称于乡党。见吾若君存，剥列而不已。一别会无期，相去三千里。绝翰永慷慨，泣下不可止。①

这两方碑文，碑主为卒于熹平六年的堂邑令费凤。前者为费凤的妻弟卜胤所撰，后者为费凤表侄石勋所撰。这两碑一称诔，一称诗，但是在碑文中均有很多五言诗句。前碑剥勒残缺较多，但从保留的诗句来看，诗整齐押韵。而后碑（《费凤别碑》）先叙世系历官，继以韵语六十言，三句六言，余皆五言。东汉时如此长之五言诗，尚不多见。而这首五言诗也表现出相当成熟的写作技巧，以“杩与女萝性，乐松之茂好”来比喻与亡者之恩情；以“不悟焉忽终，藏形而匿景。耕夫释耒耜，桑妇投钩莒。道阻而且长，望远泪如雨。策马循大路，褰裳而涉洧。悠悠歌黍离，黄鸟集于楚”来铺排描写伤逝之痛，借景言情，沉婉真挚；多处化用《诗经》语句来传达丰富的内涵等等。这些都和东汉后期文人五言诗的特点一致，而且句式多有与《古诗十九首》相类者。

对于这些诗句在文学史上的地位，笔者以为：首先它是具有明确撰作年代的一篇作品，为汉代五言诗的发展脉络提供了一个时间坐标；其次它展现了桓帝熹平年间文人五言诗创作的艺术水平，虽然由于碑文体裁的束缚，中间夹杂有极少的散体叙述，但它仍然显示出浓厚的文学韵味，情境交融，富有感染力。最后，桓、灵时期碑碣云起，很多文人都投入碑文的写作之中，碑文成为文

① 《隶释》卷9《费凤别碑》，第108—109页。

人的主要创作体式之一。在碑文体式规范已经成熟确定的桓帝熹平年间,远离京师的湖州地区,有人以五言诗镌刻上碑,尝试用五言诗这种“诸作之中有滋味者”的文学形式来改造墓碑文当中板滞的四言句式,至少说明了当时文人中五言诗创作的流行。只有对于五言诗创作已经得心应手,才会在颇受当时人重视的碑文这种实用文体中尝试使用。正是由于这些中、下层文人的参与,促进了五言诗的发展,为五言诗的成熟奠定了基础,其功绩是不能抹杀的。

三、碑铭与七言诗

关于七言诗的发展,文学界认为:曹丕的《燕歌行》是文人第一首完整的七言诗。而汉代张衡的《四愁诗》已是较完整的七言诗。张松辉先生认为,现存最早的完整七言诗歌应是较早于张衡的于吉所创作的《师策文》等传道诗,现保存于《太平经》中。[①]

七言诗虽然在西汉时期已经萌芽,逯钦立《先秦汉魏晋南北朝诗》辑佚有六处,但基本是片段。东汉时,在《后汉书》所载的文人著述情况中经常有“七言”一体,如《后汉书》的刘苍传、张衡传、崔瑗传、马融传、杜笃传等,可见七言诗在东汉中期以后比较普遍。而张衡的《四愁诗》从形式而言,因为第一句带一个“兮”字而被排除在完整的七言诗之外,其他如班固《竹扇赋》、张衡《思玄赋》、王延寿《梦赋》、马融《长笛赋》中也融有七言诗句,但都没有从整篇的作品中独立出来。

而在人们的观念里,四言是正体,七言是“俗”体。傅玄《拟四

① 张松辉:《先秦两汉道家与文学》,东方出版社 2004 年版,第 237 页。

愁诗四首序》："昔张平子作《四愁诗》，体小而俗，七言类也。"[1]可见在魏晋时，人们仍然认为，七言作为文体，有"体小而俗"的特点，与四言诗所应有的典雅语体是不可同日而语的。所以陆机《鞠歌行序》感叹云："三言、七言，虽奇宝名器，不遇知己，终不见重。愿逢知己，以托意焉。"[2]《文心雕龙·明诗》云："若夫四言正体，则雅润为本；五言流调，则清丽居宗。华实异用，惟才所安。"[3]正可以反映出这种看法。所以尽管有人创作七言，但完整独立的七言诗并没有流传下来。

那么在材料极端匮乏的情况下，该如何来认识七言诗在汉代的发展呢？有学者注意到《太平经》当中出现的七言诗句，认为它从形式上与成熟的七言诗比较接近，有助于我们从另一线索来探究七言诗的发展，可以弥补七言发展史上一些缺失的环节，这无疑是非常有意义的[4]。而汉碑当中保存下来的一些七言诗句，还没有受到人们的注意，但是它对于认识七言诗的发展同样也具有重要的参考价值。

《冀州从事张表碑》（建宁元年，公元168年）云：

> 於穆君兮焕流芳，阐洪轨兮休烈彰。令德修兮宣重光，仕州郡兮迪民康。宜王臣兮为栋梁，旻不淑兮降沧霜。硐芝华兮歼彦良，伊喆人兮寿不将。世虽短兮名悠长，位虽少兮功悠扬。

---

① 逯钦立辑校：《先秦汉魏晋南北朝诗》，中华书局1983年版，第573页。

② 逯钦立辑校：《先秦汉魏晋南北朝诗》卷5，第667页。

③ 周振甫：《文心雕龙注释》，第50页。

④ 张新科：《文化视野中的汉代文学》，中国社会科学出版社2006年版，第301页。

伐松柏兮构斯堂，镂金石兮复不亡。万子孙兮永烝尝。①

《梁相孔耽神祠碑》(光和五年，公元182年)铭文曰：

君之德兮性自然，蹈仁义兮履□纯。恻隐至兮神虵存，皇垂象兮木理连。矜鸟兽兮放舍旃，享黼荣兮景号宣。达情性兮睹未然，永亿载兮传功勋，刊石祠兮示喆贤。②

《李翊夫人碑》③铭辞前半为四言韵语，后为七言：

阴阳分兮钟律滋，星月列兮有四时。神宓文兮万姓熹，寿十二兮九九期。五三未兮丧在娅。秋发兮春华殆。周公九兮成称灾，靡黄发兮盖夭胎。世有皇兮气所栽，赴鸿渊兮逝不来。凤延颈兮泣交□，鵷雏悲兮涕陨零。寐耿耿兮惟伤情，彼仓天兮愬神灵。忡切剥兮年不荣，兰芷亡兮丧芝英。谁不忉兮作哀声？畴匹号兮鸣嚣嚣。杞之至兮感动城，陟四极兮升天庭。曰司命兮致不平，飞螽虫兮害仁良。魂魄孤兮独茕茕，陈礿祠兮返所生。幽不见兮存厥形，嗟曰遐兮适窅窅。④

① 《隶释》卷8，第92页。

② 《隶释》卷5，第59页。

③ 《李翊碑》云李翊卒于桓帝熹平二年(173年)，夫人碑云"早失匹畴"，则可推测夫人碑最早亦应立于光和五年，即其夫卒后十年。

④ 《隶释》卷12，第143页。

汉碑中保存的这些七言诗句，有着确切纪年，均在汉灵帝建宁年间至光和年间。从形式上看，它吸取了楚辞《国殇》、《山鬼》的语言特点，在文中带有“兮”字。往往韵脚整齐，《张表碑》句句押韵，一韵到底（阳韵）；《梁相孔耽神祠碑》主要用真韵、先韵；而《李翊夫人碑》先用支韵，次庚、青合韵。与四言的典重朴素相比，这种七言句式内涵更加丰富，更能表达出激荡的情感，尤其是《李翊夫人碑》在写法上取法楚辞，情景交融，缠绵悱恻，和四言碑铭总体上比较克制、显得温和蕴藉的情感表达相比，显示出了情感的解放，造成一种富有感染力的全新风格。

汉碑中的七言句式，如若去掉“兮”字，就可以蜕化为三言句。如《冀州从事张表碑》可变为三言体铭文：“於穆君，焕流芳。阐洪轨，休烈彰。令德修，宣重光。仕州郡，迪民康。宜王臣，为栋梁。旻不淑，降沧霜。碉芝华，歼彦良。伊喆人，寿不将。世虽短，名悠长；位虽少，功悠扬。伐松柏，构斯堂。镂金石，夐不亡。万子孙，永烝尝。”意思未变，文句亦通。而汉碑中往往有三言铭文者，《国三老袁良碑》、《议郎元宾碑》、《冀州从事郭君碑》、《山阳太守祝睦后碑》、《郎中马江碑》、《北军中侯郭仲奇碑》、《郃阳令曹全碑》、《舆令赵君碑》、《司徒掾梁休碑》、《相府小史夏堪碑》、《太傅胡广碑》二等，这些三言句基本可以加上“兮”字成为七言，如《太尉杨秉碑》三言铭加“兮”字后为：“於戏公（兮）唯岳灵。天挺德（兮）翼赤精。神䌹缊（兮）仁哲生。应台任（兮）作邦桢。帝钦亮（兮）访典刑。道不忒（兮）讫有成。光遐迩（兮）穆其清。”亦无不可。只是三言铭文语气上显得急促，不如七言铭文的舒缓悠长。楚辞中原本无独立的三言句，有学者认为，汉初三言诗之渊源，为楚辞之

《山鬼》、《国殇》，盖将通篇之七言句式中"兮"省去，即成三言。[①]这个观点，在汉碑的七言和三言铭文的变化上，又一次得到了印证。

总之，汉代碑铭当中所保留的三言、四言、五言、七言等诗句，对于我们认识这几种文学形式在汉代末年的发展具有重要的参考价值，应当予以关注。

四、汉碑与哀辞

哀辞是主要存在于汉魏晋时期的一种文体形式。对于哀辞这种文体的对象和主要特征，晋代挚虞《文章流别论》云："哀辞者，诔之流也。崔瑗、苏顺、马融等为之，率以施于童殇夭折不以寿终者。建安中，文帝、临侯各失稚子，命徐干、刘桢等为之哀辞。哀辞之体，以哀痛为主，缘以叹息之辞。"[②]可见哀辞原本是一种用于哀悼夭折童少的文体形式。

哀辞的产生与诔有密切关系。梁刘勰《文心雕龙·哀吊》云："赋宪之谥，短折曰哀。哀者，依也。悲实依心，故曰哀也。以辞遣哀，盖下流之悼，故不在黄发，必施夭昏。"[③]在此刘勰认为哀辞的命名及对象起于谥法，这是言之成理的。先秦时"读诔定谥"，诔与谥本不可分，东汉时诔脱离了谥而独立，作为丧葬礼制的重要内容，作为饰终之典而存在。累列生平功业以颂德，是诔的文体职能，诔的对象也遵循着等级规范。而年幼者德业未成，不属于诔的对象。但出于哀悼幼年夭亡者的现实需要，哀辞这种文体

① 萧涤非：《汉魏六朝乐府文学史》，人民文学出版社 1984 年版，第 36 页。
② 严可均校辑：《全晋文》，卷 77，第 1906 页。
③ 周振甫：《文心雕龙注释》，第 138 页。

形式的产生又在情理之中。晋孙楚《和氏外孙小同哀文》云:“杪末婴孩,安足称诔?大人达官,同之一揆。”[①]这段话也道出了哀辞的发生,原本是作为诔的一种补充形式而出现,因为童孩不足称诔,故而以哀辞(哀文)来悼怀。哀辞和诔的对象不同,但其悼亡性质并无二致。

哀辞作为一种文体形式,文献记载始于东汉。据《后汉书》载,苏顺“所著赋、颂、诔、哀辞、杂文凡十六篇”[②],班昭“所著赋、颂、铭、诔、问、注、哀辞、书、论、上疏、遗令,凡十六篇”[③]。

挚虞《文章流别论》中记东汉哀辞作者有崔瑗、苏顺、马融,刘勰《文心雕龙》论东汉哀辞作者有崔瑗、苏顺、张升。任昉云:“哀辞,汉班固梁氏哀辞。”[④]由以上材料可知,东汉哀辞作者见于记载者当有班固、班昭、崔瑗、苏顺、张升、马融。由于东汉时期的哀辞作品皆已佚失,所以很难对汉代哀辞的形成和发展的过程加以考证。

汉代碑文的产生与诔文有密切联系,刘勰《诔碑》云:“盖树碑述亡,同诔之区。”二者原本职能相近;汉碑中亦往往有直接以诔文镌刻于墓碑之上者,同时碑文吸取了很多诔文的写法特点以形成自己的文体形式,碑文同样是丧葬礼制的重要内容,以成年人为对象。所以考察汉代碑文,能够对汉代诔文的研究提供佐助。但在树碑铭墓之风盛行的东汉,也存在一些出于礼典之外的童幼

① 严可均校辑:《全晋文》,卷60,第1804页。

② 《后汉书》卷80上,第2617页。

③ 《后汉书》卷84《列女传》,第2792页。

④ 任昉:《文章缘起》,文渊阁《四库全书》影印本,第1478册,第227页。

之碑，如《童幼胡根碑》、《许阿翟墓志》、《童子逢盛碑》、《袁满来碑》，其内容和形式与成人之碑明显有异，而与哀辞的文体特征颇为相似。因此日本学者后藤秋正认为《童幼胡根碑》实际上就是一篇哀辞，这个看法是相当有启发性的[①]。

我们可以先考察以下这四碑的内容，《袁满来碑》、《童幼胡根碑》（建宁二年）为蔡邕所撰，前者无明确纪年，均存于蔡邕文集中。《许阿翟墓志》立于建宁三年（170 年），1973 年出土于河南南阳；《童子逢盛碑》立于光和四年，著录于《隶释》卷 10。四碑均以未成年的童孩为对象，写法上主要以抒发哀思为主，形式基本以四言为主。

《童幼胡根碑》（建宁二年，公元 169 年）：

故陈留太守胡君子曰根，字仲原，生有嘉表，幼而克才。角犀丰盈，光润玉颜。聪明敏惠，好问早识。言语所及，智思所生，虽成人之德，无以加焉。禀命不长，夙罹凶灾，年七岁，建宁二年，遭疾夭逝。慈母悼痛，昆姊孔怀，感襁褓之亲爱，怜国城之乖离。乃权宜就封二祖墓侧，亲属李陶等相与追慕先君，悲悼遗嗣，树碑刊辞，以慰哀思。辞曰：於惟仲原，应气淑灵。实有令仪，而气如莹。明之之性，与体具生。闻言斯识，睹物知名。傅者太勤，受诲则成。柔和顺美，与人靡争。忿不怨怼，喜不骄盈。当受永福，为光为荣。如何昊天，降此

① 参见后藤秋正：《蔡邕〈童幼胡根碑铭〉与哀辞》，《佳木斯师专学报》1996 年第 3 期。但他认为“哀辞的形成大都被认为是后汉建宁年间”，从而否定建宁以前有哀辞，则与文献不符。

短龄。惜繁华之方晔兮，望严霜而凋零。嗟童孺之夭逝兮，伤慈母之肝情。从皇祖乎灵兆兮，庶神魄之斯宁。哀惨戚以流涕兮，念污轸之不呈。顾永怀于不朽兮，乃托辞于斯铭。①

《童子逢盛碑》（光和四年，公元 181 年）：

童子讳盛，字伯弥。薄令之玄孙，遂成君之曾孙，安平君之孙，五官掾之长子也。胎怀正气，生克自然。掮育孩婴，弱而能言。至于垂髦，智慧聪哲，过庭受诫，退诵诗礼，心开意审，闻一知十。书画规矩，制中园范。日就月将，学有缉熙。才亚项橐，当为师楷。自天生授，罔不在初。谓当以遂，令仪令色，整齐珪角，立朝进仕，究竟人爵，克启厥后，以彰明德，胤嗣昭达。何寤季世，昊天不惠。伯疆泾行，降此大戾。年十有二，岁在协给，五月己巳，嘘噏不反。夭陨精晃，苗而不秀。命有悠短，无可奈何。慈父悼伤，割哀回鲤。其十二月丁酉而安错诸。永潜黄庐，没而不存。于是门生东武孙理、下密王升等，感激三成，一列同义，故共刊石，叙述才美，以铭不朽，其辞曰：嘉慈伯弥，天授其姿。早克岐嶷，聪睿敏达。当遂委蛇，立号建基。时非三代，符命无恒。人生在世，寿无金石。身潜名彰，显于后叶。②

① 严可均校辑：《全后汉文》卷 76，第 884 页。

② 《隶释》卷 10，第 114 页。

这几碑均以童子作为哀悼对象，由于童子无德业可颂，因此在写法上有别于成人碑，一般先叙其聪敏早惠之状，进而抒发苗而不秀、华英早凋之哀痛，形式上以四言为主。刘勰《文心雕龙·哀吊》论哀辞的文体特征云："原夫哀辞大体，情主于痛伤，而辞穷乎爱惜。幼未成德，故誉止于察惠；弱不胜务，故悼加乎肤色。隐心而结文则事惬，观文而属心则体奢。奢体为辞，则虽丽不哀；必使情往会悲，文来引泣，乃其贵耳。"[①]首先指出哀文的写作要以表现痛伤和爱惜之情为主旨，这是因为哀文的作者，多为夭折童少的长辈和亲人，不可能也不应该不表现出极为悲痛和爱怜的深情。其次是明确了哀文写作的具体内容，即"誉止于察惠"，"悼加乎肤色"，在赞誉和哀悼过程中，写出夭折者的聪敏智慧和音容形象，因为其"幼未成德"，"弱不胜务"。第三，是强调哀文的感染力，要写得"情往会悲，文来引泣"，使读者产生"苗而不秀，自古斯恸"的共鸣。第四，从文辞与情感的关系方面，要求作者防止"奢体为辞"和"丽而不哀"，强调"以辞遣哀"，"伤而作诗"，"情洞悲苦"。

以这些特点来考察上引几方童幼碑文，就内容而言，与"誉止于察惠"，"悼加乎肤色"一致；就主旨而言，与"情主于痛伤，辞穷乎爱惜"相同。至于童幼碑文所抒发的哀悼之情，是否能真切动人，使人产生共鸣，取决于作者与亡者的关系亲密程度及其语言表现能力。这几方童子碑，均是代笔之作，作者只是陈述他人伤悼之情，同时又以颂述的方式来表达，因此缺乏感人的力量。但

---

① 周振甫：《文心雕龙注释》，第138页。

它们在体式上具有哀辞的特征，或者童子碑在创作时依仿了原已存在的哀辞文体，或者它们本身就是哀辞在灵帝建宁二年至光和四年的发展形式，只不过在时风的影响下镌刻于碑。无论何种形式，都具有很高的参考价值，为探讨东汉后期的哀辞发展提供了重要的资料。

“自此以后，经过近四十年的空白，以幼儿之死为主题，作者个性强烈渗透于其间的哀辞，以新的面貌登场了。”[1]建安时期，有了较为真切地抒发哀悼之情的哀辞作品，曹植的《金瓠哀辞》、《行女哀辞》沉痛如诉。至西晋时，潘岳的《金鹿哀辞》和《泽兰哀辞》被刘勰誉为“莫之或继”的传世之作；它们在体式格调和具体写法上，颇为相近，都以死者的美好体貌风姿和聪颖智慧为主要描述对象，而感情表达更为深切沉痛，堪为“隐心而结文”之作，结尾“将反如疑，回首长顾”之句，充满无尽的痛惜爱恋之情，直欲催人泪下了。

五、汉碑与史传

碑文是专门记述亡者生平事迹的一种文体，带有人物传记的特点，因此有时被称为“碑传”。作为传记的一种形式，碑文与史传有着密切的关系，它既受到史传的影响，反过来，又对史传产生了某些作用。

碑文和史传有许多联系，其一，从内容上说，墓碑墓志，都是叙述墓主的生平事迹，歌功颂德，昭示子孙，以传不朽，它们所要

① 〔日〕后藤秋正：《蔡邕〈童幼胡根碑铭〉与哀辞》，《佳木斯师专学报》1996 年第 3 期。

描述的都是历史上出现过的人和发生过的事,所要叙述的对象是一致的。

其二,在记载人物的事迹德业时,尽管具体的叙述手法不同,但两者都要求做到真实,如实反映历史人物的全貌。但是,在为尊者、亲者、贤者讳的传统束缚下,在金钱、权势、人情诸关系的影响下,无论是史传作者,还是碑志作者,他们的良知都面临着严峻的挑战。但史家多有不惧权势,秉笔直书者,董狐、司马迁、崔浩都树立了光辉的榜样。相比之下,碑志中的溢美不实之词似乎比比皆是。蔡邕以此受人诟病,而韩愈碑文在当时也曾被讥为"谀墓"。大家名流尚且如此,其他就可以想见了。碑志的虚美不实,受到历代人们的抨击,可见人们对碑志的求真要求是多么强烈。尽管这是由于碑志本身文体的特征所决定的,但讲求实录的史学精神,应是史传文学和碑志文学所共同追求的目标。

其三,从体制看,碑志文学受到史传文学的影响。它叙事时用散文,最后的铭用韵文,如同史传的"记"与"论赞"。在叙述上,都注意按照时间顺序,来介绍人物的生平事迹。碑文和史传既有如许相同之处,因此,在写作时也要"资乎史才",要有作史的识见和才能,既要博雅弘辩,能够做到"文质辩洽",内容与形式文质相扶,叙述得和润畅朗,辨析得明白;又要"铨评昭整",诠释得清楚,评论得全面,明晰完整;而且要防止在评价人物时过分的苛求和文字滥用,"苛滥不作"。至于"寻繁领杂之术,务信弃奇之要,明白头讫之序,品酌事例之条,晓其大纲,则众理可贯"[①],在叙写时如何选取材料、组织材料,遣词运句,使叙事该要、缀采雅泽,条理一贯,文质彬彬,两者应该是一致的。

但是碑文又和史传有区别,主要表现在:首先,碑文要刊刻于石,容量有限,所以篇幅一般比较短小。在短小的篇幅里,要展现亡者的"清风之华"、"峻伟之烈",就必须叙事扼要,主要以咏颂为主,而不能像史传那样着重通过具体事件,以言语、行动等细节来塑造人物形象。其次,碑文是一种记叙死者事迹、表彰死者功德的社会应酬文体,要求"论列德善功烈,称美弗称恶,以尽其孝子慈孙之心",树碑之旨在于铭德颂功,昭记鸿烈,使死者光彩允集,名垂不朽,再加上为尊者、亲者、贤者讳的传统观念,碑文一般不记墓主的缺陷和过失,隐恶扬善,势所必然,作者在撰写时既要坚持原则,也要考虑家属的感受与需要,否则也不能算是优秀的碑文作家。而史传则要"弥纶一代,负海内之责,而赢是非之尤"[②],肩负道义良知和社会评判的重任,故而更强调"实录无隐"、"按实而书",不能"任情失正",更注重秉笔直书的史学精神。因此,虽然碑文叙事和史传记载都要讲求"实录"的史学精神,但两者的求实是有区别的,史家求实,需要善恶秉笔直书;而碑文求实,则可以称美隐恶,但是要防止"无美而诬称,虚辞而不实"。这同样对撰碑者的道德良知提出了挑战。

下面以《太尉刘宽碑》和《后汉书》刘宽传比较分析碑文、史传写法的不同。刘宽,字文饶,弘农华阴人,历仕桓帝、灵帝,曾两为

---

① 《文心雕龙·史传》,见周振甫《文心雕龙注释》,第172页。

② 同上。

太尉，中平二年卒，年66。刘宽今存两碑，一为故吏李谦所立，一为门生商苞所立，两碑在谋篇布局、遣词运句上极为相似，此处仅列其一①。从碑文与史传可以明显见其异同。

《太尉刘宽前碑》：

公讳宽，字文饶，弘农华阴人也。其先□□圣汉，王侯继次，有国有号，列存家序。公之考乃作司徒，辅毗安顺，勋载二叶。公托受纯和之气□，有乐道宁俭之性，疾雕饰，尚朴素，轻荣利，重谦让。幼与同好镌坟典于第庐，是以根经纬，综精微，诲童冠而不倦。伉浮云之志，三公莫能致之。大将军以礼协命，举高第，拜侍御史，迁梁令。　□□康，逾产豹。丧旧君以弃官，遵洙泗之业，有悔仕思初之计。三府并招，博士征，皆辞疾不就。司隶举茂才，太尉举有道，公车征拜议郎、司徒长史，入登侍中，宣美顾问。延熹八年地震，有诏询异。公以演策沉渐，对当帝心，转拜尚书，齐密机喉，王命惟允。迁东海相，以德兴化，泽臻民物。复迁南阳太守，壹行质省简易之教，推贞亮以示下，显众善以厉否，恻隐之诚，通乎神人。故能去鞭扑如获其情，弗用刑如弥其奸。帝初即位，开学稽古，诹咨儒林，佥曰公优，征拜大中大夫，纳用劝讲。复拜侍中、屯骑校尉、宗正、光禄勋，遂授太尉。悉谟百揆，四门之职，怀夫三事，和昭鼎实，功成则退，固疾逊位。拜光禄

① 对于两碑的作者，笔者有专文考证，认为均属蔡邕所作，参见《考古与文物》2008年第2期。

大夫，迁卫尉，复作太尉。每执盘桓，成则三让，以交会□精，引咎折躬。朝克忠谠，思其良犹，即召里巷，拜永乐少府光禄勋。先是时也，狂寇张角，□□妖逆，公印观见像，上遏其源，未□诛讨，乱作不旋。乃追宝先谋，赐之土田，封逯乡侯，食邑六百户。年六十有六，中平二年二月丁卯薨。天子闵悼恻怛，内发手笔为策，□涕咨嗟，使右中郎将张良持节临吊，赠车骑将军印绶，位特进，赐琀赗襚，有加典礼。复使五官中郎将何夔持节谥曰昭烈侯。夏四月庚戌葬，公卿百僚缙绅之徒，其会如云，可谓其存也荣，其亡也哀者焉。于是故吏李谦等，有感殷鲁述德之颂，以为洪懿休策，宜著无穷，故杂论攸行，纪其大略，镌石立碑，其辞曰：於穆显融，惟予公侯。缵我前列，克明厥繇。熙精恬默，潜庸底昭。德以莅政，俾民是□。其乐伊何，匪诱匪威。允丕礼让，实化玄为。入□诲保，训导万机。作镇上司，御劝不迷。温温其恭，□尹实秪。秩秩其苞，群儒实师。奕奕其容，隅裔□□。刊眡万祀，孰嗣厥徽。①

《后汉书》卷25刘宽传云：

刘宽字文饶，弘农华阴人也。父崎，顺帝时为司徒。宽尝行，有人失牛者，乃就宽车中认之。宽无所言，下驾步归。有顷，认者得牛而送还，叩头谢曰："惭负长者，随所刑罪。"

---

① 《隶释》卷11，第124页。

宽曰:"物有相类,事容脱误,幸劳见归,何为谢之?"州里服其不校。

桓帝时,大将军辟,五迁司徒长史。时京师地震,特见询问。再迁,出为东海相。延熹八年,征拜尚书令,迁南阳太守,典历三郡,温仁多恕,虽在仓卒,未尝疾言遽色。常以为"齐之以刑,民免而无耻",吏人有过,但用蒲鞭罚之,示辱而已,终不加苦。事有功善,推之自下。灾异或见,引躬克责。每行县止息亭传,辄引学官祭酒及处士诸生执经对讲。见父老慰以农里之言,少年勉以孝悌之训。人感德兴行,日有所化。

灵帝初,征拜太中大夫,侍讲华光殿。迁侍中,赐衣一袭。转屯骑校尉,迁宗正,转光禄勋。嘉平五年,代许训为太尉。灵帝颇好学艺,每引见宽,常令讲经。宽常于坐被酒睡伏。帝问:"太尉醉邪?"宽仰对曰:"臣不敢醉,但任重责大,忧心如醉。"帝重其言。

宽简略嗜酒,不好盥浴,京师以为谚。尝坐客,遣苍头市酒,迂久,大醉而还。客不堪之,骂曰:"畜产!"宽须臾遣人视奴,疑必自杀。顾左右曰:"此人也,骂言畜产,辱孰甚焉!故吾惧其死也。"夫人欲试宽令恚,伺当朝会,装严已讫,使侍婢奉肉羹,翻污朝衣。婢遽收之,宽神色不异,乃徐言曰:"羹烂汝手?"其性度如此。海内称为长者。

后以日食策免。拜卫尉。光和三年,复代段颎为太尉。在职三年,以日变免。又拜永乐少府,迁光禄勋。以先策黄巾逆谋,以事上闻,封逯乡侯六百户。中平二年卒,年六十六。赠车骑将军印绶,位特进,谥曰昭烈侯。子松嗣,官至宗正。

赞曰:卓鲁款款,情悫德满。仁感昆虫,爱及胎卵。宽、霸临政,亦称优缓。①

以碑史对照,碑文、史传均以时间顺序来叙写,结构类似,前面记载生平,后面以四言韵语总括赞颂,收束全文。仔细比勘,碑文、史传记事内容侧重不同。碑文叙述刘宽生平,重在其德业政绩,尤详于迁官履历。史书所记刘宽官阀始卒与碑多同,而载其迁官次序颇略。史书言刘宽初仕,仅云"大将军辟,五迁司徒长史。"而碑详记五迁之经过,"大将军以礼协命,举高第,拜侍御史,迁梁令。……三府并招,博士征,皆辞疾不就。司隶举茂才,太尉举有道,公车征拜议郎、司徒长史",可补史书之缺。碑云拜司徒长史之后,入登侍中,史书不载。之后历官,碑云拜尚书、迁东海相,迁南阳太守,均在桓帝延熹八年之后。史云迁东海相,延熹八年拜尚书令,迁南阳太守,时间次序有异。史云"熹平五年代许训为太尉",碑不书时间。碑云"功成则退,固疾逊位,拜光禄大夫,迁卫尉。"史则云以日食策免,拜卫尉,不言曾拜光禄大夫。碑云"复作太尉",不言时间;史云在光和三年,代段颎为太尉,在职三年,以日变免。碑史行文均以时间顺序展开,而碑叙仕宦履历生卒年月更为详尽,对死后皇帝的策赠赐谥、同僚的赴吊会葬及故吏门生的勒碑述德等事更是不厌琐细,一一罗列。所谓"生荣死哀",尽显于此。对于碑文与史传的区别,岑仲勉先生云:"夫碑志

① 《后汉书》卷25,第886页。

与列传,志趣有异。前者为私门撰述,胪举仕履,人必不责其过繁;后者乃举国官书,满纸升除,群将诋为朝报,史家用累迁等字,其势所必至,亦体例应尔也。”[①]可见,碑志文的内容主要是记述亡者功德,略叙生平梗概,胪举仕履,详述升除。

从叙事方式来说,两者亦有差异。史传着重通过具体事件来刻画人物形象,展现刘宽一生。在叙述刘宽的品行个性时,碑仅笼统概括,仅云“公托受纯和之气体,有乐道宁俭之性,疾雕饰,尚朴素,轻荣利,重谦让,幼与同好镌坟典于第庐,是以根经纬,综精微,诲童冠而不倦。”《后汉书》则通过失牛误认、苍头沽酒、羹污朝衣等几个具体事件来表述,以语言、神态展示了刘宽平易宽和的长者形象,鲜活生动,跃然纸上。碑叙刘宽为南阳太守时的政绩,以“壹行质省简易之教,推贞亮以示下,显众善以厉否,恻隐之诚,通乎神人。故能去鞭扑如获其情,弗用刑如弥其奸”来总括赞颂,而传则记载了“吏人有过,但用蒲鞭罚之,示辱而已,终不加苦。事有功善,推之自下。灾异或见,引躬克责。每行县止息亭传,辄引学官祭酒及处士诸生执经对讲。见父老慰以农里之言,少年勉以孝悌之训”等事迹来表现刘宽的德政,更加具体可感。总体来说,碑文在对偶、辞藻上很讲究,更崇尚文辞之美,如对偶工整、辞藻华美、声韵和谐、用典精切等,对于传主的德行功业,则仅作概括的叙述,以典雅华美的文采来代替写实的叙事,传主的事迹往往显得笼统,叙事简略,重在述颂,故而在人物形象塑造上逊于史传。史传文辞质朴自然,运用散体叙述,虽较碑文略输文采,但重

---

① 岑仲勉:《金石论丛》,上海古籍出版社1981年版,第76页。

视通过具体事件、言行细节来刻画人物风神，在感染力和艺术性上优于碑文。由此可见碑文和史传虽同属于传记，但在叙事方式和落笔轻重上各有不同。散体史传展现了栩栩如生的人物形象和流利写实的语言美，而碑文则展现了文辞之美，两者各有优长之处。只有将碑文史传互相参证补充，太尉刘宽之人生轨迹才能更加清晰完整全面地呈现于后人面前。

碑文有相对固定的内容和形式，本身就容易形成一套程式。过度的程式化，限制、局限了人物形象塑造的有效空间，碑文在叙述人物生平事迹时，概括介绍墓主的一生，缺乏史传文学的细节描写、心理刻画及个性化语言来展现人物形象，因而碑文往往似履历表、流水账；再加上创作者陈陈相因、敷衍了事，仅把其当作一种社会和人际关系的应酬文字，碑志之蔽就因此而生。刘师培《左盦外集·文例举隅》认为："汉碑之文，立词多同"。在东汉末碑文已经开始出现文字辗转沿袭的现象。至六朝时，碑文墓志的写作更是走上了公式化的道路，六朝许多碑志在内容和形式上都形成了僵死的套路，内容不外乎铺叙阀阅，记述历官，歌功颂德，浮泛无实；碑传部分多采用骈体文写作，更注重形式，文辞繁富，一概讲究铺排事典，溢美夸饰，在一套凝固的程式中表达一些空洞、虚浮、含混的内容，使得六朝碑志千人一面，走向僵化。碑文作为传记的功能已经大大削弱。这种局面，使碑志这一当时社会最受关注的应用文体亟须改革，而直到韩愈以史传手法引入碑志，碑志才获得了新生，进入传记文学的殿堂，因此可以说，碑文从文体产生乃至发展演变的过程中，都与史传有着密切联系，沾溉得益于史传之处甚多。

第五章 汉碑的文化意蕴

墓碑，作为丧葬文化系统中重要的内容，直接或间接地反映出现实生活的诸多方面，与人们的原始信仰、伦理观念、价值观念、生活方式乃至社会结构都有着广泛而密切的联系，其文化内涵是丰富而深邃的。因为汉碑大部分碑主都是名不见经传的下层官吏和儒学士人，没有辉煌的业绩和卓越的操守而跻身正史，但他们才是士人的主体，最能代表士人的面貌，他们的各种信仰观念最具有普遍意义。

第一节 汉碑与汉代生命观念

碑文是汉代崇儒重丧观念的产物，凝聚着儒家的生死观念、生命价值观念。人的生命是有限的、短暂的，而德勋声名则使人超越了死亡而获得不朽。因此，汉代碑文体现了人们对于生命的理解及其存在意义的深入思考，凸显了生命所具有的社会伦理道德价值，将汉代人们对于生命的礼赞与死亡的悲悼同时呈现在后人面前，千载而下，读之令人动容。

一、汉代的生死观念

孔子曰："未知生，焉知死？"生与死自孔子时起便是中国人始终关注的问题。而在汉代,人们更是以空前的热情讨论这两个问题,不仅是出于学者的学术兴趣,亦出于普通民众生存的需要。

在先秦的主要思想流派中,儒家、道家、墨家表现了不同的生死观:墨家比别家更关注死,特别强调鬼神的存在,而提倡苦行,否认人生的快乐;儒家重视生命,而将祸福寿夭问题归于天命;道家哲学以生的观念为核心而建立,对人的生死深为关切,更强调个体生命的重要,主张养生、长寿。从先秦末年到汉代,生的观念基本上是以儒、道的思想为主线而展开的。对生的普遍重视,最终会自然导向对个体生命的特别关注,追求长寿与不朽便是最突出的表现。

寿的观念非常古老,始于远古,在周代金文中,"寿"是最为流行的嘏辞[①]。向祖先,有时也向天祈求长寿是周人的一种普遍风气[②]。因此长寿也许可以说是中国人最古老、最普遍的世俗欲望之一。而不朽的观念出现得较晚,是从传统的世俗长寿欲望演变而来。从金文和《诗经》等文献中,可以看到这种演变的轨迹:"一般说来,西周时期(前1122—前771),人们只祈求有限的长寿和得享天年,但到春秋时期(前722—前481),人们变得更贪心,开始祈求'难老'和'毋死'"[③]。对于长寿的欲望导致了春秋战国时期各国诸侯在方士的蛊惑下,追求世间不朽的热情更为高涨,

① 徐中舒:《金文嘏辞释例》,载《中央研究院历史语言研究所集刊》第4本,1936年,第15—18页。

② 郭沫若:《周彝中之传统思想考》,载《金文丛考》修订本,人民出版社1954年版,第8页。

③ 徐中舒:《金文嘏辞释例》,第24—25页。

寻求不死之药、修炼不死之道、入海求仙，而这种种活动在秦始皇和汉武帝时期达到了顶点。皇帝求仙热情的升温促进了仙作为一种信仰和观念的普及和形成。

帝王可以像黄帝那样率群臣妻妾升天，贵族如淮南王刘安全家鸡犬升天，而且普通小吏亦能如此。据《仙人唐公房碑》载：唐公房为汉中一小吏，得“真人”惠助，收他为徒并赐以仙药。后来他冒犯了郡守，郡守大怒，令其属下拘捕唐公房妻儿。唐公房遂在真人帮助下与家眷、六畜与屋宅一起升天。这个故事反映出此时求仙已经获得了广泛的社会基础，不再是方士与统治阶层垄断的事情，因为故事的主角只是一个郡府小吏。而且这种神仙观念已经日益世俗化，不再是先秦时期的个人飞升，而是全家由人间移至天上。碑云：“汉中太守，南阳郭君，讳芝，字公载。修北辰之政，驰周召之风，歆乐唐君，神灵之美，以为道重者名召，德厚者庙尊。乃发嘉教，躬损奉钱，倡率群义，缮广斯庙。刻石昭音，扬君灵誉。”①以为唐公房建庙立祀，作为太守的德政之一。蔡邕《王子乔碑》亦载真人王子乔灵迹，官民为其立庙树碑、纪颂遗烈之事，这些都可反映出当时民众对于神仙的信仰和热望。

尽管成仙的故事非常诱人，帝王和平民也都渴望能够成仙不死，但神仙渺茫，长生难求。因此对于人生短促的伤悲、对于长生不老的愿望、对于世俗生活的留恋，种种思想混合起来而形成的人类的生命意识，自远古以来就已经存在。而到了汉代，随着社会的演进与发展，人们的生命意识就更加强烈。一方面汉帝国的

---

① 《隶释》卷3，第40页。

强盛为汉人创造了和平安定的生活环境与繁荣富庶的客观物质基础,从而产生了享乐意识;另一方面,对繁荣安定生活的留恋更容易让他们感到人生的短暂,而不朽成仙,则是人力无法达到的。因此在汉代从一开始,就弥漫着人生苦短的感伤思潮。早在汉初,《薤露》、《蒿里》这两首挽歌中就唱出无论贤愚、贫富、贵贱,人最终都难免一死,归入丘坟荒草的生命悲剧:

薤上露,何易晞！露晞明朝更复落,人死一去何时归?

蒿里谁家地?聚敛魂魄无贤愚。鬼伯一何相催促,人命不得少踟蹰。

即使是贵为帝王,狂热求仙的汉武帝,也在咏叹"欢乐极兮哀情多,少壮几时兮奈老何"(汉武帝《秋风辞》)。而在汉乐府中,这种人生苦短的哀叹更是不绝于耳。"长恐秋节至,焜黄花叶衰"(《长歌行》),"人生不满百,长怀千岁忧。昼短苦夜长,何不秉烛游?"(《西门行》)在这种时代思潮的感染下,东汉时期文人士子更从自身感受中强化了这种生命意识,游学求仕,前途渺茫,在羁旅愁怀、离别相思中对生命如寄、人生苦短的体悟更加深切:

人生天地间,忽如远行客。(《青青陵上柏》)

人生寄一世,奄忽若飙尘。(《今日良宴会》)

人生忽如寄,寿无金石固。(《驱车上东门》)

人生非金石,岂能常寿考。(《回车驾言迈》)

那么面对个体生命的消逝,在一次次盛大肃穆的丧葬礼仪中,在一曲曲悲凄的挽歌声中,在四处林立的高大的坟墓与壮观的墓上建筑前,生命的死亡问题、人生的价值问题无疑又一次突兀眼前,使人们无法回避。在一方方盖棺定论的汉碑中,我们看到了东汉人对于生命的思考，一方面是对生命死亡真切而哀婉的悲悼，“鸣呼哀哉，几筵虚设，帷帐空陈。品物尤在，不见其人。魂气飘摇，焉所安神？兄弟何依？姊妹何亲？号咷切怛，曾不我闻。吁嗟上天，何辜而然？伤逝不续，近者不旋。”①“不悟焉忽终，藏形而匿景。耕夫释耒耜，桑妇投钩莒。道阻而且长，望远泪如雨。策马循大路，褰裳而涉洧。悠悠歌黍离，黄鸟集于楚。惴惴之临穴，送君于厚土。”②另一方面在悲悼中传达出了人皆有死、死生有命的达观意识：“夭陨精晃，苗而不秀。命有悠短，无可奈何。”③“参晨有殁，历数犹终，自古迄兹，孰能保存。”④“遂不克瘳，永潜长归。……大命所期，实惟天授。”⑤“昊天不吊，降此凶灾。……悼君短折，永归幽冥。自古皆死，先民有呈。”⑥

这种对于生命的悲悼和感慨在汉碑中并不多见，因为碑文体式的限定，文体的主要功能在于颂德，而不像诔文那样主于抒哀；同时由于撰作碑文者一般是代人立言，与碑主的关系相对疏远，所以表达出的情感往往是礼仪性的，较少强烈的感染力。但它所呈现出的对于生命的理解和态度，却代表了汉代士人阶层的自然主义的死亡观念，那就是接受死亡，视之为不可避免的事实，死亡是生命遭遇自然的终点，而且人几乎无能为力。

这种对于死亡的自然主义态度，在很早以前就已经产生，《庄

---

① 严可均校辑：《全后汉文》卷77《司徒袁公夫人马氏碑》，第890页。
② 《隶释》卷9《费凤别碑》，第108页。
③ 《隶释》卷10《童子逢盛碑》，第114页。
④ 同上书，《司隶从事郭究碑》，第120页。
⑤ 《隶释》卷6《景君碑》，第73页。
⑥ 严可均校辑：《全后汉文》卷103《冀州从事郭君碑》，第1030页。

子·内篇》中随处可见关于生死的讨论,认为人与万物同为大宇宙所包裹,生死来去与昼夜更替一样自然而然。下及汉代,死不可免的观念进一步完善,成为"有始必有终"的普遍规律演绎出来的说法。扬雄在《法言》中说:"有生者必有死,有始者必有终,自然之道也。"[①]王充亦云:"有血脉之类,无有不生,生无不死。以其生,故知其死也……死者,生之效;生者,死之验也。夫有始者必有终,有终者必有死。唯无始终者,乃长生不死。"[②]死亡不可避免性构成了自然主义死亡观的一部分,而重要的内容是如何解释生死。

先秦时期道家学派以"气"来界定生死。《庄子》云:"人之生,气之聚也;聚则为生,散则为死。"[③]《管子》云:"有气则生,无气则死。"[④]而到了汉代,"气"的观念进一步发展,人们依据"气"来解释生死。王充说:"人之所以生者,精气也,死而精气灭。能为精气者,血脉也。人死血脉竭,竭而精气灭,灭而形体朽……气之生人,犹水之为冰也。水凝为冰,气凝为人,冰释为水,人死复神。""人之死也,其犹水也。水凝而为冰,气积而为人。冰极一冬而释,人竟百岁而死。人可令不死,冰可不释乎?"[⑤]王充把生死定义为气的聚散,相信人寿取决于出生时所禀的气的多少。气聚则

① 汪荣宝:《法言义疏》,中华书局1987年版,第521页。

② 黄晖:《论衡校释》卷7《道虚篇》,第338页。

③ 王先谦:《庄子集解》外篇第22《知北游》,诸子集成本,中华书局1954年版,第320页。

④ 戴望:《管子校正》卷4《枢言》第12,诸子集成本,中华书局1954年版,第64页。

⑤ 黄晖:《论衡校释》卷20《论死篇》,第871—877页。

生，气绝则死，班固[①]、刘熙[②]、应劭[③]均有类似表述，说明这种死亡观在士人中的流行状况。

按照阴阳学说，人是天地阴阳之气结合的产物，由精神和肉体组成，死后两者分离。《礼记·郊特牲》云："魂气归于天，形魄归于地，故祭求阴阳之义也。殷人先求诸阳，周人先求诸阴。"[④]《淮南子》曰："夫精神者，所受于天也；而形体者，所禀于地也。故曰：'一生二，二生三，三生万物，万物背阴而抱阳。'"[⑤]汉武帝时黄老道家杨王孙在给友人的回信中，用以下的方式界定死："夫死者，终生之化，而物之归者也……且吾闻之，精神者天之有也，形骸者地之有也。精神离形，各归其真。"[⑥]王充进一步证明，"人死精神归天，骸骨归土"[⑦]。个体生命由身体部分和精神部分构成。肉体依赖于地上的食物和饮水而生存，精神依赖于称作"气"的无形生命力，它自天进入人体。而身体和精神又被称为"魄"和"魂"的灵魂所支配。魂属于阳，魄属于阴。在汉代，广泛存在着这样的信仰：人活着的时候，魂与魄和谐统一在人体内；人死的时候，

① 班固：《白虎通义》卷下"崩薨"条云："死之为言澌，精气穷也"，文渊阁《四库全书》影印本，第850册，第70页。

② 刘熙：《释名》卷8《释丧制》"人始气绝曰死"，文渊阁《四库全书》影印本，第221册。

③ 应劭：《风俗通义》卷9"世间多有亡人魄持其家语声气所说良是"条下云："死者，澌也。鬼者，归也。精气消越，骨肉归于土也。"文渊阁《四库全书》影印本，第862册，第405页。

④ 杨天宇：《礼记译注》，第325页。

⑤ 刘文典：《淮南鸿烈集解》卷7《精神训》，中华书局1989年版，第219页。

⑥ 《汉书》卷67《杨王孙传》，第2908页。

⑦ 黄晖：《论衡校释》卷20《论死篇》，第871页。

两者分离开来,并脱离身体。当魂魄分离时,魂迅速升天,而魄则入地。这种观念在汉碑中有清晰的表述。

《司徒袁公夫人马氏碑》:"不享遐年,以永春秋。往而不返,潜沦大幽。……魂气飘摇,焉所安神?"①

《交趾都尉胡府君夫人黄氏神诰》:"魂气所之,不系丘垅。"②

《议郎胡公夫人哀赞》:"黄垆密而无间兮,出入阒其无门。异柩在兹兮,不知魂景之所存。"③

《太傅安乐侯胡公夫人灵表》:"销精魂以遐翔,曾不可兮援留。尔乃顺旨于冥冥,继存意于不违。爰附灵于皇姑,尚魂魄之有依。潜幽室之黯漠,惜昭明之景辉。"④

《淳于长夏承碑》:"抱器幽潜,永归蒿里。痛矣如之,行路感动。倘魂有灵,垂后不朽。"⑤

《冀州从事郭君碑》:"昊天不吊,降此凶灾。悼君短折,永归幽冥。"⑥

《李翊夫人碑》:"精魂奄昏,飞神天庭,收形玄都。"⑦

从上述资料可知,在汉人的观念中,人死后,形魄是归于地,称为"幽潜"或"潜沦大幽",这里窈冥无光,不见天日,称为蒿里。在汉代的民间文学里,把蒿里和下里、黄泉都看成是死者的永久

---

① 严可均校辑:《全后汉文》卷77,第890页。
② 严可均校辑:《全后汉文》卷79,第898页。
③ 同上。
④ 同上书,第897页。
⑤ 《隶释》卷8,第94页。
⑥ 严可均校辑:《全后汉文》卷103,第1030页。
⑦ 《隶释》卷12,第143页。

居住地[1]。黄泉,很早以前此词出现,被认为是一个黑暗悲惨的地方,《楚辞·招魂》据汉顺帝时出现的道教书籍《太平经》,鬼死后居于地下,称为黄泉。而魂气则飘摇上升,魂归于何处呢?据《后汉书·乌桓鲜卑列传》云:"俗贵兵死,敛尸以棺,有哭泣之哀,至葬则歌舞相送。肥养一犬,以彩绳缨牵,并取死者所乘马衣物,皆烧而送之,言以属累犬,使护死者神灵归赤山。赤山在辽东西北数千里,如中国人死者魂神归岱山也。"注引《博物志》:"太山,天帝孙也,主召人魂。东方万物始。故知人生命。"[2]在汉代的大众信仰里,认为泰山是生命和不朽的象征,故而魂归于泰山。

二、鬼神观念

据余英时研究,"鬼"最早见于殷商的甲骨,在当时就已带有"死者魂"的含义。在甲骨文中,商人常常祈求祖先魂的佑助。这一传统为周人所继承,周人相信祖先死后,其魂(称作严或鬼)不灭,升至天上加入神的行列,能够给人带来祸福。在金文[3]、《尚书》、《左传》中多处反映出这种观念。鬼魂必须得到供养,按时祭祀,有适当归宿则不会为害于人[4]。因此祭祀非常重要,被认为是对死者鬼魂的供养,祭品实际上是为鬼神所享用,因此连主张"节

---

① 《汉书》卷63《武三子传》有文云"蒿里召兮郭门阅",颜师古注曰:"蒿里,死人里。"第2761页。

② 《后汉书》卷90,第2980页。

③ 郭沫若:《周彝中之传统思想考》,载《金文丛考》,第3页。

④ 《左传·昭公七年》记载郑国卿大夫伯有之鬼向敌人复仇,政治家子产通过为伯有立后以供祭祀而成功安抚了鬼的故事。《左传·宣公四年》记载郑文子对宗族即将面临的大难忧心忡忡,其云:"鬼犹求食,若敖氏之鬼不其馁而。"害怕宗族灭亡,无人祭祀祖先而使其鬼魂挨饿。

用”、“节葬”、倡导节俭的墨子也敦促人们为祖先的鬼魂提供祭品①。

人死后为鬼及鬼神能祸福于人的观念自商周至汉代不断发展完善，从而成为汉代大众文化中普遍的信仰。王充《论衡》云：“世谓人死为鬼，有知，能害人。”②“人死世谓鬼，鬼象生人之形，见之与人无异。”③王充的论述表明在他所处的时代中人们关于死后生活的一般想法。死就是从此世界的人转化为死后世界的鬼，鬼有知觉，能饮食，能对现实世界产生影响，而祭祀则是人和鬼沟通的正常渠道，所以人们非常重视祭祀：“世信祭祀……谓死者有知，鬼神饮食，犹相宾客，宾客悦喜，报主人恩矣。”④对于亡灵的安顿和歆享，出于畏惧、感恩，也出于祈求福佑，这是最重要的事情。

在汉碑中，对于逝者的咏颂悼念，也经常传达出歆悦亡灵、以福佑生者的意味：“四时洁祠，以承奉尊。祀事孔明，奉亡如存。馥馥芬芬，以慰显魂”⑤，“奉我元兄，修孝无极。魂而有灵，亦歆斯勒”⑥，“存有显名，终有遗勋，魂如有灵，嘉斯宠荣”⑦，“建石立碑，显扬洪贞。□抒功美，表示后生。魂而有知，万□熙宁”⑧，“铭勒金石，没而不朽。灵也有知，佑福子孙。支干相生，告而无

---

① 孙诒让：《墨子閒诂》卷8《明鬼》，诸子集成本，中华书局1954年版，第143—150页。

② 黄晖：《论衡校释》卷20《论死篇》，第871页。

③ 黄晖：《论衡校释》卷21《死伪篇》，第903页。

④ 黄晖：《论衡校释》卷25《祀义篇》，第1047页。

⑤ 严可均校辑：《全后汉文》卷78《太尉杨赐碑》一，第893页。

⑥ 《隶释》卷6《郎中郑固碑》，第77页。

⑦ 《隶释》卷8《金乡长侯成碑》，第93页。

⑧ 严可均校辑：《全后汉文》卷103《冀州从事郭君碑》，第1030页。

咎”[①]。这些充分反映了汉代相当一部分人的灵魂观念。

亡者死后有知的灵魂观念,必然影响到人们对于丧葬的态度,成为厚葬的一个思想基础。上层人士希望将世间的荣华富贵延伸到来世,因此在墓葬的图像艺术中尽显其生前所享受的各种生活场景[②]。而陵墓的形制和结构也极力模仿现实生活的地面住宅,功能齐全。从西汉中期,各种日常起居必需品如饮食器具、日常用器、乐器、兵器、交通用具、食物等等陪葬品开始堆满墓葬。这显然是灵魂不死、死后世界只是人间的延伸这种思想意识的体现。对此,东汉王充解释说:“谓死如生,闵死独葬,魂孤无副,丘墓闭藏,谷物乏匮,故作偶人以侍尸柩,多藏食物以歆精魂。”因而造成当时社会“畏死不惧义,重死不顾生,竭财以事神,空家以送终”的现象[③]。汉代厚葬之风的兴盛,与鬼神观念的流行是密切联系的。

当然,很多人相信死后灵魂不灭,少数人认为死后无知,也有一些人持有一种模糊不定的死亡观念。一方面视死为生命的自然结局,一方面又没有完全摆脱流行的死后信仰,因而在对待丧葬问题时体现出摇摆不定的态度。如《后汉书·张奂传》载张奂临终遗嘱云:“通塞命也,始终常也。但地底冥冥,长无晓期,而复缠以纩绵,牢以钉密,为不喜耳。幸有前窀,朝殒夕下,措尸灵床,幅巾而已。奢非晋文,俭非王孙,推情从意,庶无咎吝。”[④]张奂宁愿采取一种不奢不俭的折中方式来处理自己的后事,反映出他对于死

---

① 《隶释》卷11《绥民校尉熊君碑》,第131页。

② 刘志远:《四川汉代画像砖艺术》,中国古典艺术出版社1958年版,第8页。

③ 黄晖:《论衡校释》卷23《薄葬篇》,第961—962页。

④ 《后汉书》卷65,第2143页。

亡的理性态度，但他以“地底冥冥，长无晓期”来描述地下世界时，似乎又和普通民众所相信的死后世界区别不大。和张奂持有同样态度者不乏其人。如任末在临终前对侄儿说：“必致我尸于师门，使死而有知，魂灵不惭；如其无知，得土而已。”[①]袁安临终遗令云：“备位宰相，当陪山陵，不得归骨旧葬，若母先在祖考坟垄，若鬼神有知，当留供养也，其无知，不烦徙也。”[②]认为死亡是自然结局，对于鬼神却将信将疑，这种死亡观念应是不少士人所共有的。

三、厚葬与薄葬观念

丧葬，直接呈现了人们对生命的理解。汉代厚葬的兴盛，一方面与人们相信灵魂不灭的鬼神观念有联系，而最主要的则是受到儒家思想的影响。如本文第一章所分析的，孔子虽然反对厚葬，但却主张久丧，认为“三年久丧，天下之通丧也”[③]，只有坚持三年之丧，才能报答父母之恩。孔子还特别强调治丧时要保持悲哀的心情，所以颜回死了，他尽管反对厚葬，却哭得十分悲哀。《论语·学而》云：“曾子曰：君子慎终追远，民德归厚矣。”孔颖达注曰：“慎终者，丧尽其哀；追远者，祭尽其敬。能行此二者，民化其德，皆归于厚也。”[④]丧葬主哀，祭祀主敬，慎终追远，能够使民德归厚，体现出孔子的丧葬观念，关注的是丧葬的伦理价值。这种丧事主哀的思想对后世影响甚大，似乎已成为中国人的一个心理特征，它含有合

---

① 《后汉书》卷109《任末传》，第2572页。

② 袁宏：《后汉纪》卷13《孝和皇帝纪》，文渊阁《四库全书》影印本，第303册，第642页。

③ 杨伯峻：《论语译注》，第188页。

④ 阮元：《十三经注疏·论语注疏》，中华书局影印本，第2458页。

乎情理的一面,但提倡"三年久丧",却更多地为后世的厚葬之风提供伦理道德方面的理论基础。孔子关于丧葬的主张和思想,经过孟子、荀子的进一步发挥,在"罢黜百家,独尊儒术"的汉代社会里,对于汉代的丧葬礼俗、丧葬观念乃至于铭功颂德的诔碑文体的产生,都具有重要的影响,尤其是将它与孝道联系起来,厚葬为孝的观念从此便牢牢树立,厚葬的风气在汉代社会流行开来。

厚葬,不仅导致了统治者内部进行无休止的奢侈竞争,而且给社会和民众带来严重的影响和危害,厚葬虚耗资财,费功伤农,使贫穷百姓竭家尽业,同时也引起盗墓的恶果。丧葬原本是让死者入土为安,但以财富随葬却引来盗墓者的觊觎,使亡者尸骨曝野,这是违反孝子的初衷的。盗墓之事自古即有,而汉代盗墓,从王充的《论衡》可知①,饥荒年景里有数以千计的盗贼靠盗墓为生,而《后汉书》中亦多处有记载②,有人想厚葬,又惧盗墓者光顾,因此颇费心思。据《水经注》载,冠军县东,"有魏征南军司张詹墓,墓有碑,碑背刊云:'白楸之棺,易朽之裳。铜铁不入,凡器不藏。

① 黄晖:《论衡校释》卷21《死伪篇》云:"岁凶之时,掘邱墓取衣物者以千万数。"第907页。

② 《后汉书》卷86《陈球传》云:"且冯贵人冢墓被发,骸骨暴露,与贼并尸,魂灵污染,且无功于国,何宜上配至尊?"郝经《续后汉书》卷80上载永康元年段颎《复上言东羌事》云:"中兴以来,羌寇最盛,诛之不尽,虽降复叛。今先零杂种,累以反覆,攻没县邑,剽略人物,发冢露尸,祸及生死。"《全后汉文》卷86张纮《为孙会稽责袁术僭号书》云:"董卓擅废置,害太后弘农王,略烝宫人,发掘园陵,暴逆至此。"《全后汉文》卷92陈琳《为袁绍檄豫州》云:"又梁孝王先帝母昆,坟陵尊显,桑梓松柏,犹宜肃恭。而操率将吏士,亲临发掘,破棺裸尸,掠取金宝,至令圣朝流涕,士民伤怀。操又特置发丘中郎将、摸金校尉,所遇隳突,无骸不露,身处三公之位,而行桀虏之态,污国虐民,毒施人鬼。"屡次提到坟墓被掘,可见汉末盗墓是一个严重问题。

嗟矣后人,幸勿我伤!'自后古坟旧冢,莫不夷毁,而是墓至元嘉初,尚不见发。六年大水,蛮饥,始被发掘,说者言,初开金银铜锡之器,朱漆雕刻之饰,烂然有一朱漆棺,棺前垂竹帘,隐以金钉,墓不甚高,而内极宽大。"①虽然碑上虚设白楸之言,而墓中却实以金银宝器,骗过盗墓者一时,但最终依然未能逃脱厄运。因此薄葬者反对厚葬,常以此为口实。

基于厚葬所造成的种种危害和影响,统治者不得不下诏严禁厚葬,尤其是在厚葬之风愈演愈烈的东汉时期,光武帝、明帝、章帝、和帝、安帝均下诏申饬有司,严明法禁。而一些清醒的士人也纷纷起来反对厚葬,提倡薄葬。

汉代倡导薄葬者,从史书来看,西汉时期有杨王孙、张临、朱云、龚胜、刘向,东汉时期有祭遵、王充、王堂、羊续、樊宏、袁闳、梁商、郑玄、张霸、周磐、赵咨、李固、朱宠、王符、东海龚王、张酺、何熙、崔瑗、马融、卢植、张奂、郦炎、赵岐、孔僖、符融、范冉、谢夷吾等。这些人抨击厚葬风俗,提倡薄葬,不仅出于国计民生的考虑,而且同他们所持的生死观念、价值观念有密切联系,提倡薄葬者对于死亡多抱有自然主义的态度,一般倾向于拒绝灵魂不灭的说法。如汉武帝时的杨王孙。当时厚葬成风,杨王孙病困时嘱咐诸子,希望用"裸葬"。其子不解,向杨王孙友人祁侯求助。祁侯致信杨王孙,信中说:"窃闻王孙裸葬,令死者无知则已,若其有知,是戮尸于地下,将裸见先人,窃为王孙不取也。"祁侯反对裸葬,显然是遵从相信死后有知的传统信仰,这种信仰为厚葬提供了理论

① 王国维:《水经注校》,第943页。

依据。而王孙回信曰:“盖闻古之圣王,缘人情不忍其亲,故为制礼,今则越之,吾是以裸葬,将以矫世也。夫厚葬诚亡益于死者,而俗人竞以相高,靡财单币,腐之地下。或乃今日入而明日发,此真与暴骸于中野何异!且夫死者,终生之化,而物之归者也。归者得至,化者得变,是物各反其真也……夫饰外以华众,厚葬以鬲真,使归者不得至,化者不得变,是使物各失其所也。且吾闻之,精神者天之有也,形骸者地之有也。精神离形,各归其真,故谓之鬼,鬼之言归也。其尸块然独处,岂有知哉?”[①]杨王孙的生死观深受庄子“返真”思想的影响,认为死亡乃万物返真、自然变化的一个过程,而厚葬则妨碍了返真。因此他甩掉一切世俗的羁绊,坚定不移地实行裸葬,以此来反抗费财厚葬的世风,是需要有一定的精神和勇气的,他的言行具有相当进步的历史意义,也成为汉人心目中的薄葬榜样。

东汉时期王充在《论衡》中有不少篇幅谈论薄葬问题,从《论死篇》到《薄葬篇》(共六篇),加上《祀义篇》、《祭意篇》,集中论述了“死人无知,厚葬无益”的思想,对当时社会上流行的厚葬、祭祀等迷信活动进行了抨击和批判,并阐明自己的生命观念。《论死篇》云:“人之所以生者,精气也,死而精气灭,能为精气者,血脉也。人死血脉竭,竭而精气灭,灭而形体朽,朽而成灰土。”[②]他自述撰作目的为:“今著《论死》及《死伪》之篇,明人死无知,不能为鬼,冀观览者将一晓约葬,更为节俭。”[③]在书中,他把厚葬之风与

① 《汉书》卷67《杨王孙传》,第2908页。

② 黄晖:《论衡校释》卷20《论死篇》,第871页。

③ 黄晖:《论衡校释》卷29《对作篇》,第1184页。

墨家的有鬼论和儒家的孝义观联系起来分析，认为墨家的错误在于有鬼论与薄葬论的自相矛盾，而儒家的错误在于“不明死人无知之义”，“惧开不孝之源”，因而导致“竭财以事神，空家以送终”的厚葬之风。只有彻底打倒鬼神迷信，才能完全坚持薄葬。他的分析充分显示了其思想方法的深刻性和独到性，使两汉的薄葬思想得到了理论升华。

其他倡导薄葬者如崔瑗、赵咨等也持有同样的观念。如崔瑗遗嘱其子：“夫人禀天地之气以生，及其终也，归精于天，还骨于地。何地不可藏形骸，勿归乡里。其赗赠之物，羊豕之奠，一不得受。”①赵咨（卒于灵帝时期）临终，自已买了小素棺，并聚二十石干土。随后告诉属下，亡后他应穿旧衣，先置土于棺，然后将尸体放在土上，使之速朽返土。并遗书家人云：“夫含气之论，有生必终，盖天地之常期，自然之至数。是以通人达士，鉴兹性命，以存亡为晦明，死生为朝夕，故其生也不为娱，亡也不知戚。夫亡者，元气去体，贞魂游散，反素复始，归于无端。既已消仆，还合粪土。土为弃物，岂有性情。”②他们明确表达了自己对死亡的立场和看法，希望子女能够理解并遵从遗愿薄葬自己。他们决定处理自己形骸的方式，本质上是基于自然主义生命观的坚实立场，这是继承了之前由杨王孙开创的传统。

在东汉时期，尤其是从东汉顺帝以后，越来越多的士人对于厚葬的抵制，对于薄葬身体力行的提倡，体现出人们对于生命的

① 《后汉书》卷52《崔瑗传》，第1724页。
② 《后汉书》卷39，第1314页。

理性思考,对生命价值的探寻,体现出士人的觉醒。而作为丧葬礼制重要内容、在儒家孝道观念和厚葬风气催生下的汉代墓碑上,也透露出这种信息,为我们研究这一时期士人的生命观念和生命自觉意识提供了更多有力的证据。

如《车骑将军冯绲碑》云:"将军体清守约,既来归葬,遗令坟茔取藏形而已,不造祠堂。"[①]《朱穆坟前方石碑》载朱穆临终遗令"古者不崇坟,不封墓,祭服虽三年,无不于寝,今则易之。吾不取也。尔其无拘于俗,无废于诚。"[②]《陈寔碑》一云:"临没顾命,留葬所卒,时服素棺,椁财周梓,丧过惟约,用过乎俭。"[③]碑文是对于生命的礼赞,在对亡者学行勋绩的颂扬中,展示了其生命存在的价值,集中体现了儒家立德、立功、立言以求不朽的社会价值观念。而在有限的篇幅中,除了记载亡者的德业之外,叙及亡者对于自己后事处理时薄葬从俭的遗愿,将其作为美德宣扬。这本身就表明了作者的态度,显现了薄葬运动的影响。

第二节　汉碑与汉代士人的社会价值观念

既然生命如此短暂,死亡不可避免,那么人在世间的存在又有什么意义?人生的价值究竟体现在哪里,人究竟应该怎样度过一生?在时光的逼促下,在现实的苦闷中,有人激励自己"何不策高足,先居要路津",尽早"立身",求得荣名;有的人主张及时行

① 严可均校辑:《全后汉文》卷100,第1014页。

② 严可均校辑:《全后汉文》卷75,第882页。

③ 严可均校辑:《全后汉文》卷78,第892页。

乐，高唱"昼短苦夜长，何不秉烛游？为乐待及时，何能待来兹"；有的人在坟墓前感慨"服食求神仙，多被药所误。不如饮美酒，被服纨与素"。无论这些呼声是颓废的还是积极的，是庸俗的还是高尚的，都体现出对个人人生价值的肯定与追求。汉碑的存在本身就表明了一种超越死亡的努力，它不仅表达了人们对生命消逝的惋惜与悲悼，而更重要的是揭示生命存在的价值和意义，正是这些，使逝者的精神获得了永生，虽然"人生在世，寿无金石"，但"身潜名彰，显于后叶"①。"身殁而行明，体亡而名存"、"自古皆死，先民有呈。殁而不朽，盖谓合声。建石立碑，显扬洪贞。摅抒功美，表示后生。魂而有知，万□熙宁。"②肉体消亡，但死者建立的德业荣名却将万古流芳，永垂不朽，这难道不是人生的最大意义吗？

两汉时期，统治者所提倡和推行的是以儒家思想为核心的观念系统，并以此为基础，建立了两汉政治、经济、法律、教育等一整套体制，使整个社会的价值观念、道德观念都带有鲜明的儒家色彩。汉武帝"罢黜百家，独尊儒术"，儒学发生了由先秦的诸子之学到官学的根本性转变，实现了与大一统专制皇权的结合。儒学被立为官方意识形态，使得在政治领域中，一方面，通晓儒经成为入仕以及仕进通达的重要途径。另一方面，儒家的道德准则也成为选官的重要标准。"如果说，将儒家经典树为国家教育的权威课本，对儒家价值观的确立起的是潜移默化的渗透作用的话，那

① 《隶释》卷10《童子逢盛碑》，第114页。

② 严可均校辑：《全后汉文》卷103《冀州从事郭君碑》，第1030页。

么选官领域中对通晓儒经和践行儒家道德准则的要求,则是将教育的长期性、隐性、文化理想性,与政治利益的现实性、显性、功利性紧密结合在了一起,这对于引导整个社会的价值倾向具有深刻的影响力。”①整个士阶层,甚至未接受教育的普通民众,都在耳濡目染中深受儒家人生价值观的渗透熏陶,最后自觉不自觉地将其转化为一种内在的信仰力量。

汉碑是儒家重丧观念的产物,凝聚着儒家的生命价值观念。碑文对于生命的礼赞,是人类为自己有限的悲剧性存在建构起的一套意义解说的符号系统。借助于此,人类把自己短暂的生命存在与某种超然神圣的终极价值象征联系起来,使生命存在获得一种意义,一种神圣的光彩,一种慰藉灵魂的终极关怀。它既展示和弘扬了亡者的生命价值,也体现出汉代社会的价值取向和社会风尚。它突出了生命的社会价值,尤其是社会伦理道德价值,真实呈现了汉人以德、孝为尚,以经明兴修、化导天下为重的生命价值观念。人的生命是有限的,而德业则可以超越有限的生命而不朽。正因如此,歌颂德业使亡者名垂不朽的碑文应运而生。在这种争相立碑颂德的风尚中,这种生命价值观念又得到了更为广泛的传播,无疑又强化了尽孝、立德的生命价值追求。

现存汉碑,绝大多数是为官吏而树。福井佳夫在《关于碑的文体——以蔡邕作品为中心》中说:“通览蔡邕碑文中所出现的人物,首先值得注意的是,碑文的主人公很少有以生活中原形出现

① 郝虹:《儒学的官方意识形态化与东汉党人的人生价值观》,载葛志毅主编:《中国古代社会与思想文化研究论集》,2004年,第230页。

的，大多数是被定形化以后登场的……也就是说，这些被描写的人物大多是当时符合儒教规范的理想化人物。"[①]福井佳夫说得很对，通过碑文这一视角，可以了解到汉末的社会风尚和品评人物的标准，都带有浓厚的儒学色彩。不仅蔡邕碑文，汉碑中绝大多数的人物都是如此。正如陈寅恪先生概括曰："东汉士人其为学也，则从师受经，或游学京师，受业于太学之博士。其为人也，则以孝友礼法见称于宗族乡里，然后州郡牧守京师公卿加以征辟，终致通显。故其学为儒家之学，其行自必合儒家之道德标准，即仁孝廉让等是。"[②]从汉碑中可以看到，这些士大夫从小研习经书，在经学思想的熏陶下践行着儒家传统的道德规范，有着共同的人生理想和价值观，从而展现出了大致相似的人生轨迹。

一、经明

汉代儒学独尊和统治者的崇经用士，为儒生实现自己的人生价值和政治理想构建了一个平台，除了在孝廉、贤良方正等科选举中强调经学外，又有明经一科，通晓儒经成为入仕以及仕进通达的康庄大道。正如汉博士夏侯胜所言："士病不明经术；经术苟明，其取青紫如俯拾地芥耳。"[③]当韦贤、韦玄成父子相继以明经历位而至丞相，邹鲁之地为之谚曰："遗子黄金满籝，不如一经。"[④]反映了这一阶段总体的社会心态和风尚。西汉时，孔安国、贡禹、夏侯胜、张禹、平当均以明经为博士，贡遂以明经为昌邑郎中令，眭

① 载《中京大学文学部纪要》第22卷第2号，1987年。

② 陈寅恪：《金明馆丛稿初编》，上海古籍出版社1980年版，第42页。

③ 《汉书》卷75《夏侯胜传》，第3159页。

④ 《汉书》卷73《韦贤传》，第3107页。

弘、翟方进以明经为议郎，召信臣、王嘉以明经射策甲科为郎，盖宽饶、诸葛丰以明经为郡文学，这些人都成为西汉名臣。降至东汉，经学更盛，光武帝曾多次亲自召选明经儒生，章帝、安帝、顺帝、质帝、灵帝时均有明文规定，对能通经者鼓励赏进，待以厚遇。在此种社会氛围的激荡下，结童入学，皓首穷经，上者可以致位通显，下者则能设帐授徒，儒学之盛，蔚然成风。

统治者对经学的提倡不遗余力，受干禄求仕、立身扬名思想的驱使，人们争相治经，通经入仕成为人们的价值取向。因此在汉碑中，对于碑主的经学修养和学术活动往往详加论述。这些为东汉经学的研究提供了宝贵资料，对于全面认识东汉经学发展的全貌及其主要特征有着重要的意义，从中我们可以看出：

1. 汉代经学重师承家法

经典的确立，以及一个完整的传授系统，是一个学派的纯正性与神圣性必不可少的保证。因此汉人重师法与家法便是顺理成章的事。尽管皮锡瑞对一经分立诸家，一家又有诸说的现象表示过不满。[①] 但在一个口传笔录的年代，如果没有对经典师长的膜拜，学说的传播和发展就会非常困难。西汉时曾立今文五经十四博士，各置弟子员，教于太学。王莽当政时增立古文经《左氏春秋》、《毛诗》、《逸礼》、《古文尚书》和《周礼》博士。至光武帝中兴，又恢复今文十四博士之制。古文经只是曾在很短的时间内立于学官，所以在汉代立于学官的今文经非常流行。汉碑所载，均

---

① 皮锡瑞：《经学历史》，中华书局 2004 年版，第 50 页，皮氏云："可见汉时之争请立学者，所见甚陋，各怀其私。一家增置，余家怨望；有深虑者，当豫绝其萌，而不可轻开其端矣。"

为今文经学流派,《春秋》有严氏《春秋》冯氏章句、颜氏《春秋》、《春秋》公羊氏;《诗经》有韩《诗》、鲁《诗》;《易》有京氏、梁丘,《尚书》有欧阳、小夏侯,以习《春秋》、《诗经》、《尚书》者为多,以习《礼》者最少。今文经重视家法流派,因此在汉碑中往往记载碑主所治为某经某派,表明渊源所自。

《严䜣碑》:"祖考相承,招命道术,治严氏《春秋》冯君章句。"[①]《从事武梁碑》:"治韩《诗经》,阙帻传讲,兼通河洛诸子传记。"[②]《汉泰山都尉孔宙碑》:"天资醇嘏,齐圣达道,少习家训,治严氏《春秋》。"[③]《司隶校尉鲁峻碑》:"治鲁《诗》,兼通颜氏《春秋》。"[④]《繁阳令杨君碑》:"世授《尚书》,为国师辅。君述而好古,少传祖业。"[⑤]《豫州从事尹宙碑》:"治公羊《春秋经》,博通《书》传。"[⑥]《汉成阳令唐扶颂》:"斑字宣高,修《春秋》严氏,大子让公谦袭斑业,次龚叔谦治《尚书》欧阳,次廉仲修小夏侯。"[⑦]《汉故榖城长荡阴令张君表颂》:"孝弟于家,中謇于朝,治京氏《易》。"[⑧]《巴郡太守樊敏碑》:"总角好学,治《春秋》严氏经。"[⑨]《绥民校尉熊君碑》:"治欧羊《尚书》,六日七分。……治《易》梁丘,《春秋》

① 严可均校辑:《全后汉文》卷98,第1002页。
② 《隶释》卷6,第75页。
③ 《隶释》卷7,第81页。
④ 《隶释》卷9,第100页。
⑤ 同上书,第104页。
⑥ 严可均校辑:《全后汉文》卷103,第1028页。
⑦ 《隶释》卷5,第61页。
⑧ 严可均校辑:《全后汉文》卷105,第1038页。
⑨ 《隶释》卷11,第128页。

公羊氏，综览百家，无所不甄。"①

这种重视师承流派，严守家法的风气，自西汉昭帝、宣帝以下日甚，它根源于朝廷以禄利劝学所导致的各学派之间的竞争，这种学术竞争在一定程度上推动了学术本身的发展，也导致了家法日孳、章句愈繁、拘守师说等一些弊端的产生。

东汉前期，在光武、明、章三世的提倡下，经学进入极盛时代，但是此期学风也常为后世诟病者，集中于家法日益滋生、章句之学繁琐二端。经生严遵师法、家法，拘守师说，使经典本义沦没不传而徒存虚说浮文，对此王充批评曰："儒者说五经多失其实：前儒不见本末，空生虚说；后儒信前儒之言，随旧述故，滑习辞语；苟名一师之学，趋为师教授，乃时蚤仕，汲汲竞进，不暇留精用心，考实根核，故虚说传而不绝，实事没而不见，五经并失其实。"②而章句之学的繁琐，应劭《风俗通义序》谓之"训注说难，转相陵高，积如丘山，可谓繁复者矣"③。这种固陋之风，其根源在朝廷以禄利劝学的政策。班固在《汉书·儒林传》中已指出："传业者浸盛，支叶藩滋，一经说至百余万言，大师众至千余人，盖禄利之路然也。"④竞进之心是导致经生固守师说的原因，而朝廷数度增设博士官也加剧了师法、家法之间的竞争和分歧。

东汉中期，出于对日益滋生的家法和章句之学渐趋繁琐的不满，以马融、郑玄、卢植为代表的一些有识之士，开始冲破家法，兼

---

① 《隶释》卷11，第131页。

② 黄晖：《论衡校释》卷28《正说篇》，第1123页。

③ 严可均校辑：《全后汉文》卷33，第658页。

④ 《汉书》卷58，第3620页。

览博通，在朝野间兴起一股新的治学风气。在这种学风的鼓荡下，学者不再专治一经，而扩大了治学范围，往往兼通数经，并采今、古文，显示出一种沟通、融合的趋向。在东汉碑文中，这种广览博识的学术潮流亦体现得较为明显。《执金吾丞武荣碑》："治鲁《诗经》韦君章句，阙帻传讲《孝经》、《论语》、《汉书》、《史记》、《左氏国语》，广学甄微，靡不贯综。"[①]《中常侍樊安碑》："君幼以好学，治韩《诗》、《论语》、《孝经》，兼通纪传古今异议。"[②]《车骑将军冯绲碑》："治《春秋》严、韩《诗》、仓氏，兼律大杜。"[③]《淳于长夏承碑》："治《诗》、《尚书》，兼览群艺，靡不寻畼。"[④]《陈留太守胡硕碑》："总角入学，治孟氏《易》、欧阳《尚书》、韩《诗》，博综古文，周览篇籍，言语造次，必以经纶。"[⑤]由汉碑记载可证，此时学者的治学范围，除了立于学官的儒家经典之外，还旁及史传、法律、古文等，博涉群经，出入古今。这种融合兼通的治学方法，使学者从专攻一经，固守师说，"白首而后能言"的困局中解脱出来，受到广大经生的欢迎。

2. 经学的谶纬化

东汉谶纬大盛，在理论和实践层面都有了膨胀式的发展，其根本目的就是要用渲染神秘性来论证刘氏得天下的合理性。谶，是神预示人间吉凶祸福的政治性的启示或预言。它起源较早，在

---

① 《隶释》卷12，第139页。

② 《隶释》卷6，第78页。

③ 严可均校辑：《全后汉文》卷100，第1014页。

④ 《隶释》卷8，第94页。

⑤ 严可均校辑：《全后汉文》卷75，第882页。

春秋战国时就已经出现。如《史记·赵世家》载:秦穆公尝病,七日而寤,曰:“我之帝所甚乐……帝告我:‘晋国将大乱,五世不安;其后将霸,未老而死;霸者之子且令而国男女无别。’公孙支书而藏之,秦谶于是出矣。”这是较早的谶语。还有后来出现的所谓“亡秦者胡也”等谶语,都是一些预言国家兴亡和君主吉凶祸福的话。而纬出现较晚,是针对经而言的,是对于经学所作的神学的解释,并把这种解释托之于孔子。它是在汉代“罢黜百家,独尊儒术”、确立了经学唯我独尊的官方学术和政治指导思想的地位之后,经学与政治结合,儒家经典不断被神化之后的产物。董仲舒曾提出“名号以达天意”的理论。根据此种理论,儒家经典的每句话每个字,都是圣人表达天意的符号。这种理论预定了经学的发展方向,那就是不断神化圣王、神化孔子,使儒家经典不断神秘化,从而导致了经学的谶纬化。根据汉代儒生的说法,孔子作了《易》、《书》、《诗》、《礼》、《乐》、《春秋》六经,又作了一些补充的著作,即《易纬》、《书纬》、《诗纬》、《春秋纬》等等。这些纬书与谶合而为一,其中有很多妖妄之词,因为有图有书,又称为“图谶”、“图纬”,其主要内容是符命、预言,神化刘氏政权,为统治阶级服务。

西汉哀、平之际,由于当时严重的社会危机,豪强、宗室以及外戚为争夺政权展开了尖锐复杂的斗争,谶纬成为各种政治势力使用的工具,出于各种政治目的而编造的谶纬大量出现。之后,王莽利用谶纬代汉,取得成功。光武帝刘秀亦使用图谶作为受命的根据,后来并宣布“图谶于天下”,谶纬上升为国宪,享有神圣的地位。从此以后,谶纬泛滥,士人不仅要博贯五经,而且要兼明图谶，才能仕途亨通。而像桓谭那样“不读谶”，且在皇帝面前极言谶纬之非的人，差点丢了性命，毕竟是少数不识时务的“迂腐之士”罢了。

因此东汉文士无不通经综纬，以为晋身之阶，这种情况在汉碑所载学者的治经内容中亦体现出来。《汉成阳令唐扶颂》：“耽道好古，敦书咏诗，综纬河雒，底究群□。”①《国三老袁良碑》：“典郡职重，亲执经纬，隐括在手。”②《玄文先生李休碑》：“少以好学，游心典谟，既综七经，又精群纬，钩深极奥，穷览圣旨。”③《冀州从事张表碑》：“该览群纬，靡不究穷。”④《太尉刘宽碑》：“根经纬，综精微，诲童冠而不倦。”⑤《小黄门谯敏碑》：“其先故国师谯赣，深明典隩谶录图纬，能精微天意。”⑥《绥民校尉熊君碑》：“君立□唯仁，与祖父治欧羊《尚书》，六日七分。”⑦《太尉杨震碑》：“博学甄微，靡道不该。又明《尚书》欧阳，河洛纬度，穷神知变，与圣同符。”⑧《广汉属国侯李翊碑》：“通经综纬，兼究古雅。”⑨儒生不再纯粹研习儒家经典，充满迷信神学观念、具有浓厚神学意味的纬书如河图洛书、六日七分之类同样也要精通。同时，在汉碑的文字中，我们更能直接看到谶纬的一些内容。如《鲁相韩敕造孔庙

① 《隶释》卷5，第61页。
② 《隶释》卷6，第70页。
③ 严可均校辑：《全后汉文》卷75，第881页。
④ 《隶释》卷8，第92页。
⑤ 《隶释》卷11，第124页。
⑥ 同上书，第126页。
⑦ 同上书，第130页。
⑧ 《隶释》卷12，第136页。
⑨ 《隶释》卷5，第102页。

礼器碑》铭云:“皇戲统华胥,承天画卦;颜育空桑,孔制元孝;俱祖紫宫,太一所受。”[①]《鲁相史晨祠孔庙奏铭》:“昔在仲尼,汁光之精,大帝所挺,颜毋毓灵。承敝遭衰,黑不代仓……趣作端门,见征血书。著纪黄玉,为汉制道,审可行,乃作《春秋》,复演《孝经》,删定六艺,象与天谈。钩河擿洛,却揆未然。”[②]《帝尧碑》:“帝尧者,盖昔世之圣王也。其先出自塊隗,翼火之精,有神龙首出于常羊……名纪,见乎河雒,爰嗣八九,庆都与赤龙交而生伊……自侯伯游于玄河之上,龙龟负衔投钤受与,然后尧乃受命。”[③]孔子乃颜氏梦与黑帝交配而生,生于空桑,鲁端门血书化为演孔图,为汉制作;尧乃庆都与赤龙交配而生;华胥生伏羲,承天画卦等等传说,均出于汉代儒生为神化经书所编造的纬书之中。

经学的谶纬化,为士人对东汉王朝的忠诚提供了一种理论依据,即刘姓为王是天意,臣子只有忠于它的义务,因此受到统治者的青睐和提倡。谶纬赋予经典更多的权威和神化。但同时由于纬一般附会于五经,对经典的解释过于随意与荒诞,反过来也损害了经典的权威性,经学的学术性和规范性受到削弱,导致了后来官方经学的衰落。而从上述汉碑的记载中可以看到,私家传授同样也受到官学这种谶纬风气的影响和浸染。

3. 私学兴盛

汉代经学繁盛,经学的传授基本上以官学和私学为主要途径。官学中以京师太学为基地,设“五经”博士,招纳弟子。而民

① 《隶释》卷1,第19页。

② 同上书,第23页。

③ 同上书,第13页。

间私学,多为造诣精深的名儒经师大儒担纲讲授。到东汉末期,一方面学者人数大增,太学诸生人数增至三万余人;另一方面,"博士倚席不讲,儒者竞论浮丽","章句渐疏,儒者之风衰矣"。官方的经学停滞衰落,给在野的私学兴起提供了发展空间。汉代朝野,可谓空前。据有人统计[①],授徒千人甚至万人的私学约 27 家,其中 25 家教授经学,如吴章以《尚书》教授"弟子千余人"[②],樊倏以公羊严氏《春秋》"教授门徒前后三千余人"[③];牟长以欧阳《尚书》教授,"诸生讲学者常有千余人,著录前后万人"[④]。东汉时私学风气之普遍,传经授徒规模之宏阔,从汉碑中亦可得到印证。

《琅邪王傅蔡朗碑》:"既讨三五之术,又采二南之业,以鲁《诗》教授,生徒云集,莫不自远并至。"[⑤]《郯令景君阙铭》:"治欧阳《尚书》,传祖父河南尹、父步兵校尉业,门徒上录三千余人。"[⑥]《太尉杨秉碑》:"公承夙绪,世笃儒教,以欧阳《尚书》、京氏《易》诲授,四方学者,自远而致,盖逾三千。"[⑦]《太尉杨震碑》:"鸿渐衡门,群英云集,咸共饮酌其流者,有逾三千。"[⑧]《彭城姜肱碑》:"及其学而知之者,三坟五典,八索九丘,俯仰占候,推步阴阳,有名物定事之能,独见先睹之效。然犹学而不厌,诲而不倦,童冠自远方

---

① 李学娟:《略论两汉私学中的经学传授》,《当代教育科学》2003 年第 7 期。
② 见《汉书》卷 67《云敞传》,第 2927 页。
③ 《后汉书》卷 32《樊儵传》,第 1125 页。
④ 《后汉书》卷 79《牟长传》,第 2527 页。
⑤ 严可均校辑:《全后汉文》卷 75,第 880 页。
⑥ 《隶释》卷 6,第 70 页。
⑦ 严可均校辑:《全后汉文》卷 75,第 882 页。
⑧ 《隶释》卷 12,第 136 页。

而集者，盖千余人。”[①]杨震、子杨秉、孙赐、玄孙彪，史书有传，四世太尉，德业相继，世传欧阳《尚书》，为东京显族，门徒甚众自在情理之中；而景君三世传欧阳《尚书》，高第编牒至3000人，从学生徒之规模与弘农杨氏不相上下，可谓当世耆儒，而文献失载。据《司隶校尉鲁峻碑》载，鲁峻治鲁《诗》，兼通颜氏《春秋》。考以碑后题名，可知鲁峻卒后，门生前来助葬议谥者达320多人，均属籍山东、河南地区。鲁峻名不见经传，而生徒数百，桃李广布，其他名儒门下可想而知。东汉私学之盛，史书文献所不足征者，正可借汉碑以见其全貌。

在开办私学的经师中，有沉潜向学、未遑旁骛的儒生。《玄文先生李休碑》：“休少以好学，游心典谟，既综七经，又精群纬，钩深极奥，穷览圣言……退而讲诲，童冠仰焉，僔僔如也。郡署五官掾功曹，司空胡公显以儒誉，特进大鸿胪，仍优礼固请，秉让执虚，辞此三命。不为利回，不为义疚，临宠审己，不动其守，可谓纯洁皓素绰有余裕者也。”[②]《玄儒先生娄寿碑》：“荣沮溺之耦耕，甘山林之杳蔼，遁世无闷，恬佚静漠。……朝夕讲习，乐以忘忧。州郡礼请，终不回顾。”[③]有揆时度世、拒绝征辟的名士。《汝南周勰碑》：“君仰观天象，俯效人事，世路多险，进非其时，乃托疾杜门静居。里巷无人迹，外庭生蓬蒿。……强御不能夺其守，王爵不能滑其虑。”[④]《郭泰碑》：“尔乃潜隐衡门，收朋勤诲，童蒙赖焉，用祛其

① 严可均校辑：《全后汉文》卷76，第887页。
② 严可均校辑：《全后汉文》卷75，第881页。
③ 《隶释》卷9，第103页。
④ 严可均校辑：《全后汉文》卷75，第881页。

蔽；州郡闻德，虚己备礼，莫之能致。”[①]一些官员在出仕之前或退隐之后，亦以典籍教授。《太尉杨赐碑》三：“初潜山泽，授诲童冠，后生赖以发祛蒙蔽、文其才素者，盖不可胜数。”[②]《金乡长侯成碑》：“治《春秋经》，博综书传，以典籍教授，滋滋虑真，安贫乐道，忽于时荣。”[③]《从事武梁碑》：“安衡门之陋，乐朝闻之义，诲人以道，临川不倦。”[④]

总之，从汉碑中所见资料可知，汉代私学极其繁荣，私学以传授儒家经典为主。而所授内容，也主要是立于学官的今文经学各派。同时对于大量官吏的儒学背景的记载，也反映出东汉时期官吏群体的普遍儒化。它的繁荣，反映了汉代“以经治国”政策对民间教育的引导作用。和官学一样，它适应了世人“通经入仕”的社会需求，同时也推动了儒学所倡导的伦理道德的社会化，起到了化民成俗的社会效果。私学对于儒经的普遍传播，使儒家的“仁”、“孝”观念深入人心，客观上促进了地方教化的推行和社会秩序的稳定。政府自下而上的提倡和私学成员自下而上的身体力行，使得儒学在汉代备受推崇。从山野乡民到位居朝堂者，无论是通经入仕还是隐居讲学，是潜心著述还是耕读传家，读书人受到社会下层的尊敬和社会上层的重视。“万般皆下品，唯有读书高”成为普通人人生追求的信条，重视教育、“学而优则仕”成为一种普遍的价值观念。

---

① 严可均校辑：《全后汉文》卷76，第884页。

② 严可均校辑：《全后汉文》卷78，第893页。

③ 《隶释》卷8，第93页。

④ 《隶释》卷6，第75页。

二、行修

1. 以"孝"为基础的道德体系

先秦儒家，以修身作为士的基本条件，"'修身'最初源于古代'礼'的传统，是外在的修饰，但孔子以后已转化为一种内在的道德实践，其目的和效用则与重建政治社会秩序密不可分"[①]。孔子、孟子、荀子皆强调修身，修身然后可以入仕，入仕可以弘道，最终达到治国、平天下的政治理想。《中庸》、《大学》论修身，规定了君子修身的具体内容，把修身、齐家、治国、平天下提炼为一个具有严密内在逻辑的公式，对先秦儒家的修身学说做了系统的概括总结。

儒家"修身"言论，由《礼记》上升为修齐治平理论，而"孝"则是修身的基础，"君子不可以不修身，思修身不可以不事亲"[②]，不孝不能齐其家，不能齐其家则不能治国、平天下。在汉代，由于儒学独尊和统治者的崇经用士，不仅为儒生实现自己的人生价值和政治理想构建了一个平台，而且培养了庞大的士人队伍，并给士人乃至整个社会规定了一个道德体系，而这个道德体系的基础就是"孝"。汉代倡扬孝道，从西汉初年，统治者就以减免租税徭役、任官置秩等方式，对孝悌者加以褒奖，以后历代汉帝相沿不改。统治者的提倡，儒家道德律令的要求，仕进的需要，使孝道在士人品行中的位置逐渐突出。孝行突出者可得官获禄，名利双收；孝行缺损者可能被罢官免职[③]。而东汉时选

① 余英时：《士与中国文化》，上海人民出版社2003年版，第110页。

② 杨天宇：《礼记译注》，第700页。

③ 《汉书》卷83《薛宣传》载，汉哀帝时，薛宣因"不供养行丧服，薄于骨肉"而被弹劾。《汉书》卷86《何武传》载，大司空何武因"孝声不闻，恶名流行，无以率示四方"而被策免。

官尤重孝廉，孝廉一科到东汉正式成为岁举定制，而且自和帝起，逐渐完善形成按人口比例及地方实情予以岁举的制度。在士林中因孝行获誉者史不绝书。在士大夫的观念里，“国以简贤为务，贤以孝行为首”①，孝是立身行世最基本的品质和人生要义。

因此，在为亡者树碑立传时，孝行是不可或缺的一笔。由于载体、文体的限制，碑文以咏颂为主，叙事极其简要，但在汉碑中，仍能处处看到对碑主侍奉父母生能极养，死能致哀的孝行之推许：“于时春秋高矣，继亲在堂，朝夕定省，不违子道，旁无几杖，言不称老。居丧致哀，率礼不越”②，“故其平生所能，事亲惟孝，如大舜五十而慕”③，“习与性成，孝于二亲，养色宁意，蒸蒸雍雍，虽曾闵颜莱，无以尚也”④，“方授银苻，闻母氏疾病，孝烝内发，醳荣投黻，步出城寺，衣不暇带，车不俟驾，载驰□□，躬亲尝祷。追纵曾参，继迹乐正，百行之主，于斯为盛”⑤，“初□妣忧，勤思尽情。及继母嗣承，慈爱如前。养则竭力，克勤和颜，名显近远，论者称焉”⑥，“遭公夫人忧，憔悴消形，齿不见口”⑦。在碑主的履历中，凡以“孝廉”仕进者碑文必书，以为荣耀。初步统计，流传至今、内容完整的70多方汉代官吏碑，有超过半数人出身孝廉，有的人甚

① 《后汉书》卷26《韦彪传》，第917页。
② 严可均校辑：《全后汉文》卷76《太傅胡广碑》一，第885页。
③ 同上书《彭城姜肱碑》，第887页。
④ 严可均校辑：《全后汉文》卷75《陈留太守胡硕碑》，第882页。
⑤ 《隶释》卷11《高阳令杨著碑》，第133页。
⑥ 《隶释》卷9《广汉属国侯李翊碑》，第102页。
⑦ 《隶释》卷10《安平相孙根碑》，第115页。

至两次或者三次被察举孝廉[1]，有的一门之中先后有五人举孝廉[2]，有弟兄八人举孝廉者[3]。孝廉任用，或为郎官，再迁为尚书、侍御史、侍中、中郎将等；或为令、长、丞、尉，以至太守、刺史。在汉碑中尤以后者居多，出任令长、太守、刺史，多经由举孝廉、除郎中而来，似乎已成为东汉中后期的一条仕进坦途。从汉碑记载可见东汉孝廉一科之盛，亦可知时人对孝廉之看重。

尤其可异者，汉碑中往往对碑主升任要职时间不载，而有时却特意记其举孝廉之年岁，如《武氏石阙铭》云："开明字宣张，仕济阴，年二十五，曹府君举孝廉。"[4]《冀州刺史王纯碑》："永和二年，察孝廉。"[5]《费凤别碑》："年三十一，举孝廉，拜郎中。"[6]《汉故执金吾武荣碑》："年三十六，汝南蔡府君察举孝廉。"[7]初看不解，后遍检有关史料，方知在汉顺帝阳嘉元年以后，采纳尚书左雄建议，令郡国举孝廉，限年四十以上[8]。而武氏、王纯、费凤、武荣据碑所载年月推算，举孝廉时间均在阳嘉元年之后，而且未届不惑，属于左雄所言"自令孝廉不满四十，不得察举"的范围，但之

---

① 《郃阳令曹全碑》、《司隶校尉杨淮碑记》、《彭城姜肱碑》载碑主曾两次察举孝廉。

② 《隶释》卷12《赵相雍劝阙碑》，第141页。

③ 《北军中侯郭仲奇碑》载："君惠兄竹邑侯相，次尚书侍郎，次济北相，顺弟临沂长，次徐州刺史，次中山相，次洛阳令，咸以孝廉，公府茂选。贞亮皦白，翼翼英彦，配周之八。"郭仲奇兄弟八人均为孝廉。

④ 严可均校辑：《全后汉文》卷98，第1001页。

⑤ 《隶释》卷7，第80页。

⑥ 《隶释》卷9，第108页。

⑦ 《全后汉文》卷101，第1016页。

⑧ 《后汉书》卷6《顺帝纪》，第261页。

所以得察举，应是符合“若有茂才异行，自可不拘年齿”之选[①]，清声美行，阐形远近，故碑特志其年齿，以示殊荣。而汉碑中比比皆是的“以父忧去官”、“以母忧离职”者，更是汉代孝道的重要体现。

汉代以孝治天下，以孝廉取士，即把孝道观念，全面根植于国家制度、人才教育、政治思想、道德风尚等各个领域，成为维系封建统治的精神支柱。当时对于巩固和加强中央集权的政治制度有一定的积极作用。孝原本是一种发自内心的真情实感，而汉代孝已不仅是一种家庭伦理道德，而发展到治国理民的高度，其功能被无限放大。这种教化“让人之道德，受德目之规定，从性讲成了行，渐渐昧失了道德之内在本原”[②]，因此在汉末弊端丛生，虚伪增长，所谓“举秀才，不知书；察孝廉，父别居”[③]（《抱朴子·审举篇》）。但统治者通过确立孝廉取士的制度，对社会产生了广泛的影响。孝是立身行世最基本的品质，是汉代士人人生价值观念中的一个重要内容，这一点在汉碑中也得到了充分的展示。

2. 清廉

在汉代的观念中，对于士人的清廉非常看重，而清廉也是士人修身的主要内容。据应劭《汉官仪》载，汉代选举四科取士，“一曰德行高妙，志节清白；二曰学通行修，经中博士；三曰明达法令，足以决疑，能按章覆问，文中御史；四曰刚毅多略，遭事不惑，明足

---

① 《后汉书》卷61《左雄传》，第2020页。

② 钱穆：《略述刘劭人物志》，《中国学术思想史论丛》卷3，安徽教育出版社2004年版，第51页。

③ 葛洪：《抱朴子·审举篇》，诸子集成本，中华书局1954年版，第127页。

以决,才任三辅令。皆有孝悌廉公之行"[①]。四条标准中,把德行放在首位,可见汉代官吏廉洁品质的重视。在汉代大多数士大夫的观念里,蓄积家产,生活奢华只能破坏人格的洁白和完整。他们奉守"士志于道,而耻恶衣恶食者,未足议也"[②]的孔门之训,轻视物质,珍重清正廉洁之德,以敦厚素洁、笃行廉正的生活方式向社会展示着自己的道德人格。尤其是东汉后期,外戚宦官交替专权,贪婪污浊,搜刮聚敛,因此士大夫更是自觉以为官清正、廉明作为人生的目标,以激垢浊而扬清。

在汉代史书记载的事例中,杨震、杨秉父子的"四知""三不惑"最具有代表性。《后汉书·杨震传》载:"杨震赴东莱任太守,途经昌邑,'故所举荆州茂才王密为昌邑令,谒见,至夜怀金十斤以遗震。震曰:'故人知君,君不知故人,何也?'密曰:'暮夜无知者。'震曰:'天知,神知,我知,子知。何谓无知!'密愧而出。"他为地方太守多年,"性公廉,不受私谒,子孙常蔬食步行"[③]。而其子杨秉亦"雅素清俭,不受馈遗,所在以淳白称,尝从容言曰:'我有三不惑:酒、色、财也。'"[④]正是这种清廉冰洁、安贫乐道、轻利重义的道德操守,造就了一批德行君子,极大影响了社会风气。王符曾言:"夫修身慎行,敦方正直,清廉洁白,恬淡无为,化之本也。"[⑤]士大夫通过自身的修行,感化民众,移风易俗,发挥了良好的政治

---

① 《全后汉文》卷34,第661页。
② 杨伯峻:《论语译注》,第37页。
③ 《后汉书》卷54《杨震传》,第1760页。
④ 同上书,第1775页。
⑤ 王符撰,王继培笺:《潜夫论》卷3《实贡篇》,第183页。

和社会效益。

因此，汉碑中对于亡者的清廉品德，往往不吝笔墨，着力赞颂。《太尉杨秉碑》："厨无宿肉，器不镂雕，夙丧嫔俪，妾不嬖御，可谓立身无过之地，正直清简该备者矣。"[①]《司空房桢碑》："门无立车，堂无宴客，衣不变裁，食不兼味。虽易之贞厉，诗之羔羊，无以加也。"[②]《太尉乔玄碑阴》："雅性谦克，不吝于利欲。虽众子群孙，并在仕次，曾无顺媚一言之求。身没之日，无获大位。在百里者，莫得好县。北方公孙，未有若兹者也。初公为舍于旧里，弟卒，推与其孤。至于即世，柩殡无所，清俭仁与之効，于斯为著。巍巍乎若德，允世之表仪也已。"[③]《太尉刘宽后碑》："公以嵩高之门，好谦俭之操，布衣粝食，涉履寒苦。……世之荣利，不滑其守。"[④]而汉碑中大多数官吏以孝廉察举，亦当是孝行、廉洁品行突出者。士人注重清廉品德的修养，以人格风范熏陶天下，从而践履"修己以安人"、"修己以安百姓"、"治国平天下"的儒家传统，这也许正是东汉形成"良吏美政"、"风俗淳厚"、为后世所大力推许的重要原因。

3. 忠直

忠君、直谏、嫉恶是汉代士大夫阶层道德价值观念在政治上的具体体现。在儒家政治理论、国家学说的作用下，各位儒家官吏都受到"敬天"、"忠君"信条的约束，以此为出发点衍化而来的

---

① 严可均校辑：《全后汉文》卷75，第882页。

② 严可均校辑：《全后汉文》卷78，第895页。

③ 严可均校辑：《全后汉文》卷77，第890页。

④ 《隶释》卷11，第124页。

是直言极谏之风的出现。汉代儒家把“天”、“道”作为最高信仰，作为绝对效忠的对象，认为“天子受命于天，天下受命于天子”，“受命之君，天意之所与也”[①]；同时又认为“天下乃天下之天下，非一人之天下也”[②]。正是基于对天的绝对服从，天子为天意所与，所以要忠君；而君主代替天统治万民，如有过失，臣下应当对“天下”负责，把直言进谏作为自己的职责和义务。在汉代士大夫看来，“人臣依义显君，竭忠彰主，行之美也”[③]，“事君之义，进思尽忠，退思补过”，“夫忠臣忧世，犯主严颜，至杀身灭家而犹为之者，何邪？君臣之义，有不可得也”[④]。随着官吏群体的儒学化，直言极谏已不是个别官吏的单独行为，而演化成了一种群体行为、一种政治风尚。尤其在东汉孝和以降，政乱主昏，风雨如晦，忠君观念尤为突出。桓、灵之时，士人中更是出现了大量舍生取义、视死如归的行为，反映了他们对汉政权的赤胆忠心。这种忠君的道德行为和实践，获得了士大夫阶层的广泛承认，成为其道德体系的重要内容。

汉代士人忠君的直接表现，是耿介不苟、直言切谏、讨恶举善。士大夫坚持理念上的君臣之义，常常以儒家标准要求君主，谏正君主，力图把皇权纳入儒家理想的“君道”，因此切谏、忠直被视为士的责任和本分，表现了人臣对国家、社稷的忠诚和维护。

---

① 董仲舒：《春秋繁露》卷10“为人者天”，文渊阁《四库全书》影印本，第181册，第768页。

② 《汉书》卷85《谷永传》，第3467页。

③ 《后汉书》卷35《曹褒传》，第1203页。

④ 《后汉书》卷43《何敞传》，第1484页。

汉碑就呈现了士大夫身上的这种品质。

《太尉乔玄碑》:“公性质直,不惮强御,在宪台则有尽规之忠,领州郡则有虎彤之威。其拔贤如旋流,讨恶如霆击。每所临向,清风先翔,远近豫震,兹可谓超越众庶彰于远迩者已。”①

《太尉杨震碑》:“立朝正色,无德不举,无恶不形。”②

《范丹碑》:“凡其事君,过则弼之,阙则补之。通清夷之路,塞邪枉之门,举善不拘阶次,黜恶不畏强御。……仕不为禄,故不牵于位。谋不苟合,故特立于时。是则君之所以立节行明,亦其所以后时失途也。”③

《太尉杨赐碑》:“及其所以匡复本朝,忠言嘉谋,造膝危辞,当事而行,言从计纳,亦不敢宣,密戒潜功,贻于帝躬。家无遗草,论者不见。嗟乎,诚为达事君之体,得人臣之上仪者已。”④

《司空房桢碑》:“治身,则伯夷之洁也;俭啬,则季文之约也;尽忠,则史鱼之直也;刚平,则山甫之励也。总兹四德,式是百辟,夙夜匪懈,以事一人。枉丝发,树私恩,不为也。讨无礼,当强暴,弗避也。是以功隆名显,在世孤特,不获恺弟宽厚之誉。”⑤

这些人不畏权势,疾恶如仇,直道而行,即使后时失途,也绝不苟合取容。他们的行为,体现了匡时救世的责任自觉,具体践履了修、齐、治、平的儒家传统。因此东汉王充指出,“案世间能建

---

① 严可均校辑:《全后汉文》卷77,第890页。

② 《隶释》卷12,第139页。

③ 严可均校辑:《全后汉文》卷77,第891页。

④ 严可均校辑:《全后汉文》卷78,第893页。

⑤ 同上书,第895页。

蹇蹇之节，成三谏之义，令将检身自敕，不敢邪曲者，率多儒生”①，“汉世直言之士，皆通览之吏（即儒者）”②。可见儒家政治思想对于官吏政治品德的影响。

三、化导天下

仕宦是男子人生价值的体现。儒家的文化传统不仅要求士人必须善其身，更重要的是兼善天下，彰显社会价值。因此，在汉代士大夫的道德操守中，独善其身并非理想人格，而自身价值必须要通过与社会群体的交融而得到最大程度的实现。一方面通过自身的道德修行影响社会群体，另一方面，利用所拥有的政治权力和文化资源，教化天下，端正世风，化民成俗，建立良好的政治和社会秩序。这才是士大夫的最终期望。

强调道德教化是儒家的文化传统。孔子曰：“导之以政，齐之以刑，民免而无耻；道之以德，齐之以礼，有耻且格。”③孟子对教化与治国的关系做了进一步的系统阐述，“善政不如善教之得民也。善政，民畏之；善教，民爱之。善政得民财，善教得民心。”④荀子也肯定教化的作用，并把美政、美俗作为士人的社会责任，“儒者在本朝则美政，在下位则美俗”⑤。两汉思想家如陆贾、董仲舒、王充、仲长统等人都强调教化的重要性和必要性。董仲舒曰：“夫万民之从利也，如水之走下，不以教化堤防之，不能止也。是故教化

---

① 黄晖：《论衡校释》卷12《程材篇》，第534页。
② 黄晖：《论衡校释》卷13《超奇篇》，第611页。
③ 杨伯峻：《论语译注》，第12页。
④ 杨伯峻：《孟子译注》卷13《尽心章句》上，第306页。
⑤ 王先谦：《荀子集解》卷4《儒效篇》，第120页。

立而奸邪皆止者，其堤防完也；教化废而奸邪并出，刑罚不能胜者，其堤防坏也。古之王者明于此，是故南面而治天下，莫不以教化为大务。”[①]班固认为：“教者，所以追补败政，靡弊溷浊，谓之治也。”[②]对于教化的作用高度推崇。

汉代统治者极其重视道德教化，通过学校教育、选官制度、政府表彰等一系列方式推行道德教化，使儒家的伦理道德观念深入人心，人们在自觉中或不自觉中逐渐接受这些观念，将其变为一种内在的信仰力量，从而起到了化民成俗的社会效果。

在职官僚士大夫重视道德教化，利用政治权力教化天下，是一种重要方式。《汉书·董仲舒传》云：“今之郡守、县令，民之师帅，所使承流而宣化也；故师帅不贤，则主德不宣，恩泽不流。”[③]西汉时期一些儒生出身的地方守令就以“承流宣化”为己任，如文翁在蜀地、韩延寿在颍川以礼教民，施行德化，因此大治。但西汉郡国守相、县令敦行教化者尚属少数。到了东汉，随着官吏群体儒学化的加深，他们利用自身为官居职的有利条件，自觉践履“先富后教”以实现礼治社会的政治设想。这种礼乐教化、“显善劝义”遂成为各级官吏的重要职责，《后汉书》中所载兼具“师”、“吏”身份的郡国守、令俯拾即是。汉碑中有相当数量的地方官吏为儒生出身，“修己以安天下”是儒家的政治理想，也是士大夫人生价值和社会价值的重要体现。因此在树碑立铭时，政绩往往是亡者一生最辉煌的一笔。而对于地方郡守、县令的美政展现，除了勤恤民

---

① 《汉书》卷56《董仲舒传》，第2503页。

② 陈立：《白虎通疏证》卷8“三教”，中华书局新编诸子集成本，第370页。

③ 《汉书》卷56，第2512页。

隐、兴利除弊的具体政绩之外，对于其推行教化的事迹更是格外注重。

《繁阳令杨君碑》云："崇德尚俭，以兴政化。和毓威恩，以移风俗。野无奸回，宿不命阍。教学吏士，精横侍者常百余人，咸训典诲。帅导以□，邻远归怀。"[①]《溧阳长潘乾校官碑》："惟泮宫之教，反失俗之礼，构筑学宫，宗懿招德，既安且宁，干侯用张。"[②]《汉成阳令唐扶颂》："造立授堂，四游童冠，抠衣受业，著录千人。"[③]《竹邑侯相张寿碑》："稼穑滋殖，国无灾祥，岁聿丰穰，皤白之老，率其子弟，以修仁义。蟊贼不起，厉疾不行，视事年载，黔首乐化，户口增多，国宁民殷，功刊王府。"[④]《巴郡太守张纳碑》："济济之仪，孜孜之踰，率厉后学，致之雍泮。"[⑤]这些地方官吏以德治民，以礼教民，根据儒家的政治理念和社会理想，结合各地的具体情况，把兴修水利、发展农业和设立学校、推行教化结合起来，把"富民"与"化民"结合起来，极大地推动了地方经济的发展和文化的传播，对于汉政权的巩固和国家、民族的统一、发展都作出了贡献。

综上所述，汉碑中记载和颂誉的士人的品行才学，体现了汉代社会的价值观念和道德风尚。"这时的碑文表明地方精英分子具有共同表现在笃行传中的价值观——孝顺、敬服和淡于名利。

---

① 《隶释》卷 9，第 104 页。

② 《隶释》卷 5，第 58 页。

③ 同上书，第 61 页。

④ 《隶释》卷 7，第 88 页。

⑤ 《隶释》卷 5，第 62 页。

当然，碑文并不表明人们实践了有教养绅士的所有这些美德，但是碑文确实表明人们共同具有一个绅士应该如何立言行事的自觉性。”①当然士人的价值观并不仅仅只有上述数种，除此之外还有很多。但碑文所传达出的主要价值观念应是最具有普遍性的。同时通过立碑这种形式的崇尚宣扬，又反过来潜移默化地影响着社会群体的行为方式和价值观念，对于当时社会形成良好的文化氛围和社会风气，引领高尚的道德风尚，起到了很好的促动和教育作用。《三国志·魏书》卷28《邓艾传》载，邓艾少年时读陈寔碑，感其品行，以至于要据碑文内容自定名字。可见一篇好的碑文，一个高尚的灵魂是可以不断对后人的心灵产生冲击感化作用，引人向善向上的。

同时碑文也是一种书写于碑载体之上的盖棺定论和人物品评，它不仅体现出汉代社会的价值观念和道德风尚，亦反映了当时朝野清议的内容标准。汉碑中随处可见的对于传主忠孝清廉的道德气节的推崇，对于才性智慧的关注，对于学行修身的重视，都折射出汉代浓厚的清议之风。在汉末特殊的社会政治局势下，树碑颂德，标榜同类，是士人表明政治态度、展示群体自觉意识的一种特殊方式，当他们为亡者“论德定谥”、“会葬立碑”时，士阶层对于人物道德学行的品评标准便在碑文中充分表露出来，蔡邕撰写的很多党人碑正是如此。

---

① 〔英〕崔瑞德、鲁惟一：《剑桥中国秦汉史》，中国社会科学出版社1992年版，第687页。

第三节　汉碑与汉代丧葬礼俗

汉代墓碑是儒家重丧厚葬观念的产物，后来又成为丧葬礼制的重要内容。因此汉碑中大量的关于碑主丧葬情况的详细记载，为我们研究汉代的丧葬观念和丧葬礼仪提供了第一手的资料，有着非常重要的学术价值。

关于汉代丧葬礼俗的研究，杨树达先生的《汉代婚丧礼俗考》是20世纪学术史具有承前启后作用的代表作之一，被秦汉史学者和社会史学者视为必读书。杨先生在书中广征博引，十分重视对考古文物资料尤其是汉代石刻的利用。之后比较突出者有李如森的《汉代丧葬制度》、韩国河的《秦汉魏晋丧葬制度研究》。这两部书继承了杨树达先生的学术风格，给予考古资料以充分的关注。本文亦欲借鉴和参考杨先生的思路方法，对汉碑所载之丧葬史料细心钩稽，分类胪列，稍加论述，以见其社会风俗。

汉代重丧，人亡后，葬俗繁复，主要包括招魂复魄、沐浴饭含、小敛大敛、奔丧吊哭、治丧赙赠、出殡送丧、居丧守孝等礼仪程序，对此文献记载和相关研究已有较为系统的论述。汉代丧葬礼俗可征之于汉碑者有以下方面：

1. 关于发丧受吊

凡遭遇丧事，需发丧受吊，亲属子女出外者，闻丧后皆当奔赴。门生故吏闻主丧，尤重奔赴。

《外黄令高彪碑》：门生故吏，奔送相随，盈道充涂。[①]

《凉州刺史魏元丕碑》：于是故吏茂才云中太守汉阳□胄、从事□□□等不远万里，断制缞裳，感恩奔哀。[②]

宗族亲友来吊。朝廷亲贵死后，则天子遣使者吊祭，吊祭时备牲牢，百僚赴吊，场面宏大。

《陈留太守胡硕碑》一：天子悯悼，诏使者王谦送葬，以中牢具祠，赐钱五万，布百匹，赠榖三千斛。同位毕至，赴吊云集，生荣未艾，没有余哀。[③]

《交趾都尉胡府君夫人黄氏神诰》：天子使中常侍谒者李纳吊，且送葬，赙钱二十万，布二百匹，再以中牢祀，群后毕会，荣哀孔备。[④]

亦有三公遣使者、大夫长官吊祭者。

《陈寔碑》一：三公遣令史祭以中牢，刺史敬吊，太守南阳曹府君命官作诔，遣官属掾吏前后赴会，刊石作铭。[⑤]

① 《隶释》卷10，第122页。
② 同上书，第119页。
③ 严可均校辑：《全后汉文》卷75，第882页。
④ 严可均校辑：《全后汉文》卷79，第898页。
⑤ 严可均校辑：《全后汉文》卷78，第892页。

朝廷重臣往往有天子赐诔、谥，赠封号印绶。

《太尉刘宽碑》：使右中郎将张良持节临吊，赠车骑将军印绶，位特进。赐琀赗禭，有加典礼。复使五官中郎将何夔持节谥曰昭烈侯。[1]

《中常侍樊安碑》：今使湖阳邑长刘操追号安为骑都尉，赠印绶。[2]

《太傅胡广碑》一：天子悼痛，赠策遂赐诔，谥曰文恭，如前傅之仪，而有加焉。[3]

贤士大夫亡后则多由门生、故吏、僚友、地方长官聚而议定，作诔著谥，是为私谥。

《陈寔碑》一：大将军吊词，锡以嘉谥……曰文范先生。三公遣令史祭以中牢，刺史敬吊，太守南阳曹府君命官作诔。[4]

《范丹碑》：太尉张公、兖州刘君、陈留太守淳于君、外黄令刘君佥有休命，使诸儒参案典礼，作诔著谥，曰贞节先生。[5]

《玄文先生李休碑》：凡其亲昭朋徒，臭味相与，大会而葬

① 《隶释》卷11，第124页。
② 《隶释》卷6，第78页。
③ 严可均校辑：《全后汉文》卷76，第885页。
④ 严可均校辑：《全后汉文》卷78，第892页。
⑤ 严可均校辑：《全后汉文》卷77，第891页。

之。鼎俎之礼，节文曲备，时令戴君，临丧命谥；郡遣丞掾，冠盖咸届。既定而后罢焉。①

2. 关于赙赗

汉代上自天子，下至臣民，均行赙赗之礼。赙，以财物助人办丧事；赗，送给丧家送葬之物。赙赗或为财物，或为棺椁。皇戚、贵臣或贵臣之亲属亡后，天子往往厚加赙赠以示荣宠或慰问，多为钱帛谷物，贵者亦赐东园秘器（秘器，棺也。汉大臣死，则赐东园秘器。《后汉书·和熹邓皇后纪》注：东园，署名，属少府，主作凶器，故言秘也。）。

《太尉刘宽碑》：年六十有六，中平二年二月丁卯薨。天子闵悼，赐琀赗襚，有加典礼。②

《交阯都尉胡府君夫人黄氏神诰》：天子使中常侍谒者李纳吊，且送葬，赙钱二十万，布二百匹，再以中牢祀，群后毕会，荣哀孔备。③

《陈留太守胡硕碑》一：天子悯悼，以中牢具祠，赐钱五万，布百匹，赠穀三千斛。④

《太傅胡广碑》二：天子悼惜，群后同怀，诏五官中郎将任崇奉册，赠以太傅安乐侯印绶，拜室家子一人郎中，赐东园秘

① 严可均校辑：《全后汉文》卷75，第881页。
② 《隶释》卷11，第124页。
③ 严可均校辑：《全后汉文》卷79，第898页。
④ 严可均校辑：《全后汉文》卷75，第882页。

器，赐丝帛含敛之备，中谒者董诩吊词护丧，钱帛赙赐，牵礼有加，赐谥曰文恭，昭显行迹。①

3. 关于护丧

护丧指为丧家经纪丧事。汉代亲贵官僚死后，朝廷常遣使护丧，护丧官员有谒者、侍御史等内朝职官。朝廷遣使者为大臣护丧，视为荣典。

《太傅胡广碑》二：天子悼惜，群后同怀，诏五官中郎将任崇奉册，赠以太傅安乐侯印绶，拜室家子一人郎中，赐东园秘器，赐丝帛含敛之备，中谒者董诩吊词护丧，钱帛赙赐，牵礼有加，赐谥曰文恭，昭显行迹。②

《太尉杨赐碑》一：皇帝遣中谒者陈遂、侍御史马助持节送柩，陈遵桓典兰台令史十人将羽林骑，钲车介士，前后鼓吹，以骠骑将军官属及司空法驾，与公卿尚书三台以下，葬我文烈侯。③

东汉门生故吏亦多有为故主护丧者。

《陈留太守胡硕碑》二：俦类赴送，远近鳞集，于是陈留主簿高吉、蔡轸等，咸以郡选，充备官属，来迎者三十四人，奔惊

① 严可均校辑：《全后汉文》卷76，第885页。
② 同上。
③ 严可均校辑：《全后汉文》卷78，第893页。

跋涉，愿承清化……舆服寮御部引，各执其职。①

4. 关于送葬

葬时丧家婚友随柩行至墓地送葬。汉代送殡，丧家以来宾多为荣，贤达德高望重，海内向风，门生、故吏、同好远近毕赴，有时会葬人数达千人以上。

《陈寔碑》一：府丞与比县会葬荀慈明、韩元长等五百人，缌麻设位，哀以送之，远近会葬千人以上。②

朝廷重臣或其亲属卒，天子遣军士列阵以送葬，并诏令百官会葬。

《太尉杨赐碑》一：皇帝遣中谒者陈遂、侍御史马助持节送柩，陈遵桓典兰台令史十人将羽林骑，钲车介士，前后鼓吹，以骠骑将军官属及司空法驾，与公卿尚书三台以下，葬我文烈侯。③

《交趾都尉胡府君夫人黄氏神诰》：天子使中常侍谒者李纳吊，且送葬，赙钱二十万，布二百匹，再以中牢祀，群后毕会，荣哀孔备。④

---

① 严可均校辑：《全后汉文》卷75，第883页。
② 严可均校辑：《全后汉文》卷78，第892页。
③ 同上书，第893页。
④ 严可均校辑：《全后汉文》卷79，第898页。

5. 关于归葬

汉人有归葬之俗。死于他乡者,大率归葬。

《车骑将军冯绲碑》:将军体清守约,既来归葬,遗令坟茔取藏形而已。①

《丹阳太守郭旻碑》:君之弟故太尉公薨,归葬旧陵。②

亦有不归葬者,其故或以死者之遗命。

《交趾都尉胡府君夫人黄氏神诰》:夫人居京师六十有余载……心耽其荣,体安其玄,远图长虑,用遗旧居,欲留此焉……公衔哀悼,祗慎其属,尊奉遗意,不敢失坠……葬我夫人及陈留太守硕于此高原,洛阳东界,关亭之阿。③

或良吏以遗爱之故,特留葬于所宦之乡。

《陈寔碑》一:临没顾命,留葬所卒。④

6. 关于祔葬

① 《隶释》卷7,第86页。
② 严可均校辑:《全后汉文》卷99,第1007页。
③ 严可均校辑:《全后汉文》卷79,第898页。
④ 严可均校辑:《全后汉文》卷78,第892页。

子孙从其父祖葬为祔葬,即所谓归葬旧茔是也。往往一家数世父子兄弟并葬于家族墓地。

《丹阳太守郭旻碑》:君之弟故太尉公薨,归葬旧陵。[1]

《郎中马江碑》:东看祖祢,西瞻旧庐,皇神仿佛,爰□□居。[2]

子妇祔葬于姑。

《太傅安乐侯胡公夫人灵表》:其闰月,祔于太夫人,窀穸于兹地。魂而有灵,钦明定省,神心欣焉。[3]

7. 关于夫妇合葬

妇从其夫葬为合葬,凡夫妇以合葬为常。

《议郎胡公夫人哀赞》:追惟考君存时之命,迎棺旧土,同穴此城。[4]

有生时非夫妇,死而葬相从者,即世所谓冥婚。其俗久远,《周礼·地官》有嫁殇之禁。研究者一般引曹操为殇子仓舒聘甄

---

① 严可均校辑:《全后汉文》卷99,第1006页。

② 《隶释》卷8,第95页。

③ 严可均校辑:《全后汉文》卷79,第897页。

④ 同上书,第898页。

氏亡女合葬之事作为冥婚最早之实例，其实汉碑中已经可见冥婚之现象。

《相府小史夏堪碑》：慈恩感踊，族姻追伤。娉会谢氏，并灵合柩。古命有之，仲尼何诧？[①]

8. 关于葬期

东汉时期，颇有久殡待葬之风，观汉碑即可知晓，以杨树达先生的推算为例，汉代待葬之时往往有数百日者。

《太尉乔玄碑阴》：光和七年夏五月甲寅，薨于京师，九月乙酉，葬于某所。[②] 自卒至葬凡百二十二日。

《冀州刺史王纯碑》：延熹四年八月二十八日甲寅陨殂，五年十一月十八日丙申葬。[③] 自卒至葬四百三十三日。

虽死者为一年仅十二龄之童子，亦久殡至二百三十余日焉。

《童子逢盛碑》：岁在协给五月乙巳，噓噏不反……其十二月丁酉，而安措诸。[④]

① 《隶释》卷12，第142页。

② 严可均校辑：《全后汉文》卷77，第889页。

③ 《隶释》卷7，第80页。

④ 《隶释》卷10，第114页。

之所以停丧不葬,是因为汉人丧葬有时日禁忌之俗,往往因为要择吉日安葬而延误葬期。《论衡·讥日篇》云:“世俗既信岁时,而又信日。举事若病、死、灾、患,大则谓之犯触岁、月,小则谓之不避日禁。……葬历曰:葬避九空、地臽,及日之刚柔,月之奇耦。日吉无害,刚柔相得,奇耦相应,乃为吉良;不合此历,转为凶恶。”①同时又有求择吉地之风。

《交趾都尉胡府君夫人黄氏神诰》:于是公乃为辞,昭告先考,然后卜定宅兆,龟筮袭从,遂营窀穸之事,举封树之礼。②

《安平相孙根碑》:于是握粟,卜葬中垌。③

9. 关于坟墓

坟墓最为汉人所重,故天子生前即豫作寿陵。而臣民亦于生前自营茔地。贵臣冢地,往往由国家赐予。其尤宠者,赐冢于天子园陵之旁,曰陪陵。

《太尉杨震碑》:次秉,实能缵修,复登上司,陪陵京师。④

墓上起坟。

---

① 黄晖:《论衡校释》卷24《讥日篇》,第989页。

② 严可均校辑:《全后汉文》卷79,第897页。

③ 《隶释》卷10,第115页。

④ 《隶释》卷12,第136页。

《朱穆坟前方石碑》：惟汉二十一世延熹六年粤四月丁巳，文忠公益州太守名穆字公叔卒于京师。其五月丙申，葬于宛邑北万岁亭之阳旧兆域之南，其孤野受顾命曰：古者不崇坟，不封墓，祭服虽三年，无不于寝，今则易之，吾不取也。[①]

墓旁起祠堂，以为祭祀之处。亦有不在墓旁而在邑中作祠堂者。

《朱穆坟前方石碑》：朱穆临终遗令"古者不崇坟，不封墓，祭服虽三年，无不于寝，今则易之。吾不取也。"故其子不敢有违，封坟三板，不起栋宇（可知坟前建祠堂乃平常之做法），乃作祠堂于邑中旧南阳里，备器铸鼎，铭功载德。[②]

祠堂有死者生前豫治之者。

《梁相孔耽神祠碑》：观金石之消，知万物之有终始，图千载之洪虑，定吉兆于天府，目睹工匠之所营，心欣悦于所处。[③]

权臣祠堂往往费功亿计，奢僭逾制。

---

① 严可均校辑：《全后汉文》卷75，第881页。

② 同上。

③ 《隶释》卷5，第59页。

《后汉书·李固传》云："固欲令(梁)商先正风化，退辞高满，乃奏纪曰：'明将军望尊位显，当以天下为忧，崇尚谦省，垂则万方。而新营祠堂费功亿计，非以昭明令德崇示清俭。'"①

一般致仕官员，亦耗三十万。

《梁相孔耽神祠碑》：其内洞房四通，外则长庑，功赋合出三十万。②

祠堂多为子孙所建。

《郡掾吏张玄祠堂碑》：掾孙翻，以贞固之质，受过庭之训，获执戟出宰相邑，迁太守，得大夫之禄，奉烝尝之祠。寻原祚之所由，而至于此。先考积善之余庆，阴德之阳报，乃于是立祠堂，假碑勒铭，式明令德，以示乎后。③

良吏有功于民，吏民为起祠堂。

《宛令李孟初神祠碑》：吏民追思德化，□吏讯治，立碑复

① 《后汉书》卷64，第2078页。
② 《隶释》卷5，第59页。
③ 严可均校辑：《全后汉文》卷79，第896页。

祠，下□垣宇。[①]

祠堂制作工丽，多有雕刻。

《从事武梁碑》：后建祠堂。良匠卫改，雕文刻画，罗列成行。攄骋技巧，委蛇有章。[②]

亦有不筑祠堂者，以示俭约。

《车骑将军冯绲碑》云：将军体清守约，既来归葬，遗令坟茔取藏形而已，不造祠堂。[③]

墓前起阙。其数或二或三，亦多以石为之，雕镂工丽，上有鸟兽人物图案。按当时礼制，三公可立三阙，二千石可立双阙。《隶释》卷十三收洛阳令王稚子二阙、益州太守高颐二阙。汉代阙蜀中留存最多。

《洛阳令王稚子阙》，其上各刻车马之状，一则二人乘马，一则二人乘车。[④]

《不其令董君阙》，其上刻一冢，冢上三物植立若木叶然，

① 严可均校辑：《全后汉文》卷99，第1005页。

② 《隶释》卷6，第75页。

③ 《隶释》卷7，第86页。

④ 《隶释》卷13，第144页。

二男子拜于前，其后有一妇人二稚子，又有六夫人鱼贯于后。冢旁有一大树，其下有一马立于木下，及马后者各一人，马前有数物如鸡鹜之状者。[①]

阙上勒题额，或标官氏，或兼标官职姓字。

《益州太守高颐碑》前有两阙，一云“汉故益州太守阴平都尉武阳令北府丞举孝廉高府君字贯□”，一云“汉故益州太守武阴令上计史举孝廉诸部从事高颐字贯方”。[②]

亦有在阙上勒铭辞，纪墓主行事。

《郑令景君阙铭》：惟元初四年三月丙戌，郑令景君卒。君存时，恬然无欲，乐道安贫，信而好古，非法不言，治欧阳尚书，传祖父业，祖父，河南尹；父，步兵校尉，业门徒上录三千余人。[③]

阙造价或至十余万，或至数百万。[④]

---

① 《隶释》卷13，第147页。

② 《隶释》卷11，第130页。

③ 《隶释》卷6，第70页。

④ 汉人造作，必记其所值。《金石续编》卷1所收《会稽冢地刻石》云：“昆弟六人共买山地，建初元年造此冢地，直三万钱。”

《武氏石阙铭》：孝子武始公弟绥宗、景兴、开明使石公孟季、季弟卯造此阙，直钱十五万，孙宗作师子，直四万。[①]

《蜀郡太守王子雅碑》云：王有三女，各出钱五百万，一女筑墓，二女建楼，以表孝思。[②]

10. 关于立碑

东汉流行墓前刊石立碑，以昭景行。碑主大多数为朝廷官员（包括宦官，宦官碑有《吉成侯州辅碑》、《黄门谯敏碑》、《中常侍樊安碑》、《费亭侯曹腾碑》）。此外，妇人有碑（其夫均有官职）。《礼记·杂记》云："凡夫人，从其夫之爵位。"妇人以其夫或其子之爵位尊卑为等差。因此在称呼上亦遵循此制。《礼·曲礼下》："凡丧，三品以上称薨"，因此除《广汉属国侯李翊夫人碑》中未点明外，其余妇人碑均曰"薨"，可见其身份之尊贵。《隶释》十二收有《广汉属国侯李翊夫人碑》。《隶续》卷2有《司农刘夫人碑》。《全后汉文》收有《司徒袁公夫人马氏碑》、《太傅安乐侯胡公夫人灵表》、《议郎胡公夫人哀赞》等妇人碑文。

童稚之幼子有碑，如《童幼胡根碑》、《袁满来碑》、《童子逢盛碑》等。

无位之庶民有碑，一般多为高行节操闻名乡里者。如《孝子严举碑》、《故民吴仲山碑》、《处士严发残碑》、《玄文先生李休碑》、《玄儒先生娄寿碑》等。

---

① 《隶释》卷24，第253页。

② 《隶释》卷20，第209页。

现存汉碑大多门生故吏所立。

《太尉刘宽碑》：庸器铭勒，若古有训，门生郭异等，无以慰怀，洵涕述高，乃共刊石建碑，式序鸿烈。①

《安平相孙根碑》：故吏门生邦人咸曰：令问弗铭□勒，孰睹孰闻？乃立石碑，昭明不朽。②

但亦有子孙立之者。

《中常侍樊安碑》：嗣子迁自上烝祭，乃寻惟烈考恭修之懿，勒之碑石，俾不失坠。③

《郡掾吏张玄祠堂碑》：掾孙翻……乃于是立祠堂，假碑勒铭，式明令德，以示乎后。④

有女立之者。

《先生郭辅碑》云：其季女明文，颍川之夫人也，感惟考妣克昌之德，登山采石，致于墓道，邑人缙绅，刻石作歌，昭示来世。⑤

① 《隶释》卷11，第124页。
② 《隶释》卷10，第116页。
③ 《隶释》卷6，第78页。
④ 严可均校辑：《全后汉文》卷79，第896页。
⑤ 《隶释》卷12，第142页。

《太傅安乐侯胡公夫人灵表》:元女金盈,追慕永思,憯怛罔极,遂及斯表,镌著坚珉。[①]

有同岁生(即同年为僚者)立之者。

《敦煌长史武斑碑》:于是金乡长河间高阳、史恢等追惟昔日同岁郎署……故□石铭碑,以旌明德焉。[②]

《孝廉柳敏碑》:建宁元年县长同岁犍为属国赵台公愤然念素帛之义,其二年十月甲子为君立碑,传于万基。[③]

有妻弟立者。

《堂邑令费凤碑》:堂邑令费君寝疾,卒,呜呼哀哉! 于是夫人元弟故□□□守卜胤追而诔之。[④]

有友人同志立之者。

《金乡长侯成碑》:于是儒林众俊,惟想邢景,乃树立铭石,以扬淑美。[⑤]

① 严可均校辑:《全后汉文》卷79,第897页。
② 《隶释》卷6,第74页。
③ 《隶释》卷8,第93页。
④ 《隶释》卷9,第107页。
⑤ 《隶释》卷8,第93页。

《浚仪令衡立碑》:诸友含哀伤悼,相与论述……刊石以铭。①

有国人乡党、宗族姻亲、故旧门人立之者。

《玄儒先生娄寿碑》:国人乃相与论德处谥,刻石作铭。②

《翟先生碑》:于是乡党乃相与登山伐石,而勒铭曰:邈矣先生,厥德孔真。③

《汉议郎元宾碑》:于是族旧门人莫不伤瘁,□□立铭,以咏君德。④

《吉成侯州辅碑》云:于是乡人姻族乃相与刊石树碑,昭宣令问。⑤

有朝廷官员、地方长官立之者。

《范丹碑》:太尉张公、兖州刘君、陈留太守淳于君、外黄令刘君佥有休命,使诸儒参案典礼,作诔著谥,曰贞节先生。昭其功行,录记所履,著于耆旧,刊石树铭,光示来世。⑥

《陈寔碑》一:太守南阳曹府君命官作诔……遣官属掾吏

① 《隶释》卷12,第140页。
② 《隶释》卷9,第103页。
③ 严可均校辑:《全后汉文》卷79,第896页。
④ 《隶释》卷6,第78页。
⑤ 《隶释》卷17,第178页。
⑥ 严可均校辑:《全后汉文》卷77,第891页。

前后赴会，刊石作铭。[①]

有弟为兄立之者。

《郎中郑固碑》云：奉我元兄，修孝罔极。魂而有灵，亦歆斯勒。[②]

有弟及子共立者。

《慎令刘修碑》：二弟龙、纯，恋哀孔怀；孤生俊、协、郃，长号恩慕，立此碑铭，以表景行。[③]

有从子为伯叔父立之者。

《丹阳太守郭旻碑》：于是从子故五原太守鸿议郎柔及胤、孙范□□，怀祖之□，乃更刊石。[④]

有父之门生立之者。

《童子逢盛碑》：年十有二，岁在协给，五月乙巳，嘘噏不

① 严可均校辑：《全后汉文》卷78，第892页。
② 《隶释》卷6，第77页。
③ 《隶释》卷8，第96页。
④ 严可均校辑：《全后汉文》卷99，第1006页。

反。……慈父悼伤,割哀回鲤。……于是门生东武孙理、下密王升等,感激三成,一列同义,故共刊石。①

有子孙之门人立之者。

《太尉杨震碑》云:长子牧 ,富波侯相;次让,赵常山相;次秉,实能缵修,复登上司,陪陵京师;次奉,黄门侍郎。牧子统,金城太守、沛相;让子著,高阳令。皆以宰府为官,奉遵先训,易世不替。天钟嘉祚,永世罔极,统之门人汝南陈炽等,缘在三义一,颂有清庙,故敢慕奚斯之追述,树玄石于坟道。②

立碑重选石。《华山庙碑》文后载"杜迁市石,郭香察书",《泰山都尉孔宙碑》末云"陟名山,采嘉石",可见选碑石之郑重。碑石选择名山名石、色泽妙好无斑黄者为上。

《从事武梁碑》:孝子仲章、季章、季立,孝孙子侨,躬修子道,竭家所有,选择名石,南山之阳,擢取妙好,色无斑黄。③

《丹阳太守郭旻碑》:昔君即世,虽立碑颂,裁足载字,加有瑕般……乃更立刊石,不改前文,盖用昭明祖勋德,以宣达情 ,庶传不朽乎云尔。④

---

① 《隶释》卷10,第114页。

② 《隶释》卷12,第136页。

③ 《隶释》卷6,第75页。

④ 严可均校辑:《全后汉文》卷99,第1006页。

立碑时间,有葬时立者。有三年除服后立者。亦有葬时立,三年复立者。还有其他。主要以前两者为主。

有一年后立碑者。

《北军中侯郭仲奇碑》:建宁四年九月丙子卒,五年二□□□□孝孤忉乎,悲忡剥裂……刊石甄表,以昭无极。①

有二年后立碑。

《小黄门谯敏碑》:中平二年三月九日戊寅卒。……中平四年七月廿八日癸卯造。②

有三载服除后立碑。

《丹阳太守郭旻碑》:延熹元年十月戊戌卒,其十二月丙申葬,微言绝矣,诸子曷仰?三载礼阕,乃群相与刻石立铭。③

亦有葬时立碑,三年之后复立碑者。

《山阳太守祝睦碑》:延熹七年八月丁巳卒……盖铭功纪

① 《隶释》卷9,第99页。
② 《隶释》卷11,第127页。
③ 严可均校辑:《全后汉文》卷99,第1006页。

勋，所以旌往示来，于是乃共登山镌石，刊勒鸿伐。[1]

《山阳太守祝睦后碑》：于是三年礼阕，乃相与刊勒金石。[2]

或有贫不能立碑，23 年之后方立碑者。

《孝廉柳敏碑》：本初元年卒……堂无文丽，墓无碑识。建宁二年县长同岁犍为属国赵台公愤然念素帛之义，其二年十月甲子为君立碑，传于万基。[3]

亦有 40 年后立碑。《汉故雁门太守鲜于璜碑》记璜卒于东汉安帝延光四年，桓帝延熹八年其孙为立碑，时 40 年。《太尉杨震碑》载，震延光三年卒。据碑内容所推，此碑盖建宁以后刻者，相距已 40 余年，为震孙杨统之门人所立。

或有早逝，因夫人卜兆共茔时立碑者。《郎中马江碑》云马江元嘉三年卒，而碑建宁三年立。夫人曹氏卒于建宁三年，盖相去 17 年矣。又载其弟文绪年 32 早世，当是因夫人卜兆共茔，又同时改厝其弟，故作碑并言之。亦有可能元嘉、本初时树碑并未普及之故。

汉碑碑阴往往有文字，为记事、题名之用。记事，或记诏策加赠，如《曹腾碑阴》；或记立碑事，如《北海相景君碑》；或载生平事迹，如《乔玄碑阴》题名。一般汉碑碑阴多为题名，记载出资立碑

---

① 《隶释》卷 7，第 81 页。

② 同上书，第 84 页。

③ 《隶释》卷 8，第 93 页。

者之郡邑、爵秩、姓名及钱数。如《太尉刘宽碑》、《高阳令杨著碑》、《太尉陈球碑》等碑阴镌有襄助丧事之门生、故吏籍贯名字，出资数目。一般少则数十人，多则数百人。出资少者百钱，多者三千、五千，以三百、五百为常。

碑之造型，一般中原地区汉碑有穿或有晕，此乃古代丰碑所谓穿中间为辘轳，以引绳下棺之遗制。穿为引绳之处，晕为绳索之勒痕。文字当穿处，则避开居其下。碑首，或为圭形，或为圜形，或为方形，不一其制。圭形碑上锐下方，形似玉圭。在汉碑中多见，如《鲜于璜碑》、《张迁碑》等。圜首碑通体上圆下方，早于圭首碑而出现，如《三老赵掾碑》、《郑季宣碑》等。这两种碑头多有阴刻祥禽瑞兽以作藻饰，晕纹后来发展为雕刻的龙纹。方首碑为长方形石碑，无额无穿，造型简朴，如《郃阳令曹全碑》、《袁安碑》等。蜀中所出汉碑多有图案，朱雀、玄武、龙虎鳞凤、牛首之属，还有六玉，即瑁、圭、璧、琮、璜、璋。如《孝廉柳敏碑》以朱雀为首，以龟蛇为趺。碑阴上刻凤，下刻麟，中有牛首衔环，两旁刻六玉。[①]蜀中汉碑，他如冯绲墓道石、《益州太守无名碑》、《金广延母徐氏碑》、《高颐碑》等均如此。这些刻画图案，不仅有装饰的作用，而且反映出当时人的思想观念，充实了碑刻的内涵意义，就祭祀死者和为死者禳灾祈祥来说，足以使死者的灵魂得到满足和慰藉。同大量墓葬建筑物如祠堂、墓阙的装饰艺术——画像石一样，它的艺术功能，“是从属并满足着人们对死的观念和欲求，抚慰着生

---

① 《隶续》卷5，第319页。

人的灵魂”[①]。

立碑之费,史籍无载。遍检文献,仅见一条资料,即立于灵帝建宁五年的《成阳灵台碑》阴载立碑捐资之数,完整无损,录存于《隶释》中。洪适云:“《灵台碑阴》会计作碑之费二十千二百尔。武绥宗使石工孟季为其兄造阙为钱乃十五万,孙宗作师子亦四万,则一阙之费比碑十倍”。[②] 据吕思勉先生推算,汉文帝以百金为中人十家之产,汉世黄金一斤值钱万,则中人一家之产,为钱十万。两汉之世,粟石三十,农民五口之家,计终岁所费为百八十石[③]。而作碑之费两万,造阙十五万,不可为不奢矣。

11. 关于居丧

汉文帝的短丧诏,对于汉代丧服制度的形成至关重要。

《汉书·文帝纪》云:“朕闻之,盖天下万物之萌生,靡不有死。死者天地之理,物之自然,奚可甚哀!当今之时,世咸嘉生而恶死,厚葬以破业,重服以伤生,吾甚不取。且朕既不德,无以佐百姓;今崩,又使重服久临,以罹寒暑之数,哀人父子,伤长老之志,损人饮食,绝鬼神之祭祀,以重吾不德,谓天下何!……其令天下吏民,令到出临三日,皆释服。……服大红十五日,小红十四日,纤七日,释服。”[④]文帝对于当时社会的厚葬重服进行改革,诏令实

---

① 蒋英炬:《关于汉画石产生背景与艺术功能的思考》,《考古》1998年第11期,第90—96页。

② 《隶续》卷13,第414页。

③ 吕思勉:《秦汉史》,第15章《秦汉时人民生计情形》,上海古籍出版社2005年版,第476页。

④ 《汉书》卷4,第132页。

行短丧。“自是之后，天下遵令，无复三年之礼。”[①]文帝短丧诏对后来的皇帝和大臣具有很大的约束力，为高级官员不服三年之丧提供了法律保障。汉成帝时丞相翟方进就是很好的例证。翟方进事父母孝谨。母终，既葬三十六日，除服视事，自以为身备汉相，不敢踰国家典章[②]。可见这个诏令在汉成帝时依然发挥效力。但此时亦有为父母服丧三年者，如原涉、薛修、河间献王受到世人的称赞和推许，说明情况已经开始有所变化[③]。至王莽时倡行三年丧制，使六百石以上皆服丧三年[④]，三年之丧的丧服制度得以确立，并在朝廷法令与民间社会之间取得一致承认的地位。东汉初期，虽然光武帝力图恢复汉文旧制，但到安帝时开始改制，实行三年丧制，但基本上为二千石以下官，二千石以上遵朝廷旧制，行三年服者极少，若有，也以他官服丧，行变通之法。安帝、桓帝时，曾一度令大臣二千石行三年丧制[⑤]，但很快禁断。虽然如此，在社会习俗的影响下和国家政令的支持下，三年之丧的范围更广，影响更大，逐渐呈现出制度化的趋势。凡有三年之丧者，往往居官去职，因此安帝永初元年九月丁丑有《禁长吏无故去职诏》：“自今长吏被考竟未报，自非父母丧，无故辄去职者，剧县十岁，平县五岁

---

① 《宋书》卷15《礼志二》，第386页。

② 《汉书》卷84《翟方进传》，第3416页。

③ 分别参见《汉书》卷92《原涉传》，第3714页；卷83《薛宣传》，第3394页；卷53《河间献王传》，第2410页。

④ 《汉书》卷99上《王莽传》，第4091页。

⑤ 《后汉书》卷5《安帝纪》云：“元初三年十一月丙戌，初听大臣二千石，刺史行三年丧。建光中复禁。”《后汉书》卷7《桓帝纪》：“永兴二年，三月辛丑，初听刺史二千石行三年丧服……延熹二年三月，复断刺史二千石行三年丧。”

以上,乃得次用。"[1]言外之意,倘若是父母之丧,便可"无故去职",而永无禁锢之虞。风气所及,非父母之丧亦居官去职、除官不赴,更进而延伸到师生、朋友之间。士大夫能否获得高名清誉,居丧尽礼已成为一个重要的衡量手段。

东汉实行三年之丧,但在具体的实践中,丧期为25月。《淮南子·时则训》云:"(立冬之日)修边境,完要塞,绝蹊径,饰丧纪,审棺椁衣衾之薄厚。"高诱注云:"饰,治也。纪,数也。二十五月之数也。"[2]《白虎通》云:"三年之丧何二十五月?以为古民质,痛于死者,不封不树,丧期无数,亡之则除。后代圣人,因天地万物有终始,而为之制,以期断之。父至尊,母至亲,故为加隆,以尽孝子之恩。恩爱至深,加之则倍,故再期二十五月也。礼有取于三,故谓之三年,缘其渐三年之气也。"[3]因此可知,汉人著作中以25月代指三年之丧,汉碑中亦可提供佐证。

《堂邑令费凤碑》:行母氏以□□□□而悼伤服□菲五五,缞杖其未除。[4]

《巴郡太守樊敏碑》:迁宕渠令,布化三载,遭离母忧,五五断仁,大将军辟。[5]

---

① 《后汉书》卷5《安帝纪》,第208页。

② 刘文典:《淮南鸿烈集解》卷5《时则训》,第180页。

③ 陈立:《白虎通疏证》卷11《丧服》,第507—508页。

④ 《隶释》卷9,第108页。洪适云:"居丧菲食二十五月也。"

⑤ 《隶释》卷11,第128页。洪适云:"五五断仁,与《费凤碑》同义,谓二十五月也。"

汉代敦尚礼法，重视居丧，臣僚遭丧，则乞假离职以治丧。有以母忧去官者。

《太尉陈球碑》：丧母去官。服除，辟司徒府，拜侍御史。[①]

《太尉李咸碑》：徵河南尹。母忧乞行，服阕奔命。[②]

有以父忧去官者。

《丹阳太守郭旻碑》：以父忧去官。还拜郎中侍御史。[③]

有以伯母丧去官者。

《司隶校尉杨淮碑》：伯母忧，去官。复举孝廉、尚书侍郎。[④]

有以叔父丧去官者。

《陈留太守胡硕碑》：初以公在司徒，除郎中，宿卫。十年，遭叔父忧，以疾自免。[⑤]

---

① 《隶释》卷10，第110页。

② 严可均校辑：《全后汉文》卷76，第887页。

③ 严可均校辑：《全后汉文》卷99，第1006页。

④ 严可均校辑：《全后汉文》卷102，第1024页。

⑤ 严可均校辑：《全后汉文》卷75，第882页。

《繁阳令杨君碑》:会叔父太尉公薨,委荣轻举,投黼如遗。[①]

有以从父丧去官者。

《荆州刺史度尚碑》:以从父忧去官,更举孝廉,为右校令。[②]

有以同胞兄弟丧去官者。

《赵相刘衡碑》:君以特选为郎中令,弹枉□慝,匡弼□□,以兄琅琊相亡,即日轻举。[③]

《郃阳令曹全碑》:迁右扶风槐里令,遭同产弟忧,弃官。[④]

有以从兄丧去官者。

《高阳令杨著碑》:擢思善侯相,遭从兄沛相忧,笃义忘宠,飘然轻举。[⑤]

---

① 《隶释》卷9,第104页。
② 《隶释》卷7,第84页。
③ 《隶释》卷17,第171页。
④ 严可均校辑:《全后汉文》卷105,第1037页。
⑤ 《隶释》卷11,第133页。

有以姊、妹丧去官者。

《冀州刺史王纯碑》：失妹宁归，遂释印绂。[①]

有以兄丧辞征辟者。

《圉令赵君碑》：司徒杨公辟，以兄忧不至。[②]

属吏之于长官，有奔丧者。

《凉州刺史魏元丕碑》：于是故吏茂才云中太守汉阳□胄从事□威较球等，不远万里，断制缞裳，感恩奔哀。[③]

有弃官者。

《太尉刘宽碑》：拜侍御史，迁梁令，丧旧君以弃官，遵洙泗之业。[④]

有服缞绖者。

① 《隶释》卷7，第80页。
② 《隶释》卷11，第127页。
③ 《隶释》卷10，第119页。
④ 《隶释》卷11，第124页。

《益州太守高颐碑》：建安十四年八月，于官卒。臣吏播举而悲叫，黎庶踊泣而忉怛，追恩念义，缞绖坟侧。①

有服缌麻者。

《陈寔碑》一：府丞与比县会葬荀慈明、韩元长等五百余人，缌麻设位，哀以送之。远近会葬，千人以上。②

有庐墓服丧三载者。

《北海相景君碑阴》：竖建□碁，惟故臣吏。慎终追远，谅闇沉思。守卫坟园，仁□礼备。陵成宇立，树列既就。圣典有制，三载已究。当离墓侧，永怀靡既。文不可胜，以义割志。乃著遗辞，以明厥意。魂灵瑕显，降垂嘉祐。③

综上所述，可以看出东汉时非常重视丧葬。东汉尚名节，丧葬成为人们求孝名、显气节的最为重要的场所，因此在丧葬中就有种种表现。赵翼在其《廿二史札记》列举了很多事例之后感叹云："此感知遇之恩，而制服从厚者也。然父母丧不过三年，而郡将举主之丧与父母无别，亦太过矣。"④赵翼所认为"太过"之事，

① 《隶释》卷11，第130页。

② 严可均校辑：《全后汉文》卷78，第892页。

③ 严可均校辑：《全后汉文》卷98，第1000页。

④ 赵翼撰，王树民校证：《廿二史札记校证》，中华书局1984年版，第103页。

史书中极多,在上引汉碑也有充分展现,可见这种行为在东汉极为普遍。这种原本于孝道、"事死如事生"的丧葬行为,在过分重视道德的东汉,便难免会走向极端,产生种种不近人情的现象,导致虚伪之风滋生,对此前贤多有批评①。吴玉搢读《北海相景君碑》,见其碑阴上刻门生故吏为景君行三年服87人,慨然曰:"圣人制礼,过不及皆非所宜。三年之丧,惟父母用之,下此以渐而杀,无敢紊焉。顾汉人制服,多有相反者。元初间,始听大臣及二千石行三年丧。至建光元年复禁不许。肃宗时,越骑校尉桓郁以母忧乞身,诏公卿议。皆以郁身为名儒,学者之宗,可许之。乃听以侍中行服。后其子为太子太傅,以母忧自乞,听以大夫行丧。是三年之丧,固不得尽人行之矣。而繁阳令扬君,则以叔父薨去官,荆州刺史度尚以父忧去官,郃阳令曹全以同产弟忧去官,则又何也?且更可异者,三年之丧,在位卿大夫不得致之于亲,而故吏故民又往往用之于其长。"②亦认为汉代丧葬中有些行为不合常理。

但是当我们对汉代的生命价值观念和社会风尚有了较为深入的了解以后,也许我们会理解汉人的这些做法。汉代是一个风俗淳朴、注重道德、崇尚节义的社会,汉碑所载的丧葬礼俗,充分反映了汉人崇丧重孝尚德的社会观念,在丧葬礼仪中所体现出的

① 钱穆:《国史大纲》,商务印书馆1996年版,第190页。责东汉士风过于重视道德,"一则道德乃人人普遍所应有,并非可以争高斗胜。若专以道德来分别高下,便造成社会上种种过高、非常不近人情的行为,而其弊且导人入虚伪。二则道德乃事事各具的一种可循之轨辙。若做事太看重道德,便流于形式虚名而忽略了内容与实际。"

② 吴玉搢:《金石存》卷6,清嘉庆二十四年刻本,第9页。

晚辈之于尊长、门生故吏之于府主的感恩慕义之情，令人低回。如《太尉杨震碑》，乃其孙沛相杨统之门人所立，立时杨统已辞世。洪适因此感慨云："今之门下士，旦握权则献谀饰诈，靡所不至；夕失势则相忘于江湖矣。沛君已死，而门人为其祢庙立碑，汉人风义，后世不可跂及矣。"[①]汉代道德风俗之美，自此可见，不能仅据后世之风以厚非古人矣。

① 《隶释》卷12，第136页。

第六章　汉碑的影响

在汉代，当人们出于厚葬之风、留名心理、孝道观念、墓祀需要等而树碑勒铭时，碑文文体在社会行为与社会需求的直接推动下开始出现了。这种具有丰富文化内涵的文体形式，与人的生命紧密结合在一起，伴随着生命死亡的仪式，用独特的方式和优美的语言，表达着对于逝去生命的礼赞和追悼。它源于丧葬礼仪，与诗、赋、颂、赞、铭、诔等文体有着密切的联系，是汉代文人除了诗、赋、诔之外最重要的创作文体形式。经过以蔡邕为代表的大批文士的努力实践，碑文日趋文学化、规范化，蓬勃发展，成为汉代文学实用文体中的一枝奇葩。当它发展完善之后，就被纳入礼仪制度的范围，成为上层社会经常使用的丧葬用品。“岁月飘忽，性灵不居”，生老病死，古往今来，乃是不以人们的意志为转移的客观规律，这种既涵养了儒家孝悌精神、裨益政治教化而同时能满足人们“借不朽之物，传万世之名”的心理需求的树碑勒铭活动，就自然成了社会生活与人际关系中的常情和常事，因此除了少数历史时期，碑文在封建社会的发展可以说一直是长盛不衰。

汉代是碑刻发展的第一个高峰，不仅出现了摩崖、石经等诸多种类的石刻，数量众多，内容丰富，而且奠定了碑文文体，树立起碑文创作的典范，在碑文演进史上占有重要的地位。汉碑具有多方面的学术价值和艺术价值，对于后世产生了深远的影响。它的影响可以唐代为界，唐以前，主要体现在后代文人进行碑志创作时对于汉碑的追摹和取法，给中国古典传记增添了新的样式和门类；唐以后，金石学兴起，人们逐渐被汉碑所蕴涵的丰富的文化色彩所吸引，对于它的文字、书法、历史等开始关注，汉碑的文献价值日益彰显。随着了解的深入和研究的展开，汉碑的影响愈趋广泛和多元化。因此，本章拟对汉碑的经典化过程进行探讨，以见其文学影响；对汉碑历代研究进行综述，以见其文化影响。只有通过梳理其接受和研究情况，方能更加全面地认识汉碑的价值，从而给予客观的历史定位。

第一节　汉碑的价值

碑刻作为一种特殊的文献，是传统文化的瑰宝，是研究和了解中华文明必不可少的实物依据，它是我国文字的渊薮，书法艺术的荟萃，同时也是古代礼制和民俗的物化，文学艺术和历史档案的宝库，为研究史学、文学、文字学、书法、经学、宗教学都提供了丰富的资料，具有重要的参考价值。

一、汉碑的史料价值

宋代赵明诚《金石录》序曰："诗书以后君臣行事之迹，悉载于史，虽是非褒贬，出于秉笔者私意，或失其实；然至于善恶大迹有不可诬，而又传说既久，理当依据。若夫岁月地理官爵世次，以金石刻考之，其抵牾十常三四。盖史牒出于后人之手，不能无失；而刻辞当时所立,可信不疑。"[①]清人叶昌炽《语石》云:"撰书题额结衔,可以考官爵。碑阴姓氏,亦往往书官于上;斗筲之禄,史或不言,则更可以之补阙。郡邑省并,陵谷迁改,参互考求,瞭于目验。"[②]以上两位学者的论述,对于我们认识碑文的史料价值是很有作用的。碑刻之文,可与经史相表里。盖竹帛之文,久而易坏;手抄版刻,辗转失真。独金石铭勒,出于千年之前,犹见古人面目,其人其事,信而有征,一般除少数伪造者外,多是第一手资料,具有重要的历史文献价值,故而夙为历代研治史学者所珍视。

汉碑的史料价值是多方面的,既可以补史、证史、纠史,又可以从中获得大量的有关地理沿革、人物生平、社会经济发展状况、思想观念、丧葬礼俗等等方面的资料。

1. 以碑补史

汉碑绝大多数是墓碑,内容都是墓主的生平传记。这些传记往往不见于史书,或者见于史书而记载较简略,对于史书的补充作用是不言而喻的。

正史中的人物履历,往往择其大者、要者,而微者、小者略去不载,这对于整个历史的面貌无损,但这些微者、小者对于研究一定历史时期人物生平活动则不可或缺。

如车骑将军冯绲,范晔《后汉书》本传云初举孝廉,七迁至广汉属国都尉,拜御史中丞。顺帝末持节扬州诸军事,与中郎将滕抚击破群贼。而今据《车骑将军冯绲碑》,绲自举孝廉至为广汉属

① 赵明诚撰,金文明校证:《金石录校证》,第1页"赵明诚序文"。

② 叶昌炽撰,柯昌泗评:《语石　语石异同评》卷6"碑版有资考订"条,第398页。

国都尉凡十一迁，而为中丞与督使徐扬二州讨贼皆在为都尉前。碑云讨贼时坐迫州县正法，而史不载。又云为陇西太守，坐问吏辜旬不分去官，以羌骇动为四府所表，复家拜陇西太守。而史但言迁陇西太守尔。碑又云绲谥曰桓，而史亦不载。以《车骑将军冯绲碑》与《后汉书·冯绲传》所记之冯绲履历相较，史书颠倒漏载之处甚多，碑可补史之阙。

太尉乔玄，范晔《后汉书》有传，以碑史对照，于乔玄生平大节上基本评价一致。但碑文详述乔玄一生行迹，远较史传为备，其中乔玄以诏考司隶校尉赵祁事、举凉州刺史事、西域平乱及开仓赈济之事、任齐相时正临淄令赃罪、任上谷太守时理民之事，史籍均不载。

官高位隆者如冯绲、乔玄等人史书记载中尚有多处阙漏，其他人之情况可以想见。另外汉碑中还有大量无缘进入史传的人物，碑文就成为研究他们的第一手资料。

2. 以碑正史

碑与史书记载往往不同，将这些互异的记载汇录对比，有助断定正误。一般说来，汉碑内容早于《后汉书》，为比较原始的史料，失误的可能性要小一些，所以可以用来纠正史书的谬误。尤其是在名字、籍贯、世系、履历、爵谥、赠官等方面，一般来说，碑的记载往往较史传可靠，多可以正史传之误。

如冯绲，《后汉书·冯绲传》云"字鸿卿"，《车骑将军冯绲碑》云"字皇卿"。乔玄卒年，《后汉书·乔玄传》云"光和六年卒"，而《太尉乔玄碑》云"光和七年卒"。《后汉书·杨赐传》云杨赐"字伯献"，《后汉书补逸》云杨赐"字伯钦"，《太尉杨赐碑》云"字伯猷”。陈寔《后汉书》本传载，卒于中平四年，年84，而《陈寔碑》云中平三年八月卒。此类情况，均可以碑为据，以正史传。

汉碑保存了许多重要的史料，对于补正历史有重要价值。尤其在地理、官爵、年月、世次等方面有其长处，有些史传中不全、不详、不写的事情，可以通过碑传文来补充。能忠于事实、忠于历史的碑传文，其史料价值胜过一般的史传。因此研究历史，碑传文是不可忽视的一个方面。

二、汉碑对于小学、经学研究的价值

我国文字，发展到战国时期，已呈分裂现象。秦并天下，以政治力量将小篆推行全国。稍后，由小篆产生了更加简易速写的隶书。隶出而篆微，隶书上接小篆，下开真楷，成为古今文字的转折点。汉代通行隶书，至汉武帝时，渐生波磔，以增华饰，成为八分。现存汉碑有极少数几种为篆书，绝大部分为隶和八分。其文字异同，古音古意，假借通转，皆为小学考证提供宝贵的资料。

首先，利用汉碑可以进行汉字字体的研究。字体研究主要是研究字体的演变。研究字体的发展如果只借助传世文献是不够的，因为传世文献难免会传写失真，无法全面地看到各代字体的真实情况。汉代大量的隶书碑刻，可以帮助我们了解隶书的面貌以及由篆而隶、由隶而楷的演变过程。

其次，汉碑文字反映了汉代书写的真实情况，碑文中存在一些异写字、异构字（习惯上称为“碑别字”），还有很多字的通用假借现象，为研究汉字构形发展史及文字演变提供了丰富的材料。

第三，汉碑中保存了丰富的语言材料，既包含了大量反映时代特色的词汇，又有铭文用韵情况、复杂的词形书写形式、特殊的语法现象等等，搜集和整理这些材料，对于理清汉语词汇、语音的发展历史，具有重要意义。

汉碑为小学研究提供了重要资料。所以自宋代洪适《隶释》、《隶续》以后所有的金石家，都对汉碑的文字有所研究和引用，如清代段玉裁《说文解字注》、朱骏声《说文通训定声》往往引汉碑以说字，王念孙《汉隶拾遗》在汉隶的考订上，多有创获。以下简单地举例说明。

用汉碑文字可以纠正一些古籍传写中的错误。如作为地名的杨州，后人妄改为扬州。王念孙根据《郃阳令曹全碑》"兖豫荆杨"之杨从木，又考察了《竹邑侯相张寿碑》、《酸枣令刘熊碑》及《冀州刺史王纯碑》、《荆州刺史度尚碑》、《太尉陈球碑》等一系列汉碑，杨字皆从木，无从手者，证明了后人妄改《书》传中的"杨州"之"杨"从手。

用汉碑文字可以考见许多文字的本义。如《武都太守耿勋碑》"开仓振澹"。《说文》云："振，举救也。""赈，富也。"则"振"为振济的本字，"赈"乃假借字。又如《司隶校尉鲁峻碑》："析薪负何"，《画像孔子等题字》："何馈"，"何"，《说文》："儋也"，"荷，芙蕖叶"，则见"何"为负担本字，"荷"是假借字，后来这些字假借行而本义废。而汉碑中仍保留着古义。

汉碑中的铭文为韵文，保存了汉代的古韵。从汉碑的用韵情况来考求汉人韵部分合是最为可信的，如《开母庙石阙铭》以民、正、秦为韵，《泰山都尉孔宙碑》以光、彰、虔、明、康、方、行、觥、皇、荣、听、陈、名、声为韵，可知汉人用韵多以阳、庚、真通用。从《孔彪碑》的铭辞用韵情况，可以反映出真、文合韵，真、耕合韵等有价值的语音现象。这些均有助于揭示汉语韵部从上古发展到中古的演变轨迹。

汉代经学昌明,汉碑叙事中详述碑主的经学传承及经学活动,即充分反映了当时浓厚的经学氛围。东汉立于学官的五经十四博士,均为今文经学家。而汉碑中所涉及的经学流派,基本不出今文五经十四博士之外,如《诗经》有韩诗经、鲁诗经韦君章句,《尚书》有欧阳,《礼记》有小戴,《春秋》有颜氏春秋、严氏春秋、公羊春秋,《易》有京氏易、孟氏易、梁丘易等,均为汉代今文学派。碑文所用经义也均是今文家之说,如《郃阳令曹全碑》云"门下掾王敞等,嘉慕奚斯、考甫之美,乃共刊石纪功",《张迁碑》、《敦煌长史武斑碑》云"奚斯赞鲁,考父颂殷"。这里三碑均用今文三家诗说,谓奚斯作《鲁颂》、正考父作《商颂》。古文家毛传及郑笺并以为奚斯建庙、史克作《鲁颂》。至于《商颂》,皆以为是正考父得之于周太师者,皆与三家异。又如《诗经·凯风》,今文三家以为美孝子之作,汉碑中屡有引用,自《后汉书》以至六朝文人沿用实多。而唐宋以后,今文三家不传,古文《毛诗》独行。《毛诗》小序谓《凯风》之作,乃"卫之淫风流行,虽有七子之母,犹不安其室"。如此,《凯风》乃贬刺之作,唐以后无人再用此典故以赞孝子。由此可见,汉碑对于汉代经学之研究亦大有裨益。

三、汉碑的文学价值

碑文作为一种实用文体形成并兴盛于东汉,是汉代文学发展的一个重要现象,很多著名的文人学者都投身于碑文的写作,促进了碑文创作的繁荣和文学化进程。汉碑的文学艺术价值表现在如下几个方面:

第一,汉碑的创体之功。经过文人的不断努力,汉碑最终形成一种相对固定的语言形式、文章体式,以前序后铭、前散后韵为文体结构,以叙颂生平(包括亡者世系、行治、卒葬)为主要内容,以歌功颂德、留名不朽为撰作目的的文体最终形成。六朝时碑文创作受当时整体风气的影响,不断骈化,而更讲究用典、辞采、声律,而格式与两汉无异。尽管后世有韩愈、柳宗元等人提倡古文写作,对于碑文写法进行改造,但是,“古文理论是文章学理论,而不是文学理论;古文代替骈文是语体改革,而不是纯粹的文学体裁改革”①。韩愈等人的碑铭在文体上并没有多大变化,而在语体上则是复古中求创新,仍是在巩固规范的前提下所追求的新变。所以说,汉代所创立的碑文的内容规范和文体形式,在后世基本得到了继承,从而成为古代各类文体中形制最为固定的种类。蔡邕碑文作为正体的典范作用一直持续到清代,汉碑的创体之功功不可没。

第二,确立了碑文典雅庄重的语言风格。汉碑在行文中往往引经据典,或化用经书文句以助文笔,或引用经史典故以形容表象,使汉碑语言意蕴深厚,富于形象,简洁明朗,极具表现力,形成语言典奥、风格凝重的特色。汉碑中多以四言句式为主,在引用时就要对原材料进行加工提炼,将原典熔铸为新的词语,用在句中,使典故的运用符合碑文四字格的要求。这些意蕴深厚的四言句式在使用中逐渐固定下来,因此产生了很多成语,大部分流传到现代汉语中,一部分成语则成为后世成语发展的源头。汉碑的

---

① 葛晓音:《古文成于韩柳的标志》,《学术月刊》1987 年第 3 期。

用典方式,为后人学习提供了借鉴。

汉碑语言上追求典雅,句式上讲究对仗工整,节奏鲜明,音调铿锵,朗朗上口;从内容上看,凝练集中,概括力强。另外汉碑中还经常采用一些长短错置的对偶句式,对仗工整,而又变动不拘,使庄重典雅的碑文平添华美流畅之韵味,极大拓展了碑文的文学表现能力。尤其是蔡邕碑文中,对偶句式更加密集,锤炼更加精工,而且句式长短相间,多排比使用,既使音节整齐匀称,韵律感强,又使语言气势增强,感情得到加深,气脉贯通,酣畅淋漓,展示出高超的语言驾驭能力和文学才华,成为六朝碑文的典范,为后世文人所推许效仿。

第三,写实追虚的艺术手法。《文心雕龙·诔碑》云:"写实追虚,碑诔以立……观风似面,听辞如泣。"碑文要叙写人物生平,让人从中观其风采,如见其人,就必须借助一些艺术手法。为了达到这种效果,仅靠简单的叙事纪实是不够的,还必须借助一些修辞手法来虚写烘托。在虚写中,除了在词语的锤炼、句式的选择之外,在修辞格上,比喻、夸饰、排比、映衬等是汉碑经常使用的艺术手法。对于语言形式的重视,隶事用典、语求整齐骈偶及多种文学修辞手法的综合运用,均体现了东汉人对于碑文这种实用文体外在形式的审美要求,使东汉中后期的碑文在语言运用上比前期有了质的飞跃。

汉碑大多是文人所作,在忠于历史的前提下,在有限的尺幅内,展示出人物的生平轨迹,一些典范之作在艺术上的独到之处,从选材布局到语言运用,都能给后人以启示。

第四,汉代碑文在发展形成的过程中与其他一些文体发生了渗透、融合、汇通，吸收了许多文体的语言特点，造成了它语言形制上的丰富性。一般说来，碑序的写作多以四言句式为主，骈散结合；碑铭以四言韵文为主，亦兼有三言、五言、七言、杂言，有中间用兮字者，有句尾用兮字者，既体现出汉碑语言形制上丰富灵活的特点，也反映了汉碑与其他诗文体裁之间的密切关系，为探讨其他文学体裁如诔文、铭文、颂赞、四言诗、五言诗、七言诗等的发展、演变也提供了一些重要资料。

通过以上的分析总结，我们不难看出汉碑的文学史地位。作为汉代实用文体中的翘楚，它的文学成就是不容忽视的。它确立了碑文文体的基本体式和创作规范，这种体式和规范一直为后世所继承，直到清末都没有改变。以蔡邕为代表的汉代文人对于碑文的大力创作和文学化追求，其典雅润泽的语言特色，匠心独运的谋篇布局，注重锤炼的艺术技巧及《郭泰碑》、《陈寔碑》等经典作品，给予后世碑文创作以极大的启发和滋养。

但是碑文的发展从一开始就受到了限制，在演变中具有天生的缺陷。首先，碑文文体，要求“论列德善功烈，称美弗称恶，以尽其孝子慈孙之心”，再加上为尊者、亲者、贤者讳的传统观念，一般不记墓主的缺陷和过失。虽然人们都强调碑文要质实，但是碑文的功能是颂德，以形容美饰为本，辞当溢美，既是丧葬之情礼要求，也是文体的规范。况且当树碑铭墓成为风气，很多无鸿德殊勋的人成为碑文的咏颂对象，碑文“善恶无彰，得失无效”[①]的局限

---

① 桓范《世要论》曰：“且夫赏生以爵禄，荣死以诔谥，是人主权柄，而汉世不禁。使私称与王命争流，臣子与君上俱用，善恶无彰，得失无效，岂不误哉。”见严可均《全三国文》卷37，第1263页。

性暴露无遗。因此即使是才高如蔡邕者,也不免要感叹:“吾为碑铭多矣,皆有惭德,唯《郭有道》无愧色耳。”[①]反映出碑文创作中文华与质实之间难以调和的矛盾。

其次碑文有相对固定的内容和形式,本身就容易形成一套程式。而且碑文在叙述人物生平事迹时,往往似履历表、流水账,概括介绍墓主的一生,缺乏史传文学的细节描写、心理刻画及个性化语言来展现人物形象;再加上创作者陈陈相因、敷衍了事,仅把其当作一种社会和人际关系的应酬文字,碑文之蔽就因此而生。从南北朝起,庾信以其较为成功的写作基本确立了墓志的写作模式之后,碑文墓志的写作就逐渐走上公式化的道路。六朝许多碑志在内容和形式上都形成了僵死的套路,内容不外乎铺叙阀阅,记述历官,歌功颂德,浮泛无实,形式上一概讲究铺排事典,溢美夸饰,在一套凝固的程式中表达一些空洞、虚浮、含混的内容,使得六朝碑志千人一面,走向僵化。这同当时的文风是极其一致的。这种局面,使碑志这一当时社会最受关注的应用文体亟须改革,而直到韩愈出来,以史传手法引入碑志,碑志才获得了新生,进入传记文学的殿堂。所以无论是从文学性来看,还是从文学成就衡量,汉碑都是低于史传文学的;不过“它们的艺术性尽管多数不高,但也有些作品是可读的,尤其是在体裁上它们有开拓性,给后代的传记文学开了无限法门”[②]。因此对于汉碑的文学性审视既不能抹杀汉代文人为把碑志这种应用文字改造成传世文章的

---

① 《后汉书》卷68《郭太传》,第2225页。

② 韩兆琦:《中国传记文学史》,河北教育出版社1992年版,绪论第7页。

努力,而在评价其文学地位和文学成就时也不能过分拔高,力求公允客观。

四、汉碑的艺术价值

墓碑,作为一个家族对于逝去亲人寄予缅怀追思的独特表征符号,除了承载民族的思想情感和文化内涵外,还具有极强的审美价值。它以独特的艺术魅力和风貌跻身于中国古代的文化艺术之林。它的艺术价值体现在书丹镌刻构成汉字群体的优美造型,并形成各自的风格、面貌。书法注重笔墨情趣,讲究用墨、运笔、结构、章法、气韵等表现手法;碑刻则是讲究刻字的刀法,保存书法的笔法(笔画线条)、笔势、笔意和结构的形神。许多古代名碑上同时署有书者刻者的名字,说明刻碑技术和书法艺术密不可分,相辅相成。汉碑书法艺术契刻之法更为丰富成熟,既有阴刻,又有阳刻,还有反刻,奇正相生,极尽变化。

汉碑是中国独有的书法艺术的重要物质载体。汉字源于象形,它最初所具有的图示性、线条性的形式,在自身发展演化的过程中,逐步获得了独立于字义本身的审美意义,最终成了一种抽象的线条的艺术。古代刻碑,非常讲究书法,往往以聘请书法名家书丹为时尚,从唐代起,人们开始有意识地用碑刻的形式来保留书法家墨迹。宋代之后更有刻贴之风兴起,把历代书法的艺术成就凝固于碑石之上,代代相传,作为临写的范本。所以中国古代碑刻,不仅具有文献价值,更是书法艺术的宝库。中国汉字书法这一传统艺术能够不断得到继承和发展,古代碑刻所起的作用是不可低估的。

汉碑创造了我国文字史和书法史上的奇迹,为我国的文字发展创造了良好的条件,从而奠定汉字走向规范化的基础。在碑刻书法史上,汉碑为承前启后的发展期,秦以前的文字基本上属于篆书体系,直到隶书出现,汉字才完成了由象形到意符文字的演化,成为定型的方块字。正、行、草诸书体都是在隶书上变化发展而成。而自西汉始,风尚已笃好书法,“张安世以善书给事尚书;严延年善史书,奏成手中,奄忽如神;史游工散隶;王尊能史书;谷永工笔札;陈遵性善隶书,与人尺牍,主者皆藏去以为荣。”[①]降逮后汉,好书尤盛,曹喜、杜度、崔瑗、蔡邕、刘德升之徒并擅精能,各创新制。章帝、安帝都雅好书法,灵帝更是设立鸿都门学,善书者云集都下,争工笔札,彬彬极一时之盛。当是时,蔡邕为其中魁首,张芝、师宜官、钟繇、梁鹄、胡昭、邯郸淳、卫觊、韦诞、皇象等,各为古文、草隶名家。上有好之,下必甚焉,书法艺术由此兴盛繁荣,在汉碑上也充分地展现出来。

今存汉碑,虽书人多无考[②],但其笔法、刻法日臻成熟,书体风格纷华灿烂,出现了流派众多的局面,创造了书法艺术的辉煌。审视汉碑书法,不仅能清晰地看到隶书演变的历史轨迹,也可间接地看到汉代社会文化生活的原貌,从中体味到书法审美的自由性与多变性。汉碑书法风格多样,或方拙朴茂、峻抒凌厉,或典雅凝整、法度森严,或奇古浑朴、诡谲多变,都体现出雍容典雅、浑厚从容、气象恢弘之大汉气象。如东汉碑刻书艺代表

---

① 崔尔平:《广艺舟双楫注》卷2《本汉》,上海书画出版社2006年版,第83页。

② 汉碑多不署名,今存汉碑书人可考者,惟《敦煌长史武斑碑》为纪伯允书,《郙阁颂》为仇绋书,《卫蔚衡方碑》为朱登书,《巴郡太守樊敏碑》为刘懆书,《华岳碑》为郭香书,《熹平石经》为蔡邕、堂谿典书。

作之一的《张迁碑》,用笔遒劲如屈铁,汇篆于隶、朴率生动的结字势态,茂整方雄,气象中含有一种古拙天真的意趣。《巴郡太守樊敏碑》体方笔拙,笔力遒稳,气派宏大,浑厚雍容。而《郃阳令曹全碑》则飞动畅达、飘逸秀美,突出展现出华美典雅的艺术风格,是书家自我心声的流露。《石门颂》、《西狭颂》等摩崖刻石则朴茂雄浑,圆中寓方,摇曳振荡,动中妙造,雄迈静穆。《乙瑛碑》结体方整,骨肉停匀,波磔分明,法度严谨。汉碑的各种或篆或隶的碑额,同样各具风格,《北海相景君碑》碑额势圆寓方,妙在灵动。《鲜于璜碑》碑额以方笔切入,遒劲有力,《执金吾丞武荣碑》碑额突出笔的波折飘逸,《校官潘乾碑》碑额结体丰茂,沉稳厚重。这些汉碑及碑额的书法形态、创作手法,给后世的书法、篆刻提供了诸多的启示和借鉴,具有很高的艺术价值。

随着书法艺术的逐渐成熟,汉代产生了一些涉及书法的理论著作,如扬雄的《法言》,许慎的《说文解字》,崔瑗的《草书势》,赵壹的《非草书》,蔡邕的《笔赋》、《笔论》、《篆势》、《九势》,使书法实践在理论的指导下更加自觉地向前发展。书家不但对书法美有了明显的追求,形成蔚为壮观的风格化世界,也催化着书法由自然形态向自觉形态过渡,使书法艺术达到了一个前所未有的高度,在汉碑里充分地展现出来。康有为在《广艺舟双楫》中对具有书法代表性的汉碑一一进行了书法品鉴,并由此对汉碑书法做出了一个总体评价:“吾谓书莫盛于汉,非独其气体之高,亦其变制最多,皋牢百代。杜度作草,蔡邕作飞白,刘德升作行书,皆汉人也。晚季变真楷,后世莫能外,盖体制至汉,变已极矣。”[①]“书至汉末,盖盛极矣。其质朴高韵,新意异态,诡形殊制,融为一炉而铸之,故自绝于后世。”[②]清代书法理论家钱泳《履园丛话论书》亦云:“汉人各种碑碣,一碑有一碑之面貌,无有同者,即瓦当印章,以至铜器款识皆然,所谓俯拾皆是,都归自然。”[③]

因此可以说,汉代是书法艺术的开启时代,丰富的汉碑遗存也成为后世书家取之不尽的源泉。从魏晋至当代,无数书法家皆宗法汉碑。不仅学习隶书必以汉碑为楷模,学习真书、行书也应上溯汉碑。从隶书入手,上可通篆,下开真、行,方能得道。康有为认为:“自唐以后,尊二王者至矣。然二王之不可及,非徒其笔法之雄奇也,盖所资取皆汉、魏间瑰奇伟丽之书,故体质古朴,意态奇变。后人取法二王,仅成院体,虽欲稍变,其与几何,岂能复追迹古人哉!智过其师,始可传授。今欲抗旌晋、宋,树垒魏齐,其道何由?必自本原于汉也。”[④]这个主张得到许多书家的赞同。而从书法和艺术角度对于汉碑展开的理论研究,从清代以来,一直未曾中断。

除此之外,从艺术的角度看,碑的设计、构造等是极具审美性的,碑的选料质地极为讲究,碑刻书法设计也展现出绚丽多彩的审美意义。另外,汉碑以及其他一些墓地建筑石阙、祠堂、画像石上还有很多的绘画浮雕内容,如画像石上表现出劳作、狩猎、宴

① 崔尔平:《广艺舟双楫注》卷2《体变》,第54页。
② 崔尔平:《广艺舟双楫注》卷2《本汉》,第84页。
③ 潘运告主编:《清前期书论》,湖南美术出版社2003年版,第224页。
④ 崔尔平:《广艺舟双楫注》卷2《本汉》,第83页。

饮、出行、乐舞百戏等场面，还有神话、历史故事等，反映了汉人的日常生活。碑、阙上所出现的大量祥瑞图画，如凤凰、龙、神鼎、麒麟、白鹿、九尾狐、甘露、嘉禾以及青龙、白虎、朱雀、玄武等，与汉代神学家所宣扬的符瑞基本一致，反映了天人感应的思想。一些画像中反映出汉人的宇宙观念和原始信仰，如天上、人间、冥界的宇宙模式[①]，人们追求长生不老的愿望等等，都是与其他文学作品中所表现的基本一致。这些图案刻画精美，刀法纯熟流畅，鲜活、生动、直观地展现了汉代的世俗生活及民间信仰，与汉碑文字内容所表达出的庄重肃整的正统面貌迥然有异。因为碑重在发挥记事颂德的文字功能而忽视其装饰作用，因此汉碑上的绘画空间受到很大的局限，绘画内容远不及画像石丰富多彩，但它对于祥瑞如麟、凤、玉、四神等题材的偏好是和画像石一致的。汉碑的刻画图案是碑文文字内容的重要补充，是碑主现实人生和梦幻世界的完美结合。这些造型艺术，其功能是为丧葬礼俗服务的，它不仅有装饰华丽的作用，更主要的是它充实了墓葬建筑物的内涵意义，而这种艺术功能是随着墓葬习俗的发展，不断充实、丰富和完备的。它为死者开辟创造了另一个神奇的世界，人死后进入的是天人合一的、祥瑞纷呈的、有各种神灵护佑的、可以避邪消灾的、能羽化登仙的、有理想道德规范的、充满着安乐生活享受的天地

① 周保平指出："一座小小的祠堂被当时的人们看成是一个完整的宇宙空间，并把这个空间依次划分为天界、仙界、人间三个世界。祠堂顶部象征着天上世界，两侧壁的最高位置象征着仙人世界，壁画的其他部分象征着人间世界，石刻画像按其内容被安排在这三个世界的位置上。从已经发现的汉代石刻祠堂来看，很少例外。"参见《徐州洪楼两块汉画像石考释》，《中原文物》1993 年第 2 期。

境界。这种为丧葬服务的画像艺术，对祭祀死者和为死者禳灾祈祥来说，足以使死者的灵魂得到满足和慰藉。这些绘画雕刻反映了汉代天人合一、视死如生的理念，表现了古代传统文化中的浪漫主义艺术风格，具有很高的历史、文化和艺术价值，对于研究汉代的经济生活、典章制度、风俗习惯、艺术等都是不可多得的图像资料。为我们全面探讨汉代文学的发展提供了宏阔的文化背景和独特的视角。

总之，汉碑是一种综合的艺术，从文字内容来说，它承载着古人的生命、价值观念，表达了对逝去生命的颂赞和哀悼之情，折射出生命所具有的丰富色彩：民俗的、社会学的、历史学的、哲学的、伦理的、文学的，凸现了在正统儒学社会中生命的精神意义。而从外观形式上来说，汉碑优美的书法艺术，纯熟的镌刻手法、丰富的图画内容，则具体反映了汉代的物质发展和艺术水平，透露出汉人现实生活的物质场景。但无论是从形式上还是内在精神上，汉碑都与汉代文学所表现出的特色一致，保持着密切关系，它们共同形成了汉代文化古朴雄浑的特色。因此，对于汉碑的文学研究和认识，不仅要重视其文本内容的挖掘，而且也要关注汉碑的审美艺术价值，因为它对于汉代文学的研究有着重要的补充和参证作用。

第二节　汉碑在唐前的经典化进程

碑文作为一种志墓文体，从东汉时期出现并定型，南北朝的进一步发展，到唐宋时代的极盛，明清时期的延续，在千百年的广泛使用中,出现了很多碑文撰作的大家,如蔡邕、庾信、韩愈、柳宗元和欧阳修,他们创立了代表其时代精神的碑志典范。而汉代作为碑文文体的开创和奠基时期,为后世留下了很多典雅优美足资借鉴的作品,尤其是蔡邕所撰写的碑文,更成为碑文发展史上第一个高峰时期的经典之作。探索其成为经典的进程及原因,对我们了解碑文文体的演变和流传大有裨益,从中可以考见汉碑对于后世文学的积极影响。

一、蔡邕碑文的内在价值

碑文的兴起有其特定的社会文化背景。自从汉武帝"罢黜百家,独尊儒术"之后,儒家的丧葬礼仪便成为封建正统的制度,厚葬为孝的观念深植人心。在经过一系列复杂繁缛的丧礼仪式后,死者已入土为安,生者在尽哀之后也自去开始正常的生活。一切的功业似乎都成过眼烟云,亡者也在渐次被人们遗忘,这对于已逝去的灵魂和孝子们来说该是多大的遗憾。于是墓碑出现了,它立于高敞显见之处,记载着逝者的名姓履历、德行勋业,让过往的人们为之驻足,读之动容,让祭祀扫墓的子孙时时怀想,虽然逝者音容笑貌已逝,但其令名德业世代流传。这一方小小的不易磨灭的石碑,虽然不知是何人发明,但它以一种可以传之万代的物质形式延续着逝者的精神生命,给丧葬礼仪画上了一个完美的句号,既慰安了逝者,又使子孙之孝心哀思得以展现,同时在社会上起着敦风厉俗、垂范后昆的作用。墓碑迎合了多方的需求,所以它出现之后,便迅速地在东汉社会流行,自是可以理解的了。

在东汉碑文撰作的热潮中,蔡邕是第一个大家,他不仅有大量的碑文传世,而且有专门的关于碑的论述《铭论》,阐述他对汉碑的起源及创作原则的认识。他的碑文不仅数量多,而且成就最高,在撰写上超拔时人,确立了碑文的至高典范,他创作的很多碑文也成为经典作品。可以说,在碑文文体的发展历史中,蔡邕是第一块里程碑。

蔡邕碑文之所以成为经典,首先是由他作品的丰富内涵和自身价值所决定的。蔡邕才华出众,学养深厚,在时风的影响下,他也投入到碑文撰写并创作了大量的作品。蔡邕对于立碑刊铭有自己的立场和看法,他认为立碑的目的是为了颂美功德,有功有德者方能树碑铭墓[①]。因此在碑文写作中他对墓主的功业勋绩基本如实叙写,不谬称,不溢美,同时又自觉努力地追求文雅华美,力求把这种刚刚兴起的实用文体打造成美文。在这种思想指导下,以蔡邕的雄辞丽藻施之于碑文创作,自然产生出许多合乎披文以相质、衔华以佩实的优秀碑文。这些碑文辞采华茂,纵意铺衍,"清词转而不穷";语言上崇尚丽辞,刻意锤炼,用语工巧,变化无穷,"巧义出而卓立"。语趋骈俪,讲究藻采,词语雅训,这些特点表现了蔡邕碑文高度的文学化,也正是东汉文学语言形式的审美追求。蔡邕的碑文不仅辞采华美,而且从有史可考的碑主事迹来看,蔡邕基本上做到了"词无择言"、"莫非清允"。我们今天将《汝南周勰碑》、《朱穆坟前方石碑》、《太尉杨秉碑》、《太尉陈球碑》、《太尉杨赐碑》等和《后汉书》相关的传记对照,人物行迹、善

---

① 参见《全后汉文》卷78,蔡邕《铭论》云:"春秋之论铭也,天子令德,诸侯言时计功,大夫称伐。钟鼎礼乐之器,昭德纪功,以示子孙。物不朽者,莫不朽于金石,故碑在宗庙两阶之间。近世以来,咸铭之于碑,德非此族,不在铭典。"

恶大节并无出入,甚至史书中对有些人物的评价在某些字句上与碑文似乎都如出一辙(如胡广、杨赐)。若以史书的质实精神来考察蔡邕所撰之碑文,基本上是符合的,而并非有些人所批评的蔡邕碑文均为华饰无实的"惭德"之作。蔡邕撰写的碑文,既满足了社会共同的心理需求,又符合了人们的审美追求,因此蔡邕在当世就受到人们的推崇,许多名臣节士的墓碑都请他代作。即使是在他受到宦官迫害而流亡江淮的十二年间,他仍然受托为朝中很多离世的官员如太尉陈球、太尉乔玄、太尉刘宽及司空杨赐等人撰写墓碑。《后汉书·文苑传下》祢衡传云:"(黄)祖长子射,为章陵太守,尤善于衡。尝与衡俱游,共读蔡邕所作碑文,射爱其辞,还恨不缮写。衡曰:'吾虽一览,犹能识之。唯其中石缺二字为不明耳。'因书出之。射驰使写碑还校,如衡所书,莫不叹伏。"①史载此事,欲以夸誉祢衡有过目成诵之奇,但同时也反映出蔡邕碑文在汉代所受之关注程度。不难看出,在当时社会里,蔡邕在碑文撰作上的地位和影响已经获得了广泛的确认。他的碑文所具有的叙事该要、缀采雅泽、清词不穷、巧义卓立等内在的文学特质及社会功能,是其成为碑文经典的重要原因。

二、文论家的关注探讨

文学理论家的评论,起着积极的引导作用,吸引人们去关注碑文及相关的作家作品。汉魏六朝时期,中国古代文章的分类体系已经完备稳定,文学批评和理论也日趋成熟。人们对文学有了较为明确的认识,对文章各种体裁进行了广泛的体认研讨。

① 《后汉书》卷80下,第2657页。

在“实用价值”和“审美意义”并重的观念下，碑作为一种重要文体的身影随处可见。文论家们对于碑志文体的探讨涉及碑的起源、作用，碑文的文体特征以及代表作家、作品等方面。蔡邕《铭论》以为碑起源于钟鼎礼器，其作用在昭德纪功。曹丕《典论·论文》云：“盖奏议宜雅，书论宜理，铭诔尚实，诗赋欲丽。”[①]将文章分为四科八体，并指出这些文体的基本风格特征，碑铭属于铭诔，是述功记悼载业载绩的文章，故而其体类特征重在纪实。

之后，西晋陆机在《文赋》中，自觉地探索文学自身的特征，对于当时的十种文体的风格进行了总结：“诗缘情而绮靡，赋体物而浏亮。碑披文以相质，诔缠绵而凄怆，铭博约而温润，箴顿挫而清壮。颂优游以彬蔚，论精微而朗畅，奏平彻以闲雅，说炜晔而谲诳。”[②]艺术的特定体裁，都是从不同的侧面去反映生活和概括生活的，由于把握生活的形式和内容的特点各不相同，因此风格上也有差异，而碑文是表彰功德的，故必须借助于文辞的修饰，要以文助质，强调了碑文文体的特质。另外，挚虞的《文章流别论》也对碑文的渊源、演变进行了阐述。他认为碑从体式上归之于铭，把碑和铭放在一起论述，认为铭产生于颂扬德绩的需要，指出“德勋立而铭著”。

南朝文学理论依然很关注碑文。萧子显云：“显宗之述傅毅，简文之摛彦伯，分言制句，多得颂体。裴颜内侍，无规凤池，子章

① 严可均校辑：《全三国文》卷8，第1098页。

② 《文选》卷17陆机《文赋》，第241页。

以来，章表之选。孙绰之碑，嗣伯喈之后；谢庄之诔，起安仁之尘。"[①]依体而评议文人创作。梁元帝萧绎在南朝唯一存留下来的碑文总集《内典碑铭集林序》里，阐述了他对碑文的认识："夫世代亟改，论文之理非一；时事推移，属词之体或异。但繁则伤弱，率则恨省；存华则失体，从实则无味。或引事虽博，其意犹同；或新意虽奇，无所倚约；或首尾伦帖，事似牵课；或翻复博涉，体制不工。能使艳而不华，质而不野，博而不繁，省而不率，文而有质，约而能润，事随意转，理逐言深，所谓菁华，无以见也。"[②]第一次对碑文的写作及审美特征进行了较为深入的探讨。强调碑文撰写必须处理好繁与率、华与实、引事与表意、结体与运气的关系，方能做到"披文相质，博约温润"，写出好的作品。而以文体为核心，对文学进行系统而全面的论述的文体学专著是刘勰的《文心雕龙》，全书 50 篇，从《明诗》到《书记》的 20 篇，历来被称为文体论，论述了 30 多种文体的形成和发展的小史，按作者拟定的"原始以表末，释名以章义，选文以定篇，敷理以举统"(《文心雕龙·序志》)的原则写成。其中《诔碑篇》对碑文文体的发生和演变及与其他文体的关系、碑文的写作、文体特征、重要作家作品等方面都做了详细的阐述和分析，体现了一个理论家的精深和睿智。刘勰极力推崇蔡邕的碑文，赞其"其叙事也该而要，其缀采也雅而泽"、"骨鲠训典，词无择言"、"辨给足采"、"莫非清允"。他的评论，可以说代表了汉魏六朝时期人们的普遍认识。这些不仅对于读者认

① 《南齐书》卷 52《文学传论》，中华书局 1972 年版，第 908 页。
② 严可均校辑：《全梁文》卷 17，第 3053 页。

识碑文的特点及作家作品很有帮助，对于碑文的写作实践也颇有指导意义。

与刘勰同时代的萧统的《文选》，是一部有文学史意义的总集，开创了历代至今有文必“类”，按“类”选文，以“体”入“类”，以“文”示范的样板。其分类基本反映了唐前文体发展的状况，所选作品也很有代表性，在依体精心选择作品中表达出编者的文学思考，而他对文的认识、选文的标准也体现了当时的文学观念。《文选》卷58至59“碑文”类选文5篇，有4篇为墓碑文，反映了碑文演变的实际情况及人们的认识。《文章缘起》又名《文章始》，一卷，是一部文体论。旧本题南朝梁任昉撰。内容主要叙述包括以碑在内的85种文章体裁的缘起，标明各类文体始于何人所作，如碑，标始于汉惠帝《四皓碑》等，这些对文体的研究很有参考价值。

汉魏六朝文论家对于碑文文体特征的探讨和论述，既反映了碑文这一实用文体在当时社会中的发展状况和重要地位，同时又能帮助人们加深对碑的认识，从而引导人们去留意相关作家及作品。

三、文学家的肯定揄扬

历代文士的参与写作是碑文经典化进程的重要动力。文论家们在理论的探讨中，往往会论及到具体的作家和作品。“自后汉以来，碑碣云起”。碑文作为一种异军突起的文体，吸引了广大文士的目光，成为汉魏六朝文士竞秀、驰骋才华的重要场所。汉之碑文多由文士撰写，碑文是东汉尤其是东汉后期文士写作的主要体式之一，产生了很多典雅优美的作品。

在汉代碑文作家中，蔡邕是被谈到最多的一个人，历代文论家或文学家对他在碑文创作上的贡献及对后世文人的影响往往赞誉有加，不惮辞费。如西晋挚虞《文章流别论》："蔡邕为杨公作碑，其文典正，末世之美者也。"[1]东晋李充《起居诫》："中世蔡伯喈长于为碑。"[2]萧子显《南齐书·文学传论》云："孙绰之碑，嗣伯喈之后；谢庄之诔，起安仁之尘。"[3]萧绎《内典碑铭集林序》云："夫披文相质，博约温润，吾闻斯语，未见其人。班固硕学，尚云赞颂相似；陆机钩深，犹闻碑铭如一。唯伯喈作铭，林宗无愧，德祖能诵，元常善书，一时之盛，莫得系踵。"[4]刘勰云："自后汉以来，碑碣云起，才锋所断，莫高蔡邕：观杨赐之碑，骨鲠训典；陈郭二文，词无择言；周胡众碑，莫非清允。其叙事也该而要，其缀采也雅而泽；清词转而不穷，巧义出而卓立；察其为才，自然而至。"[5]沈约《答乐蔼书》曰："郭有道汉末之匹夫，非蔡伯喈不足以偶三绝。"[6]王勃《与契苾将军书》亦云："伯喈雄藻，待临宗而无愧。" 李兆洛《骈体文钞》曰："碑志之文，本与史殊体。中郎之作，质其有文，可为后法。"[7]刘师培说："碑铭之体应以蔡中郎为正宗，然自齐梁以迄唐五代，碑文虽较逊于伯喈，而其体式则无殊于两汉，盖惟辞采增华，篇幅增长而已。"[8]

---

① 严可均校辑：《全晋文》卷77，第1906页。

② 严可均校辑：《全晋文》卷52，第1766页。

③ 《南齐书》，中华书局1972年版，卷52，第908页。

④ 严可均校辑：《全梁文》卷17，第3053页。

⑤ 周振甫：《文心雕龙注释》，第128页。

⑥ 《南齐书》卷22《豫章文献王传》，第419页。

⑦ 李兆洛选辑：《骈体文钞》，第513页。

⑧ 刘师培：《中古文学论著三种》，第169页。

六朝文论家们对于蔡邕碑作成就的首肯和揄扬，奠定了他在碑志文体发展史上的崇高地位，而这种理论认识也为后代的文论家所认同和继承。尽管在六朝以后对于蔡邕碑志的评价也曾出现过不同的声音，有人提出异议，如唐代封演云："近代碑稍众，有力之家，多辇金帛，以祁作者，虽人子罔极之心，顺情虚饰，遂成风俗。蔡邕曰：'吾为人作碑多矣，惟郭有道无愧辞。'"①王应麟《困学纪闻》卷12："蔡邕自言'为郭有道碑，独无愧色'，其他可知矣，其颂胡广、黄琼，几乎与韩、老同传。若继成汉史，岂有南董之笔？"②章学诚《丙辰札记》亦云："中郎学优而才短，观遗集碑版文字，不见所长。如撰《后汉书》，未必长于范、陈。"③顾炎武更云："东京之末节义衰而文章盛，自蔡邕始，其仕董卓，无守；卓死惊叹，无识。观其集中滥作碑颂，平日之为人可知矣。"④从史德、史才、人品来评价蔡邕，似乎昧于史书与碑志文体之区别，以史的规范来要求和评判碑文，结论自难公允。而以碑作来质疑人品，则更欠斟酌，笔者已有专文进行辨析，此不繁言。这些议论仅是见仁见智的一家之说，难成公论。况且汉魏六朝之文，五代后已多散佚，传于今者益加残缺，而汉碑历年绵邈，剥泐残毁者更是无数，其全貌后人已经无法看到。所以刘师古云："故据唐宋人之言以评论汉魏，每不及六朝人所见为的；据近人之言以评论六朝，亦

① 封演：《封氏闻见记》，文渊阁《四库全书》影印本，第862册，445页。

② 王应麟：《困学纪闻》，文渊阁《四库全书》影印本，第894册，396页。

③ 章学诚：《丙辰札记》，《风雨楼丛书》，清末上海国光精良印刷所刻印本，第1页。

④ 陈垣：《日知录校注》卷13"两汉风俗条"，第40页。

不如唐宋人所见较确。盖去古愈近所览之文愈多，其所评论亦愈当可信也。”[①]此语可谓切中肯綮，用之于汉碑的评价，亦无不可。六朝人对于汉碑的评论应较唐宋后人更为允当可信。

总体来说，对蔡邕碑作无论是批评还是肯定，都使得他的有关作品引起人们的关注、阅读、欣赏，更加广泛流传开来。

四、文选家的选辑收录

各种文集、文选家的选择和收录，对碑文经典化的过程起了推波助澜的作用。随着碑文逐渐成为一种广泛应用的文体，越来越多的文学家投入写作，一展才华。碑文作品也越来越多，这就需要进行作品选辑，供人们欣赏、学习、借鉴。尽管文选家各有不同的取舍标准，但还是有相互继承和发展的地方，总存在着某些趋同性和一贯性。文章总集，始于晋代，如挚虞《文章流别集》、李充《翰林论》等，可惜都已经散佚。但就《文章流别论》保留下来的片段来看，挚虞赞叹蔡邕所写的《杨赐碑》为“末世之美者”，那么蔡邕的碑文很有可能选入他的《文章流别集》中。萧统《文选》的出现，使文章总集有了很大的发展，其选文和分类标准均体现了萧统的文学主张和观念。在《文选》中，碑铭、墓志各作为一种重要的文学类别列入，并收录了6篇碑志作品，蔡邕的《郭有道碑文》、《陈太丘碑文》，王仲宝的《褚渊碑文》、沈休文的《齐故安陆昭王碑文》、王简栖的《头陁寺碑文》、任彦升的《刘先生夫人墓志》。这些碑志作品，应该是汉魏以来人们公认的经典作品。刘勰在《文心雕龙》中所论述的蔡邕的“陈、郭二文，词无择言”均在

① 刘师培：《中古文学论著三种》，第137页。

其中。清李兆洛《骈体文钞》墓碑类选文五人21篇，蔡邕一人14篇：《胡公碑铭》、《太傅文公侯胡公碑》、《太傅胡公碑》、《杨公碑》、《司空文烈侯杨公碑》、《汉太尉杨公碑》、《朱公叔坟前石碑》、《陈太邱碑》、《郭有道林宗碑》、《贞节先生范史云碑》、《袁满来墓碑》、《交趾都尉胡府君夫人黄氏神诰》、《胡夫人灵表》、《议郎胡公夫人哀赞》。《古文苑》、《续古文苑》、《全上古三代秦汉三国六朝文》都收录了一些汉碑。这些文集的层层筛选、淘洗，使得蔡邕的碑文随着文选的流传而得以广泛长久地流传，最终成为出现频率较高的作品，在千年以来经过了文学家的选择和接受、文论家理论上的总结和扬弃、文章家的选录等过程之后，已经具有了永久的生命力，成为经典。

五、后世文士的追摹取法

蔡邕超卓时人，树立了汉碑的典范，成为其后文人创作碑文的准的，影响到很多的文学家。后世文人对蔡邕碑文的准则模仿，投身碑文写作，亦推进了蔡邕碑文的经典化进程。

汉末继蔡邕之后，孔融亦擅作碑文，而且深受蔡邕影响。刘勰《文心雕龙·诔碑》评价道："孔融所作，有慕伯喈，《张》、《陈》两文，辩给足采，亦其亚也。"①刘师培曰："融有《张俭碑》、《陈纪碑》，凡有韵之文能得蔡中郎之一体者皆足成家。孔文举得其叙事之法，故其文雅而润。"②

魏晋时立碑虽然受到限制，历代记录和流传的魏晋碑刻甚

---

① 周振甫：《文心雕龙注释》，第128页。
② 刘师培：《中古文学论著三种》，第164页。

少，《全晋文》辑录墓碑文近30篇，大多亦残缺不全。但据史书所载，孙绰、郭象、王接、葛洪、虞预等人都有碑作。《晋书·孙绰传》载："绰少以文才垂称，于时文士，绰为其冠。温、王、郗、庾诸公之薨，必须绰为碑文，然后刊石焉。"①晋人对孙绰碑文的推崇，充分表明了碑文仍是当时一种受到重视的文体。而孙绰之碑文，受蔡邕沾溉甚多。"东晋以碑铭擅长者，当推孙绰、袁宏为最，《桓彝碑》今已不传，所存《丞相王导碑》、《太尉郗鉴碑》、《太尉庾亮碑》亦多残缺。其文笔之雅虽逊伯喈，而词句清新，叙事简括，转折直接，皆得力于伯喈为多。"②

陆机不仅在《文赋》中对碑的文学特质进行阐述，而且与陆云的书信往来中多有论述涉及碑，而且每每提到蔡邕。其中有"蔡氏所长，唯铭颂耳。铭之善者，亦复数篇，其余平平耳。兄诗赋自与绝域，不当稍与比较"。"《茂曹碑》皆自是蔡氏碑之上者，比视蔡氏数十碑，殊多不及，言亦自清美，愚以为无疑不存"③，以蔡邕碑文作为比照对象，可见魏晋人撰写碑文时仍多以蔡邕为典范。而晋碑对汉碑文词上的袭用，清人已有关注，认为"当时㩮撦崔、蔡，成为风气"。④

南朝由于碑禁甚严以及薄葬之风的影响，碑文呈现衰落之

---

① 《晋书》卷56《孙绰传》，第1544页。

② 刘师培：《中古文学论著三种》，第164页。

③ 严可均校辑：《全晋文》卷102陆云《与平原书》，第2042页。

④ 《语石　语石异同评》云："崔子玉《张平子碑》云'其先张老纳诲赵武，而反其侈'，晋张朗碑亦有此二语，改诲字为规。蔡伯喈《胡夫人黄氏神诰》云'实曰列嬴'，晋《孙夫人碑》亦曰'实曰列姬'，显为蹈袭。可见当时㩮撦崔、蔡，成为风气。其余汉晋石刻，屡见字句有相同者。"第394页。

势，碑文存世者仅有20余篇，而且多残缺不全。但从文献记载来看，当时的著名文士，如傅亮、谢庄、王俭、王融、谢朓、孔稚珪、沈约、江淹、任昉、徐勉、裴子野、徐陵都曾撰写过碑文。《梁书·陆云公传》载："云公先制《太伯庙碑》，吴兴太守张缵罢郡经途，读其文叹曰：'今之蔡伯喈也。'"[①]《南史·豫章文献王嶷传》载，嶷薨后，乐蔼等为之建碑，并请沈约为文，沈约曰："郭有道汉末之匹夫，非蔡伯喈不足以偶三绝。谢安石素族之台辅，时无丽藻，迄乃有碑无文。况文献王冠冕彝伦，仪刑宇内，自非一代辞宗，难或与此。约闾闬鄙人，名不入第，欻酬今旨，便是以礼许人，闻命惭颜，已不觉汗之沾背也。"[②]这或许是沈约的推脱之辞，但蔡邕碑文在南朝的影响仍可见一斑。

北朝碑文数量远远超过南朝，也主要由士人撰写，从史书记载及当时文士所存作品可知，元延明（《魏书》卷20）、封伟伯（《魏书》卷32）、李骞（《魏书》卷36）、邢虬（《魏书》卷65）、卢柔、唐谨（《周书》卷32）、吕思礼（《周书》卷38）等人都有碑作遗世。尤其以温子升、邢邵和魏收为代表的"北地三才"更是碑文大家，刘师培《南北文学不同论》云："温子升长于碑版，叙事简直，得张、蔡之遗规。"[③]其《常山公主碑》被《骈体文钞》墓碑类选入；邢邵与温子升齐名，《全齐文》辑有其《广平王碑文》、《冀州刺史封隆之》两篇碑文；魏收著《魏书》，是北齐著名文士，其碑作曾得到庾信赞誉："我江南才士，今日亦无举世所推。如温子升独擅邺下，常见其词

① 《梁书》卷50，中华书局1973年版，第724页。

② 《南史》卷42，中华书局1975年版，第1067页。

③ 刘师培：《中古文学论著三种》，第153页。

笔,亦足称是远名。近得魏收数卷碑,制作富逸,特是高才也。"[①]《北齐书》云:"(魏)收以温子升全不作赋,邢虽有一两首,又非所长,常云:'会须作赋,始成大才士。唯以章表碑志自许,此外更同儿戏。'"[②]魏收以章表碑志自许,但其碑文竟无存。北朝墓志繁兴,在写法上多拟则汉碑,行文方式及格调与汉碑相类,以蔡邕为典范。

作为北朝后期最著名的文人,庾信写作了大量的碑志文,《全后周文》收有其碑文及墓志铭31篇,均为他入北以后所作。《北史》载:"明帝、武帝并雅好文学,信特蒙恩礼。至于滕、赵诸王,周旋款至,有若布衣之交。群公碑志,多相托焉。"[③]庾信的碑志文为世所重,宇文逌《庾信集序》云其:"善为文词,尤工诗赋。穷缘情之绮靡,尽体物之浏亮。诔夺安仁之美,碑有伯喈之情,箴似扬雄,书同阮籍。"[④]以庾信碑志与蔡邕相比,可见北朝人对蔡邕碑文之推崇。

凡此种种,均充分表明了蔡邕碑文之深远影响及典范地位。孙绰、庾信等人的碑文创作,承继着蔡邕在碑文中展现才艺的取向,总体上体式变化甚微,而更讲究铺叙藻采,用典广博,对仗工丽,是蔡邕碑文语趋骈俪、讲究藻采、词语雅训特征的进一步发展和深化。若以魏晋六朝的碑作名篇与蔡邕碑文相较,前后之间的

---

① 段成式:《酉阳杂俎》卷12《语资》载庾信语,文渊阁《四库全书》影印本,第1047册,第637页。

② 《北齐书》卷37《魏收传》,中华书局1972年版,第492页。

③ 《北史》卷83《庾信传》,中华书局1974年版,第2794页。

④ 李昉:《文苑英华》,文渊阁《四库全书》影印本,第1339册,第610页。

承继轨迹显然可见。从史书记载来看,汉魏六朝有很多的文士参与碑文撰写,在当时也产生了大量作品,而到今天这些人的碑文作品大多或失考,或不存,使人无法了解唐前碑文发展的全貌,不能不说是一种遗憾。但是这些著名文士的参与写作,极大推进了碑文文体的发展和经典化进程,而经过历史的凝练和淘洗,那些经常进入文论家们视野并经其品评的作家及作品,在当时应是公认的经典,依然能够流传到今天并成为经典,蔡邕的碑文即是如此。

虽然"六朝碑铭之格式固与两汉无异:增两汉之藻采即成六朝,删六朝之华词仍返两汉"①,但六朝人竞尚藻采,讲究对仗,堆砌典故,历数生平,因此碑文往往词费文繁,与汉碑典雅庄重的面貌已经不同。六朝碑文在文学形式美上的过度追求,再加上以极度形式化的骈文出之,使得文胜于质,背离了碑志文"披文相质"的写作准则。难免产生"自是以降,六朝碑志,陈陈相因,一流于骈俪浮冗,无可观览"的千篇一律的弊病②。王国维分析说:"盖文体通行既久,染指遂多,自成陈套,豪杰之士亦难于中自出新意,故往往遁而作他体,以发表其思想感情。"③碑志文体发展到六朝,沿袭一久,自成陈套,已经沦为一种惰性结构,写作变成公式化的填空。因此碑文急需拓展新的发展空间,否则只能被淘汰,碑文文体的革新势在必行。

---

① 刘师培:《中古文学论著三种》之《文心雕龙讲录》,第169页。

② 陈柱:《中国散文史》,东方出版社1996年版,第145页引吴闿生语。

③ 王国维撰,黄霖等导读:《人间词话》,上海古籍出版社1998年版,第33—34页。

经过唐初张说等人的努力，直到韩愈，以传记手法和小说笔法引入碑志写作，发动了一场意义深远的碑志革新运动，“起衰振懦，夐绝前载”[①]，使碑志文面目一新。他撰写的碑志改变了六朝“铺排郡望，藻饰官阶”[②]的因袭雷同的面貌，成为独具特色的传记文学作品。这些作品往往具有浓郁的文学性，而在评价人物上又能做到不虚美，对当时及后世皆产生了良好影响，备受推崇。陶宗仪《南村辍耕录》卷9《文章宗旨》指出：“碑文惟韩公最高，每碑行文，言人人殊，面目、首尾决不再行蹈袭。”[③]韩愈为碑志文开辟了新的发展道路，建立起又一个典范。韩愈的碑志文因此和杜甫的律诗被并举为“韩碑杜律”，以作为唐代文学的代表，影响深远。韩愈之后，历代作碑者大多以韩愈之作为师法，效仿尤众。文论家们谈及碑文也往往以韩愈为范例[④]，而“不知有汉，无论魏晋”，汉碑已少人问津矣。

但是文体的革新并非是凭空产生的。文体的发展不是前仆后继，而是在同一体制中推陈出新，它有自身的运动轨迹，在某种程度上可以说文体的新变就是其文化传统推动的产物。作家也受制于先他而存在的文化传统，他对于文体的创新是在继承前人积累的文学传统的基础上发展出来的。“形成现代的因子，

---

① 陈柱：《中国散文史》，第145页。

② 章学诚：《章学诚遗书》之《文史通义·墓志辨例》，文物出版社1985年版，第76页。

③ 陶宗仪：《辍耕录》，文渊阁《四库全书》影印本，第1040册，第505页。

④ 如元代潘昂霄《金石例》，明代王行《墓铭举例》，清代黄宗羲《金石要例》，鲍振方《金石订例》皆大量引用韩愈碑志文，并总结出碑志的种种文例格式，供人当作典范学习。一种以韩愈碑志文为标准的新的碑志定例已经形成。

早潜伏在过去的时代中。”[①]韩愈碑文的成就，是在对前人创作实践的借鉴和吸收基础之上取得的。他之前的蔡邕、庾信、张说的碑文都给他提供了滋养和启示。如蔡邕为杨赐一人作碑文四篇，为避免重复，有两篇不合碑文常式：一篇以朝廷吊祭发端，重在叙咏杨赐的品性之美，一篇重在叙咏杨赐的仕宦功绩，不及其余。这种打破惯常程式的做法为韩愈碑志文开创了先例。蔡邕碑文中一些因人而异、随事而变、异于常规的典型化处理方式，如语言的引用、细节的描写、场面的叙述等等手法均为韩愈的碑志创作所师法继承。可以说，汉碑尤其是蔡邕所创的汉碑典范为韩愈的碑志文创作提供了滋养。所以，黄侃《中国文学概谈》“就中国文学占有势力者”中，秦汉时代仅列蔡邕一人，称“《史记》、《汉书》，尚未纯粹，质言之，班较胜马。至《汉书》以下之文，陈陈相因，四字一句，此种体裁，实出于汉碑。而汉碑则以蔡邕为主，其后范蔚宗以碑为史，韩退之以史为碑，盖受蔡之碑板影响也。”[②]吴闿生云：“文章之事，以金石刻为最重，其体亦最难。自退之韩氏外，殆莫有能为之者……儿时读韩文，喜其惊创瑰奇，以为退之伟才，故独辟蹊径如是，后来者所当步趋，而莫外也。及睹《蔡中郎集》，乃知碑刻之体，创自中郎；退之特踵其法为之，未尝立异，顾其才高，遂乃出奇无穷耳。后得洪文惠所辑《汉碑刻》，益诧为平生所未见，反覆研诵，弥月不能去手。乃知汉人碑颂，其高文至多，崇闳隽伟，非中郎一家所能概，而退之不

① 钱钟书：《旁观者》，载《钱钟书经典散文集》，内蒙古人民出版社 1998 年版，第 100 页。

② 黄侃：《文心雕龙札记》，中华书局 2006 年版，第 294 页。

能出其范围……今学者皆知韩文之奇,而于汉代诸碑熟视无睹焉;譬如敬人之子孙,而忘其父祖可乎?”[1]匡源《汉石例》序云:“魏晋之际,尚守汉人遗规,六朝以来渐趋冗滥。昌黎起八代之衰,号称复古,今学者知祖昌黎而不远稽汉代,是沿其流而未溯其源也。”[2]作家在文体创作中,既必须对旧体有所继承,又必须有所创造,这样文体才不会僵化、衰退,才能获得更新与发展,以上述诸家之言来评价和审视汉碑在碑文发展史上的地位与影响,方可谓不失公允。

第三节　历代汉碑的研究

后世对于汉碑的接受,可以以唐代为分界线。在唐以前,主要是集中于文学方面,文士在创作碑文时基本遵循汉碑体制规范,学习和借鉴汉碑经典作品。唐代由于韩愈等人对于碑文革新,为碑文开辟了新的发展道路,创立新的碑文典范,碑文创作在唐代也达到了顶峰。宋元以至明清,碑刻的数量虽然不少,但从总体来看,再也没有新的突破、新的创造了。在碑文的创造上,虽不乏如宋欧阳修《泷冈阡表》、明张溥《五人墓碑记》等优秀作品,但再未出现像蔡邕、韩愈这样的大家,碑文的发展江河日下。但是,从宋代开始兴起的金石学,却将人们对于汉碑的关注拓展到更广泛的层面,由以前单纯的文体学注目而扩展到历史研究、文

---

① 引自陈柱:《中国散文史》,第145页。

② 刘宝楠:《汉石例》匡源序文,同治八年木刻本。

字考释、书法赏鉴等诸多方面，汉碑所具有的价值得到充分的发掘和肯定，汉碑的影响更趋深远。因此本节以时间为经，研究为纬，将汉碑的接受和研究过程加以梳理。

一、金石学与传统汉碑研究

1. 宋代以前的汉碑研究

碑石由于具有极其丰富的历史文字资料，历来被重视历史研究的儒家学者看作重要的历史文献，加以研究利用。早在西汉时期，司马迁的《史记》就记录了秦始皇巡游天下时在琅邪、泰山等地的刻石文辞。东汉时班固《汉书·艺文志》中收录了当时的著作《奏事》20 篇，注明为“秦时大臣奏事及刻石名山文也”。东汉中后期碑文尤其是墓碑文兴盛之后，作为颂德述亡的碑主生平传记，汉碑受到史学家的关注。在南朝范晔编纂《后汉书》时，不仅对当时文士的诗、赋、碑、诔等主要文体的创作情况加以详细著录，而且在为人物立传时，也充分参考和利用了当时尚存的碑文，如《后汉书·张衡传》论曰：“崔瑗之称平子曰：‘数术穷天地，制作侔造化。’斯致可得而言欤！”①范晔此处所引崔瑗之语，即崔瑗所撰《张衡碑》之文句。同样，将《后汉书·胡广传》、《桥玄传》等和蔡邕所撰《太傅胡广碑》、《太尉桥玄碑》相比较，明显亦能看出史传在某些细节方面对于碑文的吸收。南朝时期，已经开始有了大型的石刻集录，如《四库全书总目》中引有《碑英》120 卷，为梁元帝所集②，书虽已经亡佚，

① 《后汉书》卷 59，第 1940 页。

② 见《四库全书总目》（整理本）卷 86，中华书局 1997 年版，第 1136 页注①。余嘉锡云：“考《知不足斋》所刻《金楼子》，本无《碑英》120 卷之文。《总目》误《碑集》为《碑英》，又引《碑集》十秩百卷一条，误百卷为百二十卷，未覆检原书，遂致偶然笔误。”

但可以说明，当时文化界已经有了汇集与研究碑刻材料的学术风气。

北魏郦道元所著的《水经注》，在记载各地风土人情时，亦将当地所留存的汉碑情况附带进行了介绍，共引用汉魏时期的碑刻一百余块，同时还注意收集古代城址、陵墓、寺庙、碑碣等遗迹的材料，“至今对考古调查仍有重要的参考价值”[①]，为我们了解北魏时汉碑的流传提供了珍贵的资料。另外，杨玄之《洛阳伽蓝记》、唐代《初学记》、《艺文类聚》等书中也有一些关于汉碑材料的著录与记载。

但在宋代以前，对于汉碑的著录和研究一直处于零星的散乱状态，可以说是汉碑文字研究的滥觞时期。

2. 宋代的汉碑研究

宋代，以古代青铜器和石刻碑碣为研究对象，以文字考释、史料校勘与考证为主要内容的金石学兴起，正式发展成为一门独立的学问，许多具有极高学术价值的著作也相继产生。据杨殿勋统计，宋人所著现已失传的金石学著作有 89 部之多[②]。据容媛《金石书录目》记述，仅流传至今的金石学著作就有 29 部之多。对于汉碑的研究，也多散见于这些金石学著作之中。

宋代金石学著作当首推欧阳修《集古录》10 卷，成书于北宋嘉祐八年，是欧阳修经过多年广采博集、潜心考释研究而编撰成的一部研究碑刻的专著。书中载录了作者收集到的大批两汉、

① 《中国大百科全书·考古学卷》，大百科全书出版社 1986 年版，第 236 页。

② 杨殿勋：《宋代金石书考目》，《考古》1926 年第 4 期。

魏晋、南北朝、隋、唐的碑刻，其中汉代碑刻70余种，墓碑42种。作者在序中言："又以谓聚多而终必散，乃撮其大要，别为录目。因并载夫可与史传正其阙谬者以传后学，庶益于多闻。"[①]欧阳修对每一种碑刻均各书其铭文，并附以释文，撮其大要，议论考证，其所论内容，主要集中于碑之史料价值，亦涉及文字、书法方面，首开碑刻考据学之先河。在欧阳修的影响下，碑刻考据学在宋代蔚然成风，出现了很多研究碑刻的学者，一批有重要学术价值的专著也接踵问世。其中以赵明诚编撰的《金石录》、洪适的《隶释》和《隶续》、王象之的《舆地碑目》、陈思的《宝刻丛编》等最为著名。

赵明诚《金石录》30卷，成书于北宋末年。收入上迄商周，下至五代的金石拓本2000卷，仿欧阳修《集古录》体例编排而成。其前10卷以时代为次序，将所收石刻咸著于目，每题下注年月、撰书人名。后20卷为辨证，为跋尾502篇。其中汉碑刻125种，墓碑62种。其序中云："盖窃尝以谓《诗》、《书》以后，君臣行事之迹悉载于史，虽是非褒贬出于秉笔者私意，或失其实，然至于善恶大节有不可诬，而又传之既久，理当依据。若夫岁月、地理、官爵、世次，以金石考之，其抵牾十常三四。盖史牒出于后人之手，不能无失；而刻词当时所立，可信不疑。则又考其异同，参以他书，为《金石录》三十卷。"[②]可见赵氏之书，和欧阳修"正史传之阙谬"的宗旨相同，亦重于考史，兼及碑的源流、时代、出处、体制、拓

① 《集古录》，文渊阁《四库全书》影印本，第681册，第3页。
② 赵明诚撰，金文明校正：《金石录校正》，赵明诚序文，第1页。

本真伪等内容。

洪适《隶释》27 卷、《隶续》21 卷。《隶释》乃洪适以自己“所藏碑一百八十九，译其文，又述其所以然，为二十七卷”。《隶续》乃续《隶释》而作，体例相同。洪适两书所收主要为汉隶碑碣，亦有少数魏碑。欧阳修、赵明诚之书只列碑目，不录碑文，而洪适之书录写碑文，并兼核史事而论证。洪适之书著录碑文内容，对于汉碑内容的保存和流传功莫大焉。“古人著作托金石以垂于后，然金石有时而销泐，其幸而存者，不贵录目，贵录其文而后可传于无穷。故洪适《隶释》、《隶续》较《金石》、《集古》诸录更为有资于考证。”①而洪氏的考证沿袭欧、赵之传统而精审过之。《四库全书总目》以为“自有碑刻以来，推是书为最精博”②，洵为至当。本书在撰写中，原始资料也主要依据此书。

宋代陈思《宝刻丛编》20 卷、王象之《舆地碑目》4 卷均以地理为纲，将所搜录古碑属地可考者按地域编纂，未详所在者，附于卷末，兼采诸家辨证审定之语，具著于下。陈书搜集全国有地理可考的石刻，按地区排列，于诸道郡邑，纲分目析，沿革厘然，并附有当时金石学家的考证之语。王书仅限于南宋疆域，河淮以北，概属阙如。两书中均收汉碑若干，而陈书较王书特为赅备。藉此两书，可以觇见汉碑在宋代的留存及其地理分布的大概情况，其所采金石文字亦有裨考证，具有重要参考价值。另有《宝刻类编》8 卷，亦南宋人所编，其书收自周迄五代碑刻，分帝王、太子诸王、国

① 《四库全书总目》卷 86《古刻丛抄》，第 1144 页。

② 《四库全书总目》卷 86《隶释》，第 1139 页。

主、名臣、释氏、道士、妇人、姓名残缺8类,每类以人名为纲,而载其所书碑目,下各系以年月、地名,搜采赡博,著录丰富。但汉碑多不著书撰人姓名,故其中所收汉碑较少,除了标明书、撰者为蔡邕的数十种碑刻外,另有郭香、仇靖等人所书汉代石刻十余种。足为考订汉碑的作者情况之资。

此外,宋代关于汉碑的著述还有娄机的《汉隶字源》,汇集汉碑隶书文字,为隶书和古今汉字演变的研究提供了宝贵资料。另外,黄伯思的《东观余论》,董逌的《广川书跋》,郑樵的《通志·金石略》,岳珂的《埕史》,邵博的《邵氏闻见后录》,叶梦得的《石林避暑录话》、《石林燕语》,洪迈的《容斋随笔》等著作都有一些关于汉碑的论述。

总之,宋代对于汉碑的接受主要是在收集整理与研究考释上,欧阳修著《集古录》为研究汉碑之始,此后赵明诚、洪适等人各有著述,蔚为专家。这些学者"考古识文,日益精核……士大夫家有其器,人识其文,阅三四千年而道大显矣"①。其研究的内容与方法,"大约不出于著录、摹写、考释、评述四端,有存其目者,有录其文者,有图其形者,有摹其字者,有分地记载者,有分类编纂者,或考其时代,或述其制度,或释其文字,或评其书迹"②。以实物与文献互证来研究历史,取得了丰硕成果。

3. 元明时期的汉碑研究

元代金石著作不多,陶宗仪《古刻丛抄》一卷,钞录古代碑刻72

---

① 阮元:《积古斋钟鼎款识》,商务印书馆1937年版,第64页。

② 朱剑心:《金石学》,商务印书馆1940年版,第20页。

种，其中汉代三种，仅录其文，无考辨文字。但"是书摭拾佚文，首尾完具，非惟补金石家之缺漏，即读史谈艺，亦均为有所裨矣"[①]。杨慎的《金石古文》兼收金石文字，并对一些难识之字进行隶定，其中录有汉碑的一些内容，可与洪适《隶释》等书对比研究。

明代涉及汉碑的研究著作主要有：都穆《金薤琳琅》20卷，仿《隶释》之体例，取金石文字搜集编次，各为辨证，其中收汉碑刻23种。所录碑刻具载全文，后并有取欧、赵、洪诸家之说而为辨证者，兼及碑之辗转流传情况。赵均《金石林时地考》则取《东观余论》、《宣和书谱》、《金石略》、《墨池编》、《集古录》、《隶释》、《金石总要》、《箓竹堂碑目》、王世贞《金石跋》以及各家书目所载，与后代续出者，仿陈思《宝刻丛编》之例，编次郡省，分别时代，书中所录汉碑颇有明代新出者，以之可见传世汉碑之情况。赵崡《石墨镌华》收古石刻，每碑目录之下，注明所在地。后有题跋，略加考证，并论及笔法。所收汉碑仅有10种。郭宗昌《金石史》二卷亦同赵崡，搜剔古刻，均主要以论书为主，不甚考究史事。其中汉碑数种。

元明两代，金石学衰颓，其原因是"风尚不重实学"，"递传至元，承前宋极盛之后，难乎为继，是固因风尚之不重实学，亦由金石器物之少所发现也……甚且纪载失实，真赝莫辨，但逞臆说，毫无考订，是则明儒治学之通病"。[②] 因此，汉碑的研究亦起色不多。

① 《四库全书总目》卷86《古刻丛抄》，第1144页。

② 朱剑心：《金石学》，第20页。

4. 清代的汉碑研究

清初,在顾炎武、黄宗羲"复古"学风的倡导下,金石学由元明的颓靡转入复兴。乾、嘉时期高压的文化专制政策,使文人学者不敢致力于经世之学,转而埋头于古物和古碑拓片的考证研究之中,"乾、嘉以后,小学最盛,谈者莫不借金石以为考经证史之资。专门搜辑著述之人既多,出土之碑亦盛,于是山岩、屋壁、荒野、穷郊,或拾从耕父之锄,或搜自官厨之石,洗濯而发其光彩,摹拓以广其流传"[①],使清代金石学从此进入全面复兴和鼎盛时期。清代金石学取得了巨大成就。据有关文献记载,金石学重要著述的数量超过1400部[②],从事金石研究的学者队伍庞大,300余名学者参与过金石研究[③],其中博学通识、声名卓著者如顾炎武、黄宗羲、朱彝尊、钱大昕、孙星衍、翁方纲、阮元、王昶、叶昌炽等。他们不仅继承了前代研究的丰硕成果和方法,还极大扩展了研究范围,研究体例日臻完善。金石著作中以石刻著作最多,关于石刻研究的著述多达606种[④],大致分为存目、跋尾、录文、摹图、摹字、义例、分地、分代、通纂、综论等方面,尤为详尽。

清代碑刻学著作丰富,洋洋洒洒,不胜枚举。以下从研究内容分类,就其中的重要著作予以简单介绍。

(1)通论

---

① 崔尔平:《广艺舟双楫注》卷1《尊碑》,第35页。

② 根据《清史稿艺文志》及《补编》(章钰、武作成等编,中华书局1982年版)、《清史稿艺文志拾遗》(王绍曾主编,中华书局2000年版)相关内容统计。

③ 容媛:《金石书录目》,"中央研究院"历史语言研究所1992年单刊。其中著录宋代学者仅24家,清代学者达334家。

④ 据容媛《金石书录目》,著录宋代石刻著作29种,清代606种。

叶昌炽《语石》是我国第一部通论古代石刻文字的专著，叶氏“上溯古初，下迄宋元，元览中区，旁征岛索”，将自己所访求之古碑，分别从时代、地域、类别、书法、碑刻体例、文字体例、藏弃源流、摹拓等方面进行了论述，条理明晰，被誉为近代研究中国古代石刻最有学术水平的著作。其中涉及汉碑的内容虽少，亦非传统金石学的考释、辑录之作，但对于汉碑多维角度的探讨以及精辟的见解，却颇能示人津途，启迪后学。对于研究汉碑极有参考价值。

(2)录存碑目

清代著录当时存留碑目之作，有孙星衍、邢澍《寰宇访碑录》、赵之谦《补寰宇访碑录》，孙书录至嘉庆时期，赵书录至光绪时期。

缪全孙《艺风堂金石文字》，录至光绪时期。

(3)考证文字、史事

而对石刻文字进行史料考释者，则有顾炎武《金石文字记》、钱大昕《潜研堂金石文字跋尾》并续、又续、三续，武亿《金石一跋》、《二跋》、《三跋》、《续跋》，翁方纲《两汉金石纪》、阮元《两浙金石纪》等。

顾炎武《金石文字记》六卷，裒集汉以后所见碑刻，以时代为先后，注明书体、立石年月、所在之地等，后缀以跋，证据今古，辨正讹误，考论详核。又摘录碑上别体字于末。其门人潘耒在《补遗》中云：“夫今之去宋仅五百余年，而十亡七八。则过此以往，又当何如？以彼亡佚者为可惜，则其幸而存者，可不知宝重哉？”[①]顾

① 顾炎武：《金石文字记》潘耒《补遗》序，文渊阁《四库全书》影印本，第683册，第827页。

氏所收，为碑刻现存或拓本仍传者，其中汉碑 17 通。而宋至清初碑刻亡佚者十之七八，因此以欧、赵、洪之书较之顾氏所录，五百年间汉碑之流传及保存即可考见。顾氏《求古录》一卷，收录所搜金石中未见于方志者、无拓本传世者、文集中未存者，录载全文，志其地理，考其建立之由，仅收汉碑一种。

林侗《来斋金石考》三卷，总录古今碑刻，其中收汉碑十余种。注明碑额、尺寸、字数行式、碑阴题名，碑之所在等，皆据目见者书之。是书搜罗广博，兼有辨证，对碑之存佚完缺等多有说明。

钱大昕的《潜研堂金石文跋尾》则是以考辨文字、考证史事的精审和渊博著称，利用金石文字对于中国文化如山川地理、人文历史、典章制度、礼俗文化、语言文字等进行了较全面的研究，颇受当时和后世学者重视。

翁方纲的《两汉金石记》详记亲眼所见的汉代碑刻，翔实可靠，鉴别不爽，立论极有独见。是一部难得的两汉金石专著。

王念孙的《汉隶拾遗》，本着其一贯的"因声以求义，引申触类，不限形体"的原则，考释了汉碑中的许多假借字、讹误字以及前人误释的字，考释精辟，对于碑文的释读考证多有发明。

(4)录文兼考证

录文并兼题跋考证者，有清王昶《金石萃编》160 卷，书中所收自先秦至宋的碑刻超过 1500 种，详载每一碑刻的刻石年月、形制、尺寸，并用隶书抄录全文，附以顾炎武、王鸣盛、钱大昕等金石名家的集注文字，加上自己的按语。此书集嘉庆前所存碑刻并考释之大成，是规模空前的石刻资料总集，其中汉代石刻资料共计 22 卷。

陆耀遹《金石续编》，收《金石萃编》以后出土及遗漏者，书成于道光时。

陆增祥《八琼室金石补正》，稍后于《金石续编》，是在《金石萃编》基础上扩充而成的，补充《金石萃编》未收碑刻多达2000余种，并将收入碑刻的范围扩大到辽、金、元。陆氏治学严谨，校碑认真，录文可靠，注重辨伪，在书后特意列出“金石祛伪”一例，为《金石萃编》所未有。可以说是《金石萃编》之后碑刻研究的又一集大成之作。

冯云鹏、冯云鹓《金石索》，将金石碑刻文字拓本汇集成书，有利于拓本保存和流传，其中收录汉碑31种。对于研究查考碑刻铭文具有重要作用。

上述数书规模宏大，内容丰富，收录详备，为研究查考我国古代碑刻铭文提供了宝贵资料。

（6）书法

李光映《金石文考略》16卷，裒辑所得金石刻，分时代编次，杂取诸家之论而成此书，其中所引金石之书40种，文集、地志及笔记小说之书60种，涉及汉碑10余种。主要以品评书迹为主。而万经《分隶偶存》则专论书法，其中汉魏碑考一节，对十数种汉碑之分隶笔法进行精核之论。王澍《竹云题跋》亦对《曹全碑》、《娄寿碑》之书法源流考证品评。

论述、品评碑刻书法者还有阮元《南北书派说》、《北碑南帖论》，包世臣的《艺舟双楫》，康有为的《广艺舟双楫》，亦有涉及汉碑者。

（7）图录

清代褚峻摹图、牛运震补说之《金石经眼录》，褚峻以贩鬻碑刻为业，将其所见金石之状，绘其图样，临其字形，并剥蚀残缺之处，亦一一勾勒，然后缩本付梓，牛运震各系以说，详其高广尺寸及所在之处，对文字亦有训释。此书较之向来金石之书，或仅见拓本，或仅据传闻者，特为精核，“俾人一见了然，而且历历如睹原碑完缺之形状”[1]。另有将碑刻影印图录者，如清杨守敬《寰宇贞石图》。

总之，清代的汉碑研究基本沿袭从宋代以来传统的金石学研究方法，对于碑刻（包括汉碑）的研究着重于实证考据，借助石刻资料以证经史，但较宋人而言，在研究领域上有所拓展。宋人的汉碑研究从保存史料的角度出发，多限于辑录，题跋考证不多。清人则著录之外更有文字考释、名物制度研究、史实考订、义例抽绎、辨别真伪等。随着研究的逐步深入，碑刻研究开始呈现出多样化的趋势，考经证史导致了小学的兴盛，除音韵、训诂之外，对于汉字形体的研究全面展开；同时碑刻所蕴涵的艺术特质日益凸现出来，乾、嘉以降，发掘书学内容，对于碑刻的书法艺术研究成为碑刻研究的重要内容。碑刻研究从资料的整理、摹录、考证到书学观念的发掘与深入都进入了一个科学化、系统化研究的轨道。经历长期的全面深入研究之后，在清末出现了通论性的著作如《语石》，对于碑刻的相关知识进行全面的介绍，集碑石学研究之大成，标志着清代的碑刻研究进入了总结阶段。同时碑刻研究和书法艺术高度融合，阮元、包世臣、康有为许多学者对于碑刻书法艺术素质的阐释更加详尽，同时借鉴碑刻有意识地进行书法创

---

① 褚峻、牛运震：《金石经眼录》序文，文渊阁《四库全书》影印本，第684册，第713页。

作,将碑学—石刻的书法艺术研究推向高潮。

清代涉及汉碑的研究著作丰富,体例完善,是汉碑研究的又一高峰,清代之后,汉碑研究便盛况不再。

5. 近现代对于汉碑的研究

近现代以来的汉碑研究基本还是沿用传统的金石学考据方式,如进行文字考释、以史料与石刻材料对照、总结石刻文例、评价书法艺术等,但是随着西方考古学理论和方法的传入,学术界也逐渐将石刻研究与考古学方法结合起来,开始注意石刻的大环境、出土情况、石刻形制特点、时代特征、文化特色等,将传统的金石学研究向前推进了一大步。20 世纪初,陆续出土了一些古代碑刻,其中汉碑如东汉袁敞碑(1923 年偃师)、袁安碑(1930 年偃师)、赵菿碑(1937 年)、许阿翟墓志(1973 年)、鲜于璜碑(1973 年)、肥致碑(1991 年天津)、幽州书佐秦君石阙(1964 年),其他还有东汉永建三年的王孝渊碑、汉平原相陈元残碑等,为汉碑研究提供了新的资料。关于新出土汉碑的发现和著录,有一些相关的研究文章见于各类考古和文物杂志上,主要集中于历史、考古、字形、书法等方面的研究。除许多散篇论文之外,近代以来还出现了一些对石刻进行综合研究的著作,里面涉及汉碑的相关知识,如民国时马衡《中国金石学概要》、朱剑心《金石学》、陆和九《中国金石学》、黄永年《碑刻学》、赵超《中国古代石刻概论》、金其桢《中国碑文化》等。

同时,收集著录古碑刻的工作仍在进行,出版了大量古代碑刻图录与录文汇编,为有关研究提供了比较全面的资料。有按地区收集的汇编,也有按时代编辑的著录,其中收有汉代碑刻者如《汉魏晋南北朝墓志集释》、《汉魏南北朝墓志汇编》、《汉晋石刻墨影》、《北京图书馆藏中国历代石刻拓片汇编》、《山东秦汉碑刻》、《汉碑集释》、《汉碑全集》、《四川历代碑刻》、永田英正《汉代石刻集成》等。这些著录，为汉碑研究者提供了宝贵资料，有助于汉碑全貌的彻底揭示。

目前，对于汉碑的研究主要集中在两个方面：一是以文章的形式出现，主要是对于单篇碑文的考订，总体上看，仍着重于具体碑刻的语言文字考释、历史文化研究以及书法评论。二是一些年轻的博士、硕士开始将目光投注到碑志上，进一步对碑志进行系统深入的研究，其成果以研究论文的形式出现。[①] 其中，涉及汉碑者，有对于语言文字的研究，如王盛婷《汉魏六朝碑刻礼俗词语研究》（西南师大，2004 年）、章红梅《汉魏六朝石刻典故词研究》（西南大学，2006 年）、刘志生《东汉碑刻复音词研究》（华东师大，2005 年）、范叔婧《东汉碑刻异体字研究》（北师大，2006 年）、何

---

① 从 2001 年以来，在硕士、博士选题中，可以感受到碑志研究的升温。从 http://www.cnki.net/index.htm 提供的中国硕士、博士学位论文数据库可知，至 2007 年，有关碑志的选题有 37 篇之多，除了后面例举与汉碑有关的选题之外，尚有陆明君《魏晋南北朝碑别字研究》（吉林大学，2007 年）、李利芳《魏晋南北朝碑刻文字构件变异研究》（西南大学，2006 年）、王鹏江《唐碑研究》（首都师大，2006 年）、杨双群《魏晋南北朝碑刻人名研究》（西南大学，2007 年）、严春华《中唐碑志文研究》（四川大学，2005 年）、乔芳《元好问碑志文研究》（扬州大学，2007 年）、杜丽萍《韩愈欧阳修碑志文比较研究》（东北师大，2005 年）、王贺《张悦碑铭文研究》（北师大，2005 年）、侯吉永《韩愈破体为文论——以其碑志文体为中心》（河南大学，2006 年）、黄克《清代碑学中的古法思想研究》（南京师大，2006 年）、冯健《陕西北朝佛教造像碑初探》（西北大学，2005 年）、陈超《明代女性碑传文与品官命妇研究》（东北师大，2007 年）、何永胜《北朝墓志风格研究》（北师大，2006 年）、祖生利《元代白话碑文研究》（2000 年）、罗维明《中古墓志词语研究》（暨南大学，2003 年）等。从应用技术角度研究碑刻有侯贺新《近代碑刻数字化研究平台的设计与开发》（北师大，2006 年），对金石学家进行研究有张俊岭《吴大徵的金石研究及其书学成就》（暨南大学，2005 年）。

山《汉魏六朝碑刻记号字研究》(西南大学,2006 年)、于彦磊《两汉石刻文字研究》(南昌大学,2007 年);有对于书法艺术及美学价值的研究,郑培亮《两汉石刻书法类型与艺术审美特征研究》(山东大学,2004 年),杨频《汉魏两晋南北朝碑额志盖书法研究》(北师大,2006 年)、熊明祥《以张迁碑为例探讨实物在金石书法研究中的价值》(华东师大,2007 年)。这些论文对于汉碑的文字、语言价值进一步深入发掘,系统地分析探讨,并尝试进行宏观的综合性研究,在深度和广度上都推动了汉碑传统研究的发展,对于揭示汉碑发展的全貌具有重要意义,为汉碑文学研究奠定了坚实的基础。

二、汉碑的文学研究

汉碑研究,历来集中在金石学传统研究上,着重于对汉碑的历史和书法价值进行探究。而从文学角度观照碑,认识其文学价值,还没有引起人们足够的重视。但是历代的金石学研究,也为我们从文学角度研究汉碑提供了重要的资料。虽然对于汉碑进行文学上的研究直到现当代才真正开始,但是对于碑文的文体特征,历代文论著作与按体编排的文章总集中都有一些阐述,其中重要的有《文赋》、《文章流别论》、《文心雕龙》、《文选》、《文章辨体》、《文体明辨》、《古文辞类纂》、《骈体文钞》、高步瀛《两汉文举要》等。除此之外,唐宋以后还出现了一些专门探讨碑志体例和写作手法的著作,如元代潘昂霄的《金石例》、明人王行的《墓铭举例》、清代黄宗羲的《金石要例》、叶昌炽的《语石》及王芑孙的《碑版文广例》等,对于前代碑铭文章体例进行总结,使后学知碑志之义例,撰作时有所矜式,有章可循,史称为“金石义例之学”。他们的研究均可视作对碑文文学体裁性质的探讨，但是比较零散浮泛，不成系统。尽管“在当时，他们著作的目的，主要的是在指示写作各体文学的准则；到今天，值得我们参考的却主要的在他们提供了关于古典文学体类及其性质与流变的知识”①。对于人们认识碑文的特点以及写作碑文都有着重要的指导意义，成为后世汉碑文学研究的滥觞。

历代文论家对于碑文文体的理论建构，本文前面已经论述很多。而关于金石义例之学，文学研究者则关注甚少，故而在此稍加阐释。

金石义例之学的形成，是由元代潘昂霄的《金石例》、明代王行的《墓铭举例》、清初黄宗羲的《金石要例》三部著作，即所谓“金石三例”奠定基础的。潘昂霄《金石例》杨植翁序云：“文章先体制而后论其工拙，体制不明，虽操觚弄翰于当时犹不可，况其勒于金石者乎？陆士衡《文赋》论作文体制大略可见，由先秦以来迄于近代，金石之所篆刻，具有体制。好古博雅之士皆不可以不之考也。然而自上徂下，贵贱有等，名器亦因之而异数，叙事纪实，抑扬予夺，必当有所法，自非类聚而通考之，何以見之哉？”②潘昂霄从文体分析入手，详考碑碣起始、树碑制度、书写体例等，就唐宋古文运动（尤其是韩愈的作品）对于墓志、碑铭等石刻的文体所产生的重要影响进行了探讨，并将有关石刻文字体例程式，提纲举要，条分类聚，进行分类概括与类比。《四库全书总目》评价云：

① 吴讷：《文章辨体序说 文体明辨序说》校点前言，人民文学出版社 1962 年版。
② 潘昂霄：《金石例》，文渊阁《四库全书》影印本，第 1148 册，第 292 页。

“其书述叙古制颇为典核，虽所载括例但举韩愈之文，未免举一而废百，然明以来金石之文，往往不考古法，漫无程式，得是书以为依据，亦可谓尚有典型，愈于率意妄撰者多矣。”[①]

潘昂霄《金石例》对各类石刻谈及源流、形制、文体，侧重于碑志文体的归纳。在此基础上后人不断补充、修订，充实各类例证，因此形成金石义例之学。明代王行作《墓铭举例》，主要目的就是补充《金石例》的不足。其中收入十五位唐宋作家的作品，将有关墓志的写作体例分为“正例”、“变例”两种，从讳字、姓氏、乡邑、族出、行治、履历、卒日、寿年、妻子、葬地等逐条分析，概括归纳了墓志文体的主要成分。他认为汉以后由齐梁以至隋唐，诸家文集中墓铭虽传者颇多，但“词皆骈偶，不为典要。惟韩愈始以史法作之，后之文士，率祖其体”[②]，故独取韩愈、柳宗元、欧阳修等唐宋十五家之碑志为例。他对于墓志体例写法的概括归纳，为分析墓志及仿照撰写墓志提供了途径。

黄宗羲《金石要例》，总结金石书写体例三十六则，并对作碑之法进行探讨，在《金石例》等书的传统著述方法的基础上有新的发展，对潘昂霄之书多有辨证补缺，并较早地注意到研究金石体例，应该向上考察唐代以前的碑铭、墓志，认为只有了解碑志的起源，才能了解古人写作碑志时的“义”。他的一些看法都超越了前人，为清代的金石义例类著作开辟了新的天地。虽然《金石要例》注意到唐以前的碑铭墓志，但同《金石例》、《墓铭举例》一样，他们

① 《四库全书总目》卷196，第2755页。

② 同上书，第2756页。

基本上均以汉以后碑志为文例,对于汉碑体例关注甚少。

在上述三种金石义例著作的影响下,清代金石学者不断拓宽视野,进一步使有关研究不断深入,因而出现了梁玉绳的《志铭广例》、李富孙的《汉魏六朝墓铭纂例》、刘宝楠的《汉石例》、吴镐的《汉魏六朝唐代志墓金石例》、王芑孙的《碑版文广例》等著作。通过这些学者周密的考证,透彻的分析,历代碑志文体的时代特征日益明显。但由于学术风气和治学目的的限制,在研究中学者往往将金石例证与古文写作、礼法及义理研究结合起来,往往过分强调礼法、义理,缺乏对于文字体例的普遍规律进行全面深入的考察,时有片面浮泛的地方。随着封建社会的崩溃,金石义例之学衰落,已经少有人问津。但是这些成果,对于我们今天研究汉碑碑文体例、变化规律及时代特点,却具有奠基之功,足资借鉴。

早期的文学史著作,如林传甲《中国文学史》、黄人《中国文学史》、曾毅《中国文学史》、谢无量《中国大文学史》等,明显承袭了传统学术之旨,均采取大文学史观念,文学的界域非常宽泛,与后来之文学理念相去甚远。但在国人自著文学史的历程中掀开了崭新的一页,在研究思路上已有张扬西方文学思潮之意。此期的文学史研究,受传统的观念影响较深,在编写上以文体为主,所收范围较为庞杂,对碑文多有论及。除上述几部著作之外,刘麟生、方孝岳的《中国文学概论》、陈柱的《中国散文史》也对碑铭有所关注。尤其陈著中专辟“碑文家之散文”一节,特列《国三老袁良碑》、《郎中郑君碑》以为例证,论述了汉碑、六朝碑志以至唐人碑铭的大致发展线索,并对汉碑的成就进行了肯定性的评价。刘师培在《中古文学论著三种》中,对于汉碑尤其是蔡邕碑文进行详细研究，他以史料排比钩沉，溯源竟流，对于中古文学变化与文体迁讹、汉魏六朝各家文章进行研究，分析深切入微，见解精要恰当，反映出他成熟的文学史观念及卓越的学术水平。

在《汉魏六朝专家文研究》中，刘师培从总论、学文四忌、谋篇、转折、音节、生气、文质、风格、文学批评等各个方面对汉魏文章进行剖析，共有21节。而在几乎每一节的论述中，往往引蔡邕碑文为例，对蔡邕碑文的成就给予了极高的评价。

蔡中郎之碑铭，迥非并时文人所及。（《中古文学论著三种》，第103页）

汉文气味，最为难学，只能浸润自得，未可摹拟而致。至于蔡中郎所为碑铭，序文以气举词，变调多方；铭词气韵光采，音节和雅，在东汉文人中尤为杰出，固不仅文字渊懿，融铸经诰已也。（第106页）

东汉一代之文皆能镕铸经诰，惟余子仅采用经书之字句组成，而伯喈则能涵咏《诗》、《书》之音节，而摹拟其声调。不讲平仄而自然和雅，此其所以异于普通汉碑也。（第116页）

蔡中郎之碑铭则有华有质，章奏亦得其中。……欲求文质得中，必博观东汉之文，以蔡中郎诸人为法，乃可成家。（第129页）

试贯蔡伯喈所作碑文，但形容事实，不加赞美，而其揄扬已溢于事实之表，赞美与事实融合无间，故文章绝妙。降及六朝，此法渐致乖失。（第139页）

《汉魏六朝专家文研究》中，对于蔡邕碑文的特点及作法的探讨，涉及布局谋篇、隶事用典、行文运笔、锤炼词句、转折贯穿、音节等诸多方面；而在《文心雕龙·诔碑篇口义》中，刘师培以蔡邕《郭泰碑》、《陈寔碑》为例，对蔡邕碑文具体分析，指出其与普通汉碑之区别，之所以成为汉碑典范之所在，条分缕析，擘肌入理，发蒙启聩。较之以往的文论著作，刘师培对于汉碑的文学性研究更为深入，对于汉碑本身文学特征的探讨，对于蔡邕碑文的评价和把握，完全是在整个中国文学流变过程中的一种客观、准确的领悟与分析，代表了当时最重要的研究成果。

"五四"文学革命以后，由于新型文学观念和文学进化观念已经深入人心，很多中国文学理论研究者开始致力于标举纯文学的概念，借鉴西方文学观念，将文学作品分为诗歌、散文、小说、戏剧四大类，散文又多指狭义的"纯文学散文"，与中国古代主流散文观念完全相反，将古代散文类下的许多文体排斥在外。刘经庵《中国纯文学史纲》、金受申《中国纯文学史》、谭正璧《中国文学进化史》、刘大杰《中国文学发展史》的出现，意味着具有现代内涵的文学史学的告成。此后的文学史著作中凡涉及散文方面的内容，鲜见碑文的身影。从胡云翼《新著中国文学史》，一直到新中国成立后在马克思理论指导下、以阶级理论考察文学现象的两套《中国文学史》（分别为中国社会科学院文研所及游国恩等人编写）均是如此。

20 世纪 80 年代后，学者们思想获得解放，原来单一、僵化、两极对峙的局面被打破，研究视角不断更新，研究方法走向多元并存的境地。古典散文的研究取得了令人瞩目的成就，在对古代散文进行界定时,很多学者认为广义的散文观念保持了散文概念的严整性,更符合古代散文发展的实际情况,对长期以来形成的散文观念表示尊重和认同。因此在古代散文发展史上产生过重要影响的碑铭,开始在古代文体、古代散文史、古代传记文学史的研究著作中现身。褚斌杰的《古代文体概论》、陈平原的《中国散文小说史》、韩兆琦主编的《中国传记文学史》、郭预衡的《中国散文史》、张新科的《唐前史传文学研究》等著作,对碑文的起源和归属及其文学性均有概括的论述。谭家健《中国文化史概要》、姜涛《古代传记文学论略》、金邦振《文章体裁辞典》等也都涉及碑文。而在 1997 年出版的《中国文学史》(袁行霈主编)中涉及东汉散文的部分也开始有了对蔡邕碑文的阐述文字。虽然这些对于碑文的文学特征的论述显得简略,但都反映了文学界对碑志的可喜关注。

近十余年来,随着文体研究的兴起,碑文文体开始受到关注。探讨在大的历史文化背景下碑文文体的产生、发展及演进,如程章灿《从金到石 从廊庙到民间——石刻的兴起与文化背景》(《中国典籍与文化》,1995 年第四期)、李士彪《汉魏六朝的禁碑与碑文的演变》(《中国典籍与文化》,1999 年第四期)、黄金明《东汉墓碑文兴盛的社会文化背景》(漳州师范学院学报,2004 年第四期)等文章。一些博士、硕士论文开始从文化和文学的角度审视汉碑,如王银忠《蔡邕碑文研究》(山东大学,2006 年)、余红云《蔡邕思想及其辞赋碑铭研究》(湖南师大,2005 年),高长山《蔡邕文学活动综论》(东北师范大学)这些论文,对于蔡邕碑文的内容、艺术特点、碑文成就都进行了一些探讨;河北大学黄金明的博士论文《汉魏晋南北朝诔碑文研究》,论述了诔文与碑文两种文体在汉魏晋南北朝的形成、发展、演变，其中有关汉碑的相关研究，涉及碑文文体的形成及兴盛、东汉碑文与东汉文学及汉人生命意识等几个方面的问题。李新霞《汉末碑文研究》（河北师大，2007 年），重在展现汉末碑文的兴衰变化、揭示文体演变与社会文化观念之有机联系，并从碑文这一视角对汉末的人物品评进行了观照。李贵银《先唐纪功碑与墓碑的发展与演变》（辽宁师大，2006 年），从文体学角度勾勒了先唐碑文的发展演变轨迹，在汉代重点选取了蔡邕碑文进行分析。另外，与碑文密切相关的诔、铭等文体的研究，如张立兵《论先秦两汉的颂、赞、箴、铭》（西北师大，2004 年）、刘玉珺《先唐铭文研究》（广西师大，2002 年）等，都涉及汉碑的一些内容。这些论文从不同侧面对汉碑文学特征进行了探讨，揭示了汉代碑文文体生成、演进的轨迹，反映了汉碑文学研究的最新面貌。笔者的研究正是在借鉴这些已有成果的基础上，尝试以文化、文学的眼光对汉碑进行更为全面深入的审视和评价。

纵观汉碑的发展历程及其对后世的影响，可以看出，唐以前的魏晋南北朝时期，经过汉代文人的努力和创作，碑文文体正式形成，蔡邕树立了汉碑的典范。这种文体规范一直为后世文人所遵守，而蔡邕则成为六朝文人创作碑铭时取法和准则的对象。汉碑的接受和影响主要体现在碑文的创作领域。而经过六朝的发展，碑文的写作已经形成了僵死的套路。到了唐代，经过韩愈等人的改革，体现新的时代文风和审美观念的碑文典范开始出现。汉碑的文学影响有所削弱，但人们对于汉碑由以前单纯的文体学注目而扩展到历史研究、文字考释、书法赏鉴等诸多方面，汉碑所具有的价值得到充分的发掘和肯定，汉碑的影响进一步扩大。

结 语

碑文是具有丰富历史文化内涵的文体形式。它以特殊的语言形式述颂着一个个逝去的生命，折射出生命所具有的丰富色彩和意义。它源于丧葬礼俗，兴起于汉代，是东汉文士除诗、赋之外着力投入创作的一种文学式样，因此，汉代碑文也是汉代文学发展的一个有机的组成部分。对于汉碑的文学研究，不仅能够使碑文文体在汉代的演变轨迹呈现出来，有助于揭示汉代碑文发展的真实状况，而且对于把握汉代文学的性质、特征及文学演变规律都有重要的意义。通过对汉碑的文学研究，可以得出以下结论：

其一，作为铭墓的一种工具，汉碑的兴起有着特殊的社会文化背景，它是在社会行为与社会需求的直接推动下开始出现的。汉代崇儒重丧，儒家礼教中的孝悌观念是汉代丧葬礼俗的理论核心和指导思想，厚葬为德、传名为孝的观念深入人心，子孙、门生有传扬亡者德绩的责任与义务；同时东汉社会流行的墓祭之俗，使墓地在社会政治文化中的重要地位从此确立，墓祀时标志坟墓所在、象征墓主之物成为必要；士人积极追求生命价值的实现，具有强烈的“建不朽之功，留千载之名”的观念，树碑传名成为士人的追求。在东汉后期，主昏政衰，时局动荡，士人与朝廷疏离，往往通过会葬议谥树碑等活动，激扬声势，裁量执政。在上述因素的作用下,满足了多种需求的碑文应运而生,并迅速走向“碑碣云起”的繁荣局面。可见文体是特定社会文化的产物,社会发展的需要是文体产生和发展最主要的动力,对于碑文这样的实用文体尤其如此。这种满足了社会需求和个人心理、为亡者述颂功德的特殊文体一旦形成,便久盛不衰,成为封建社会中非常流行的一种实用文体,在古代的文学实践和文学理论中一直占有一席之地,其文体地位不可动摇。

其二,作为一种文体形式,它还有自身生成及演变的规律。任何一种新文体的产生,都是先在的所有文学因素共同作用的结果,它往往是两种或两种以上语言形式结合的产物,而一种文体形成后,在发展中,由于社会的需要,又常与其他语言形式结合,产生出新的文体形式。汉碑在其外形逐渐固定的过程中,内容上也逐渐吸收了诸如周代钟鼎铭文、秦代石刻记事文字、汉代墓地建筑刻字、诔文、颂文等其他各种文字因素,将标识记事、铭功颂德、悼亡述哀等多种功能结合起来,到了东汉中期,形成了较为固定的文体结构和语言形式。汉碑文体形式的生成和演变,既表现出多种文体的交流、渗透、融合,也表现出自身各种因素地位的转换,如记事、颂德与述哀成分的前后比例变化等等。而在演进过程中,地区之间也显示出各自的特色及发展水平的差异,这与同时期文学演进的总体趋势是相一致的。

文体首先是一种语言形式。汉碑虽为实用文体,但作为饰终礼典之文,要“标序盛德”,“昭纪鸿懿”,展现出死者的“清风之华”和“峻伟之烈”。要使语言温润,文可咏颂,必须借助于文采之饰。因此汉碑对于语言形式的重视,隶事用典、语求整齐骈偶及多种文学修辞手法的综合运用，均体现了东汉人对于碑文这种实用文体外在形式的审美要求，使东汉中后期的碑文在语言运用上比前期有了质的飞跃。这是碑文受到当时文风和时代潮流的驱动，在语言运用上迎合了当时社会的普遍文化风尚，从而形成一种庄重严肃、雍容高华、古奥雅训的风格。

其次，文体是一种语言形式，但它并不是纯语言现象，人类的生存环境与精神需求才是文体形态创造和发展的内在原因，因此文体语言形式的深层具有丰富的人文内涵。碑文与生命的死亡结合在一起，是人们对生命的体验和表述方式，它对于死亡的哀悼，体现了汉代人的生命观念、灵魂观念和丧葬习俗；对于生命的礼赞，反映了汉代人对于生命意义、社会价值的追求和颂扬。碑文展示和弘扬了汉代社会的价值取向和社会风尚，突出了生命的社会价值，尤其是社会伦理道德价值，真实呈现了汉人以德、孝为尚，以经明兴修、化导天下为重的生命价值观念。这种具有浓厚的儒家思想色彩的生命价值观念决定着人体验世界、把握世界的方式，直接影响着汉代文学的走向。

因此无论是从语言形式，还是从文化内蕴上，汉碑所体现的审美追求和价值观念是和当时的文学发展密切相关的。可以说，汉碑文体的演进，是汉代文学的重要组成部分，从中可以反映出汉代文学发展的一般规律。

其三，从汉碑的成就和影响来说，东汉碑碣云起，才士争秀，竞相投入写作，留下了不少碑文。尤其蔡邕所撰碑文辞采华茂，典雅肃整，文质相扶，体现出很高的文学艺术成就，代表了汉碑的最高水平，成为清以前碑文正体的典范，为后世文人所摹拟取法，在结构布局、语言运用、表现手法上给后人在创作碑文时提供了滋养和借鉴。同时汉碑与其他文学体裁的渗透融合,也成为研究汉代文学发展演变的动态资料。这些都足以使它在文学史上占有一席之地。

但是现代差不多所有的文学史著作论汉代文学,都是分汉赋、乐府、文人五言诗、史传散文四类加以分析、论述,而对于汉代文人着力创作并极其繁荣的碑文这一文学式样却视而不见,碑文在汉代文学史中几乎不占任何位置。这种以现代文学观念对古代文学进行切割的做法是极其不妥的,它不仅不符合古代文学发展的实际状况,而且人为限制了文学研究者的视野。因此在研究汉代文学时,应当突破现代文学观念的局限,充分考虑汉代文学的特殊性,从汉代特有的泛文学观念出发,对当时文体的丰富实践进行符合实际的理解、研究,对碑文等实用文体给予重视。在汉代文学观念中,碑文是文学的重要组成部分,碑文从语言形式上的审美追求如隶事用典、讲究对偶骈俪、注重辞采,一直到文字内容上所反映出的重视社会伦理道德价值,以德、孝为尚,以经明兴修、化导天下为重的生命价值观念,都与汉代文学所表现的特色相一致,汉碑的发展充分反映出汉代的文风和文学思潮。同时汉碑在文体的演进定型和创新过程中,也体现了一般文体演进的普遍规律,对于揭示汉代文学发展的真实状况,增强文学研究的历史性、动态性、整体性,都有重要价值和意义。

尽管如前面所述,现代对汉碑的文学研究已经取得了一些可喜的进展,但总的来说,关注是不够的。汉碑的文学价值并没有得到应有的重视,汉碑的文学地位亦为主流文学研究者所忽视,汉碑文学研究这块园地仍有待发掘开垦。故而本书尝试以文学的眼光对汉碑进行全面的观照审视,意在抛砖引玉,提醒人们对于诗、赋等主流文体之外的其他文体如碑文这种非主流实用文体的关注。

虽然拓荒时艰辛备至,但自觉这是一项有意义有价值的研究,愿以此为契机,将碑志文学研究可持续进行下去,对汉魏六朝至宋元明清碑文文体的建构、发展、衰亡进行考察,勾勒其演变轨迹,揭示碑文在不同时代文化背景中的演进状况,探讨其兴衰原因,进而在一个长期的历史时段中研究归纳碑文文体发展的一般规律,这样的研究应该是更加深入和系统的,得出的结论也将会更加客观全面,而需要投入的时间和精力也会更多。吾虽不敏,愿孜孜以求,终老是乡矣。

主要参考文献

(清)严可均校辑:《全上古三代秦汉三国六朝文》,中华书局1958年版。

(宋)洪适:《隶释 隶续》,中华书局1986年版。

(宋)欧阳修:《集古录》,文渊阁《四库全书》影印本,上海古籍出版社1986年版。

(宋)赵明诚撰,金文明校证:《金石录校证》,广西师范大学出版社2005年版。

(北魏)郦道元注,王国维校:《水经注校》,上海人民出版社1984年版。

(元)潘昂霄:《金石例》,文渊阁《四库全书》影印本。

(明)王行:《墓铭举例》,文渊阁《四库全书》影印本。

(清)黄宗羲:《金石要例》,文渊阁《四库全书》影印本。

(清)王昶:《金石萃编》,扫叶山房石印本,1918年版。

(清)陆增祥:《八琼室金石补正》,希古楼刻本。

(清)叶昌炽撰,柯昌泗评:《语石 语石异同评》,中华书局1994年版。

(清)纪昀等:《四库全书总目》(整理本),中华书局1997年版。

(梁)刘勰撰,范文澜注:《文心雕龙注》,人民文学出版社1958年版。

(梁)刘勰撰,周振甫注释:《文心雕龙注释》,人民文学出版社1981年版。

(梁)萧统:《文选》,上海古籍出版社1986年版。

(明)贺复征:《文章辨体汇选》,文渊阁《四库全书》影印本。

(明)吴讷著,于北山校点:《文章辨体序说》,人民文学出版社1998年版。

(明)徐师曾著,罗根泽校点:《文体明辨序说》,人民文学出版社1998年版。

(清)姚鼐:《古文辞类纂》,中华书局四部备要本。

(清)李兆洛:《骈体文钞》,上海书店1988年版。

(清)康有为撰,崔尔平注:《广艺舟双楫注》,上海书画出版社2006年版。

(清)皮锡瑞著,周予同注释:《经学历史》,中华书局2004年版。

(明)陶宗仪:《说郛》,文渊阁《四库全书》影印本。

(清)顾炎武著,陈垣校注:《日知录校注》,安徽大学出版社2007年版。

(清)赵翼:《陔余丛考》,中华书局2006年版。

(清)赵翼撰,王树民校证:《廿二史札记校证》,中华书局1984年版。

(清)钱大昕:《潜研堂金石文跋尾》,长沙龙氏重刊本。

(清)顾炎武:《金石文字记》,文渊阁《四库全书》影印本。

(清)褚峻、牛运震:《金石经眼录》,文渊阁《四库全书》影印本。

(清)毕沅:《关中金石记》,中华书局1985年版。

(清)刘宝楠:《汉石例》,清同治八年刻本。

(宋)黄伯思:《东观余论》,文渊阁《四库全书》影印本。

(汉)司马迁:《史记》,中华书局1959年版。

(汉)班固:《汉书》,中华书局1962年版。

(宋)范晔:《后汉书》,中华书局1973年版。

(元)郝经:《续后汉书》,文渊阁《四库全书》影印本。

(晋)袁宏:《后汉纪》,文渊阁《四库全书》影印本。

(晋)陈寿:《三国志》,中华书局1959年版。

(唐)房玄龄等:《晋书》,中华书局1974年版。

(梁)沈约:《宋书》,中华书局1974年版。

(唐)姚思廉:《梁书》,中华书局1973年版。

(唐)姚思廉:《陈书》,中华书局1972年版。

(北齐)魏收:《魏书》,中华书局1974年版。

(唐)李百药:《北齐书》,中华书局1972年版。

(梁)萧子显:《南齐书》,中华书局1972年版。

(唐)令狐德棻等:《周书》,中华书局1981年版。

(唐)魏徵等:《隋书》,中华书局1973年版。

(唐)李延寿:《南史》,中华书局1975年版。

(唐)李延寿:《北史》,中华书局1974年版。

(汉)刘熙:《释名》,文渊阁《四库全书》影印本,上海古籍出版社 1987 年版。

(汉)王符撰,汪继培笺:《潜夫论》,上海古籍出版社 1978 年版。

(汉)应劭著,吴树平校释:《风俗通义校释》,天津古籍出版社 1980 年版。

(汉)桓宽著,王利器校注:《盐铁论校注》,中华书局 1992 年版。

(汉)王充著,黄晖校释:《论衡校释》,中华书局 1990 年版。

(汉)班固:《白虎通》,诸子集成本,中华书局 1954 年版。

(汉)刘安著,高诱注:《淮南子》,诸子集成本,中华书局 1954 年版。

(晋)葛洪:《抱朴子》,诸子集成本,中华书局 1954 年版。

(汉)董仲舒:《春秋繁露》,上海古籍出版社 1989 年影印本。

(北魏)杨衒之著,杨勇校笺:《洛阳伽蓝记校笺》,中华书局 2006 年版。

(北齐)颜之推撰,王利器集解:《颜氏家训集解》,上海古籍出版社 1980 年版。

(清)王先谦:《荀子集解》,诸子集成本,中华书局 1954 年版。

(清)孙诒让:《墨子間诂》,诸子集成本,中华书局 1954 年版。

(清)阮元校刻:《十三经注疏》,中华书局 1980 年版。

朱剑心:《金石学》,商务印书馆 1940 年版。

施蛰存:《金石丛话》,中华书局 1990 年版。

杨宽:《中国古代陵寝制度史研究》,上海人民出版社 2003 年版。

杨树达:《汉代婚丧礼俗考》,上海古籍出版社 2000 年版。

马衡:《凡将斋金石丛稿·中国金石学概要》,中华书局 1977 年版。

赵超:《汉魏南北朝墓志汇编》,天津古籍出版社 1992 年版。

周绍良、赵超编:《唐代墓志汇编》,上海古籍出版社 1992 年版。

国家图书馆善本金石组编:《先秦秦汉魏晋南北朝石刻文献全编》,北京图书馆出版社 2003 年版。

赵万里编:《汉魏南北朝墓志集释》,科学出版社 1959 年版。

罗新、叶炜编:《新出汉魏晋南北朝墓志疏证》,中华书局 2004 年版。

金其桢:《中国碑文化》,重庆出版社 2002 年版。

高文:《汉碑集释》,河南大学出版社 1997 年版。

徐玉立:《汉碑全集》,河南美术出版社 2006 年版。

赵超:《中国古代石刻概论》,文物出版社 1997 年版。

黄永年:《古文献学四讲》,鹭江出版社 2003 年版。

金开诚、王岳川主编:《中国书法文化大观》,北京大学出版社 1995 年版。

赵君平编:《邙洛碑志三百种》,中华书局 2004 年版。

赖非:《齐鲁碑刻墓志研究》,齐鲁书社 2004 年版。

文物编辑委员会:《文物考古工作三十年》,文物出版社 1979 年版。

河南南阳汉代画像石学术讨论会:《汉代画像石研究》,文物出版社 1987 年版。

中国社会科学院考古所编:《新中国的考古发现与研究》, 文物出版社 1984 年版。

刘师培:《中古文学论著三种》,辽宁教育出版社 1997 年版。

刘师培:《中国中古文学史讲义》, 上海古籍出版社 2000 年版。

陈柱:《中国散文史》,东方出版社 1996 年版。

刘麟生、方孝岳:《中国文学七论》,广西师范大学出版社 2007 年版。

黄侃:《文心雕龙札记》,中华书局 2006 年版。

陈寅恪:《金明馆丛稿初编》,上海古籍出版社 1980 年版。

陆侃如:《中古文学系年》,人民文学出版社 1985 年版。

刘跃进:《秦汉文学编年史》,商务印书馆 2006 年版。

郭豫衡:《中国散文史》,上海古籍出版社 1986 年版。

陈平原:《中国散文小说史》,上海人民出版社 2004 年版。

游国恩等主编:《中国文学史》,人民文学出版社 1979 年版。

韩兆琦:《中国传记文学史》,河北教育出版社 1992 年版。

褚斌杰:《中国古代文体概论》,北京大学出版社 1990 年版。

郭英德:《中国古代文体学论稿》,北京大学出版社 2005 年版。

陶东风:《文体演变及其意蕴》,云南人民出版社 1994 年版。

吴承学:《中国古代文体形态研究》,中山大学出版社 2000 年版。

童庆炳:《文体与文体创造》,云南人民出版社 1994 年版。

葛晓音:《汉唐文学的嬗变》,北京大学出版社 1990 年版。

张峰屹:《两汉文学思想史》,南开大学出版社 2001 年版。

罗宗强:《魏晋南北朝文学思想史》,中华书局 2002 年版。

于迎春:《汉代文人与文学观念的演进》,东方出版社 1997 年版。

姜书阁:《骈文史论》,人民文学出版社 1986 年版。

张新科:《文化视野中的汉代文学》,中国社会科学出版社 2006 年版。

张新科:《唐前史传文学研究》,西北大学出版社 2003 年版。

郭英德:《中国古代文人集团与文学风貌》,北京师范大学出版社 1998 年版。

萧涤非:《汉魏六朝乐府文学史》,人民文学出版社 1984 年版。

费振刚主编:《先秦两汉文学研究》,北京出版社 2003 年版。

孙明君:《汉魏文学与政治》,商务印书馆 2003 年版。

徐复观:《两汉思想史》,华东师大出版社 2001 年版。

金春峰:《汉代思想史》,中国社会科学出版社 2006 年版。

李泽厚:《中国古代思想史论》,人民出版社 1986 年版。

〔美〕余英时:《士与中国文化》,上海人民出版社 2003 年版。

〔美〕余英时:《东汉生死观》,上海古籍出版社 2005 年版。

吕思勉:《秦汉史》,上海古籍出版社 2005 年版。

黄金明:《汉魏晋南北朝诔碑文研究》,人民文学出版社 2005 年版。

叶国良:《石学蠡测》,台北大安出版社 1989 年版。

〔美〕L. A. 怀特著,沈原等译:《文化的科学》,山东人民出版社 1988 年版。

〔英〕崔瑞德、鲁惟一:《剑桥中国秦汉史》,中国社会科学出版社 1992 年版。

附录　汉碑存佚情况

一、内容留存之汉碑

1. 碑石现存者(刻立时间、出土地域、著录文献)

《三老讳字忌日碑》　光武建武二十八年(52 年)　浙江余姚

《孟孝琚碑》　汉和帝永元八年(96 年)　云南昭通

《王君平阙》　和帝永元九年(97 年)　四川成都

《贾武仲妻马姜墓记》　殇帝延平元年(106 年)　河南洛阳　《河南金石志图正编》

《幽州书佐秦君神道阙》　和帝永元十七年(105 年)　北京西郊

《王稚子阙》　和帝元兴元年(105 年)　四川新都

《汉故安乡侯张禹碑》　永初七年(113 年)　河南偃师

《司徒袁安碑》　安帝元初四年(117 年)　河南偃师

《汉司徒袁敞碑》　安帝元初四年(117 年)　河南偃师

《王孝渊墓碑》　顺帝永建三年(128 年)　四川成都

《汉故益州太守北海相景君铭》　顺帝汉安二年(143 年)　山东济宁　《隶释》六

《故敦煌长史武斑之碑》 桓帝建和元年(147 年) 山东 《隶释》六

《孔谦碣》 桓帝永兴二年(154 年) 山东 《隶释》六

《汉宛令益州刺史李孟初碑》 桓帝永兴二年(154 年) 河南南阳 《两汉金石记》

《孔君墓碣》 桓帝永寿二年(156 年) 山东

《汉故郎中郑固碑》 桓帝延熹元年(158 年) 山东 《隶释》六

《汉泰山都尉孔宙碑》 延熹七年(164 年) 山东曲阜 《隶释》七

《故雁门太守鲜于君碑》 桓帝延熹八年(165 年) 天津武清

《汉故执金吾丞武荣碑》 桓帝永康元年(167 年) 山东嘉祥《隶释》十二

《汉故竹邑侯相张寿碑》 灵帝建宁元年(168 年) 山东《隶释》七

《汉故卫尉卿衡方之碑》 建宁元年(168 年) 山东汶上《隶释》八

《肥致碑》 建宁二年(169 年) 河南偃师

《许阿瞿画像石左方墓志》 建宁三年(170 年) 河南

《汉故博陵太守孔府君彪碑》 建宁四年(171 年) 山东《隶释》八

《司隶校尉杨淮碑》 灵帝熹平二年(173 年) 陕西汉中《隶释》十一

《朐忍令景云碑》　熹平二年(173 年)　吉林

《汉故司隶校尉鲁峻碑》　熹平二年(173 年)　山东济宁　《隶释》九

《汉武都太守扶风茂陵耿勋政绩记》　熹平三年(174 年)　四川　《隶释》十一

《闻喜长韩仁铭》　熹平四年(175 年)　河南荥阳　《两汉金石记》

《豫州从事孔褒碑》　熹平四年(175 年)　山东　《金石萃编》

《故豫州从事尹宙碑》　熹平六年(177 年)　河南长葛　《金石萃编》

《三老赵宽之碑》　灵帝光和三年(180 年)　青海乐都　《陇右金石录》一

《溧阳长潘乾校官碑》　灵帝光和四年(181 年)　江苏溧水　《舆地碑目》

《王舍人碑》　灵帝光和六年(183 年)　山东平度

《郃阳令曹全碑》　灵帝中平二年(185 年)　陕西郃阳　《金石萃编》十四

《尉氏令郑季宣碑》　中平二年(185 年)　《隶续》

《张迁碑》　灵帝中平三年(186 年)　山东东平　《金石萃编》十

《圉令赵君碑》　献帝初平元年(190 年)　河南　《隶释》十一

《巴郡太守樊敏碑》　献帝建安十年(205 年)　四川　《隶

释》十一

《益州太守高颐碑》　建安十四年(209 年)　四川　《隶释》十一

2. **碑石尚存年代失考者**

《酸枣令刘熊碑》　河南　《隶释》五

《故豫州从事孔褒碑》　山东　《金石萃编》十四

《仙人唐公房碑》　陕西汉中　《隶释》三

《袁博碑》　河南　《希古楼金石萃编》

《汉郎中赵菿残碑》　河南南阳

《益州刺史高颐碑》　《八琼室金石补正》七

《朝侯小子残碑》　陕西长安　《希古楼金石萃编》七

《光禄卿刘曜残碑》　《集古录》

《沈君神道阙》　四川

《高颐阙》　四川

《益州太守杨宗墓阙铭》　四川　《金石录》

3. **原石亡佚仅存拓片或翻刻者**

《太尉杨震碑》　陕西　《隶释》十二

《车骑将军冯绲碑》　四川　《全上古三代秦汉三国六朝文》

《高阳令杨著碑》　建宁元年(168 年)　《隶释》十一

《冀州从事张表碑》　建宁元年(168 年)　《隶释》八

《郭泰碑》　《水经注》

《汉北海淳于长夏承碑》　建宁三年(170 年)　河北　《隶释》八

《玄儒娄先生碑》　熹平三年(174 年)　湖北　《隶释》九

《凉州刺史魏元丕碑》　光和四年(181 年)　《隶释》十

《繁阳令杨君碑》　熹平三年(174 年)　陕西　《隶释》九

《幽州刺史朱龟碑》　灵帝中平二年(185 年)　亳州　《隶释》十

《小黄门谯敏碑》　灵帝中平四年(187 年)　《隶释》十一

4. 碑、拓均佚而内容藉金石著作以传者

碑有纪年者

《谒者景君墓表》　安帝元初元年(114 年)　《隶释》六

《郯令景君阙铭》　元初四年(117 年)　《隶释》六

《国三老袁良碑》　顺帝永建六年(131 年)　《隶释》六

《严䜣碑》　桓帝和平元年(150 年)　《隶续》三

《从事武梁碑》　桓帝元嘉元年(151 年)　《隶释》六

《平都侯相蒋君碑》　元嘉二年(152 年)　《隶释》六

《郎中王政碑》　元嘉三年(153 年)　《隶续》一

《吉成侯州辅碑》　桓帝永寿二年(156 年)　《隶释》十七

《丹阳太守郭旻碑》　桓帝延熹元年(158 年)　《隶续》三

《议郎元宾碑》　桓帝延熹二年(159 年)　《隶续》六

《中常侍樊安碑》　延熹三年(160 年)　《隶续》六

《封丘令王元宾碑》　延熹四年(161 年)　《隶续》十九

《成皋令任伯嗣碑》　延熹五年(162 年)　《隶续》十五

《冀州刺史王纯碑》　延熹五年(162 年)　《隶释》七

《平舆令薛君碑》　延熹六年(163 年)　《隶续》一

《都乡孝子严举碑》　延熹七年(164 年)　《隶续》十一

《山阳太守祝睦碑》　延熹七年(164 年)　《隶释》七

《山阳太守祝睦后碑》　延熹九年(166 年)　《隶释》七

《荆州刺史度尚碑》 桓帝永康元年(167年) 《隶释》七

《沛相杨统碑》 灵帝建宁元年(168年) 《隶释》七《金石萃编》十二

《金乡长侯成碑》 建宁二年(169年) 《隶释》八

《孝廉柳敏碑》 建宁二年(169年)《隶释》八

《郎中马江碑》 建宁三年(170年) 《隶释》八

《武都太守李翕碑》 建宁四年(171年) 《金石萃编》十四

《慎令刘修碑》 建宁四年(171年) 《隶释》八

《北军中侯郭仲奇碑》 建宁五年(172年) 《隶释》九

《廷尉仲定碑》 灵帝熹平元年(172年)《金石录》十六

《故民吴仲山碑》 熹平元年(172年) 《隶释》九

《广汉属国侯李翊碑》 熹平二年(173年) 《隶释》九

《桂阳守周憬功勋铭》 熹平三年(174年) 《隶释》四

《堂邑令费凤碑》 熹平六年(177年) 《隶释》九

《费凤别碑》 熹平六年(177年) 《隶释》九

《太尉陈球碑及碑阴》 灵帝光和二年(179年) 《隶释》十

《陈球后碑》 光和二年(179年) 《隶释》十

《冀州从事郭君碑》 光和三年(180年) 《隶续》十九

《童子逢盛碑及阴》 光和四年(181年) 《隶释》十

《藁长蔡湛颂》 光和四年(181年) 《隶释》五

《安平相孙根碑及阴》 光和四年(181年) 《隶释》十

《梁相孔耽神祠碑》 光和五年(182年) 《隶释》五

《汉成阳令唐扶颂》 光和六年(183年) 《隶释》五

《司隶从事郭究碑》 灵帝中平元年(184年) 《隶释》十

《外黄令高彪碑》　中平二年(185 年)《隶释》十

《太尉刘宽碑》　中平二年(185 年)《隶释》十一

《刘宽后碑》中平四年(187 年)《隶释》十一

《赵相刘衡碑》　中平四年(187 年)　《隶释》十七

《富春丞张君碑》　《隶释》十七

《巴郡太守张纳功德叙》　中平五年(188 年)　《隶释》五

《绥民校尉熊君碑》　献帝建安二十一年(216 年)　《隶释》十一

《司徒掾梁休碑》　建安二十七年(222 年)　《隶续》一

碑无纪年者

《梁相费汎碑》　《隶释》十一

《荆州从事苑镇碑》　《隶释》十二

《执金吴丞武荣碑》　《隶释》十二

《督游斑碑》　《隶释》十二

《浚仪令衡立碑》　《隶释》十二

《戚伯著碑》　《隶释》十二

《赵相雍劝阙碑》　《隶释》十二

《先生郭辅碑》　《隶释》十二

《相府小史夏堪碑》　《隶释》十二

《李翊夫人碑》《隶释》十二

《司徒掾梁休碑》《隶续》一

《防东尉司马季德碑》《隶续》一

《秦君碑》　《金石文字记》

内容剥缺仅留残章者

《郎中郭君碑》《隶释》十七

《李昭残碑》　安帝元初五年(118年)《金石续编》一

《阳嘉残碑并阴》　顺帝阳嘉二年(133年)《八琼室金石补正》三

《金恭碑》《隶释》十三

《冯焕残碑》《隶释》十三

《郎中郭君碑》《隶释》十七

《广汉属国都尉丁鲂碑》　元嘉元年　《隶释》十七

《南阳太守秦颉碑》《隶释》十七

《益州太守无名碑》　永寿元年(155年)《隶释》十七

《费亭侯曹腾碑阴》　延熹三年(160年)《隶释》十五

《司空孔扶碑》　建宁元年(168年)《隶续》十一

《陈德碑》　建宁四年(171年)《金石萃编》十三

《司空宗具碑》　熹平二年(173年)《隶释》十八

《太丘长陈寔坛碑》《隶释》十八

《县三老杨信碑》《隶释》十八

《斥章长田君断碑》　熹平六年(177年)《隶续》二十

《太尉郭禧碑》　光和二年(179年)《隶续》十九

《王知残碑》　中平二年(185年)《金石续编》一

《陈度碑》　中平四年(187年)《隶续》十九

《孔君墓碣》　永寿元年(155年)《金石萃编》九

《司空掾陈寔残碑》　中平五年(188年)《隶释》十九

《临朐长仲君碑》《金石录》

《黄香墓碑》《汉阳太守碑》《上谷长史侯相碑》

《堵阳长刘子山断碑》　建宁元年(168 年)《隶续》二十

《益州刺史薛君巴郡太守刘君碑》《隶续》一

《司空残碑》《隶续》一

《处士严发残碑》《隶续》一

《司农刘夫人碑》《隶续》二

《任君残碑阴》《隶续》二

《广野君庙碑》《水经注》

5. 碑文录存于文集者

《河间相张平子碑》《古文苑》

《刘梁碑》《北堂书钞》

《征士法高卿碑》《艺文类聚》三十七

《处士国文甫碑》　建安十七年(212 年)　《艺文类聚》三十七

《张俭碑铭》　建安三年(198 年)《艺文类聚》四十九

《荀彧碑》　建安十七年(212 年)《艺文类聚》四十八

以下为蔡邕文集所收

《琅邪王傅蔡朗碑》　永兴二年(154 年)

《玄文先生李休碑》　永寿二年(156 年)

《汝南周勰碑》　延熹二年(159 年)

《朱穆坟前方石碑》　延熹六年(163 年)

《朱穆鼎铭》　延熹六年(163 年)

《太尉杨秉碑》　延熹八年(165 年)

《王子乔碑》　延熹八年(165 年)

《荆州刺史度尚碑》 延熹九年(166年)

《陈留太守胡硕两碑》 建宁元年(168年)

《童幼胡根碑》 建宁二年(169年)

《交趾都尉胡府君夫人黄氏神诰》 建宁二年(169年)

《处士圈典碑》 建宁二年(169年)

《太傅安乐侯胡公夫人灵表》 建宁三年(170年)

《郭泰碑》 建宁四年(171年)

《太傅胡广三碑》 熹平元年(172年)

《彭城姜肱碑》 熹平二年(173年)

《太尉李咸碑》 熹平四年(175年)

《伯夷叔齐碑》 熹平五年(176年)

《尚书郎桓彬残碑》 光和元年(178年)

《太尉陈球碑》 光和二年(179年)

《京兆尹樊陵颂碑》 光和五年(182年)

《何休碑》光和五年(182年)

《司徒袁公夫人马氏碑》光和七年(184年)

《太尉乔玄碑并阴》 中平元年(184年)

《太尉刘宽碑》 中平二年(185年)

《范丹碑》 中平二年(185年)

《太尉杨赐四碑》 中平二年(185年)

《陈寔三碑》 中平三年(186年) 中平五年(188年)

《议郎胡公夫人哀赞》 中平四年(187年)

《司空袁逢碑》 残

《司空房桢碑》 残

《翟先生碑》　残

《袁满来碑》

《郡掾吏张玄祠堂碑》

《袁乔碑》　残

《袁成碑》　残

《杨复碑》　残

《赵历碑》　残

《何休碑》　残

《贞定直父碑》　残

二、石、文已佚仅存碑名者

郦道元《水经注》所录碑名

《荆州刺史李纲碑》(熹平元年)《越碑》(建宁中)

《李云碑》《汉上谷太守议郎张平仲碑》(光和中)

《孝子王立碑》《汉冀州从事安平赵征碑》

《汉邠州刺史赵融碑》(建安元年)《张明府祠碑》

《郭奉孝碑》《安定梁严碑》

《汉弘农太守张伯雅碑》《汉平阿侯王谭墓碑》

《袁梁碑》《司徒袁滂碑》

《汉蔡昭墓碑》《博平令袁光碑》

《蜀郡太守袁腾碑》《汉温令许续碑》(延熹中)

《汉尚书令虞诩碑》《汉阳台令许叔仲碑》(光和中)

《汉故乐成陵令太尉掾许婴碑》(建宁)《曹嵩碑》

《故颍川太守曹褒碑》(延熹九年) 《元节碑》

《汉故长水校尉曹炽碑》(熹平六年) 《汉谒者曹胤碑》(熹平六年)

《汉文穆碑》(光和中) 《汉熹平残碑》

《汉太傅掾桥载碑》(熹平五年) 《汉故绎幕令碑》

《司徒盛允碑》(延熹) 《单父令杨彦碑》(光和中)

《汉某君碑》(熹平中) 《尚书郎杨禅碑》(光和)

《汉东平宪王苍碑》(元和二年) 《有道倪君碑》

《汉青州刺史孙嵩碑》 《孙宾硕碑》

《汉司农卿郑康成碑》 《汉太尉李固碑》

《汉太尉长史张敏碑》 《汉左雄碑》

《日南太守胡著碑》 《樊重碑》

《汉若令樊萌碑》 《新息长贾彪碑》

《汉阳侯焦立碑》 《汉安邑长尹俭碑》(中平四年)

《汉南郡太守程坚碑》 《曹娥碑》

《汉孝女碑》 《汉龚胜碑》

《集古录》所录碑名 《孔德让碣》 《敬仲碑》

《金石录》所录碑名

《吴郡丞武开明碑》(建和二年) 《广汉县令王君神道》(建宁元年)

《尉氏令郑君碑》(中平二年) 《冯焕墓阙铭》

《张侯残碑》 《仲君碑》(建宁五年)

《郎中王君碑》(光和元年) 《南武阳墓阙铭》(元和三年)

《颍阳令宋君残碑》 《张公庙碑》

《阳都长徐君冢阙铭》《逢君残碑》
《山阳卒史司马留碑》《首山复民碑》
《钟君碑》《高君墓阙铭》
《武阳令高君墓阙铭》

《天下碑录》所录碑名

《汉陈留太守程封碑》《汉执金吾高褒碑》
《汉太尉高峻碑》《汉袁腾碑》
《汉西平令杨期碑》《汉征西大将军杨瑾碑》
《汉边韶碑》《汉边让碑》
《汉董袭碑》《酸枣令母丘悦碑》
《汉上谷太守张玶碑》《汉敏勖碑》
《汉熊敏碑》《汉贾敏碑》
《汉李固碑》《汉刘班碑》
《汉左伯桃碑》《汉苏武功碑》
《汉太守樊演碑》《汉司徒刘奇碑》
《汉刘党碑》《汉金城太守杨统碑》
《汉刘歆碑》《汉丁仪碑》
《汉阳翟令许叔台碑》《汉兖州从事丁仲礼碑》
《汉乐陵令太尉掾许婴碑》《汉彭府君碑》
《汉刘熙碑》《汉御史大夫郑君碑》
《汉孔庞碑》《汉司农孔峡碑》
《汉尚书郎河东太守孔宏碑》《汉御史孔翊碑》
《汉博士孔志碑》《汉尊士倪寿碑》
《汉侠伯咸碑》《汉少傅何君碑》

《汉马援庙碑》《汉御史大夫郗虑碑》

《汉童恢墓双石阙》《汉费令田君德政碑》

《汉孙嵩碑》《汉筑阳侯相景豹碑》

《汉侍中王逸碑》《汉南阳太守秦君碑》

《汉仆射荀公碑》《汉蔡昭碑》

《汉罗训墓志》《汉南昌太守谷所碑》

《汉青州刺史刘焉碑》《汉胡腾碑》

《汉罗含志》《汉杨侯伯墓碑》

《汉广汉太守沈子璩碑》《汉马融墓碣》

《汉严君平庙前碑二》《汉上雍长阙文》

《汉刺史李项碣》《汉张翼碣》

《汉中令杨畅墓碑》《汉沛相剑门范皮墓阙文》

《汉王褒墓碑》

后　记

两年前一个春光明媚的早晨，我终于写完了本书的最后一个字。虽然后面还有繁复的修改工作，但是我还是掩卷沉思，感到从未有过的轻松与欣慰。窗外不知不觉间流光偷换，寒冰消融，已是春天。拂面风里，送来了鸟儿久违的啁啾。大地初醒，万物萌动，几年来困于书斋、身心疲惫的我终于又可以安然享受时序变化带来的喜悦了。

读博士的几年里，我一直处于一种忐忑不安的焦虑状态。因为自己原本是考古出身，后来投身古籍整理和辞典编纂，虽然也有一些粗浅的古文功底和文学爱好支撑，但是对于古典文学总归缺乏系统深入的了解和掌握，故而底气不足，为能否完成博士论文而困惑。因此在选题上就颇费周折，既要能和文学研究结合起来，又必须扬长避短。在很长时间的斟酌考虑之后，我决定以汉碑作为研究对象，以文学的眼光对其进行审视，探讨碑文在汉代的演变情况及规律。

我一直比较关注碑志，本科学习考古涉及碑刻，研究生时论文题目为"《金石录》和《集古录》的史料价值"，主要论述唐代碑刻的史料价值。可以说积累了一些相关的知识，也有一定的研究基础。但古代碑刻的研究，一直是以传统的金石考据方法为主，着重于语言文字考释、考证经史、书法源流及鉴赏等方面，而对于其文学价值及文体意义则很少探讨。现代文学研究者囿于现代的文学观念，将碑文摈弃于文学研究之外，虽然近些年来文体研究日成热点，但对于碑文的文学研究仍然只是起步阶段。因此“汉碑文学研究”这个选题，具有学术研究的意义，而又能兼顾自己知识积累和基础，得到了导师张新科教授的肯定。

搜集资料、撰写论文的过程是枯燥而漫长的，我几乎查阅了所有能够找到的资料，所作的摘录笔记亦近几十万字，力求将论文写得扎实一些。同时也由于家事牵率，深感精力不济，因此不得不放慢了速度。三年之外，更历寒暑，乃得就绪。

本书在撰写的过程中，从论题的形成、提纲的设计、到最后定稿，我的导师张新科先生都给予了悉心的指导，倾注了很多的精力，大到章节结构的调整，小到具体的论证，甚至措词、标点，张老师都提出了修改建议。张老师严谨审慎的治学态度，渊博深厚的学养，使我深受启迪，获益良多。在此谨向张老师和师母李红老师表示衷心的感谢！

本书还曾得到陕西师大张学忠教授、魏耕源教授、傅绍良教授、吴言生教授、刘生良教授，西北大学李浩教授的指点；学长赵望秦教授、王其祎研究员、周晓薇教授都曾为此文的撰写提出过宝贵建议；好友北师大罗新慧教授从北京寄来所需资料；陕西师大辞书所迟铎教授、白玉林副教授以及其他一些同事、朋友对我经常勉励有加；答辩过程中，霍松林先生、赵逵夫先生对论文亦予以了充分肯定。这些指导、帮助与关怀，将使我铭感终生，借此机会对他们表示我诚挚的谢意。

尤其要郑重感谢我的硕士导师黄永年先生，正是由于先生的辛勤培养、系统严格的学术训练，使我打下了较好的文献功底，为后来的学术研究铺垫了根基。先生道德文章，垂范后昆，令我不胜景仰，获益匪浅。当我博士论文题目初定，前去向他请教时，当时先生已经抱病在身，但还是耐心和蔼地对我的选题予以首肯，并提出了几点意见，鼓励我把论文做好。而如今论文杀青，先生却已作古，“汉世之事，谁与正之？”马融之叹蔡邕，今日方知其沉痛。借用汉碑之言，先生虽逝，但是“身没誉存，休声载路”。愿以此文，祭告吾师。

本书得以出版，有赖于陕西师范大学各级领导的支持，获得了校级出版基金及“211工程重点学科建设项目”资助；书稿付梓，又承蒙商务印书馆编辑同志细致谨严的工作，改正了若干缺漏，为本书增色不少，特此致谢。

在写作中，虽然时时感到才思枯竭、力不从心，亦经常灰心绝望，但是家人的理解、支持和安慰总能让我感到温暖。父母永远是我坚强的后盾，给予我最无私的援助，他们在花甲之年仍然孜孜好学的精神不断促我振作。丈夫赵振斌帮我分担生活中的琐碎事务，使我能够安心读书。当我在电脑前苦思冥想时，女儿也会端来一杯热茶放在案头，然后悄悄地掩门出去……所有这一切，都使我感荷永怀，成为我继续前行的动力。

几年的光阴，改变的不仅是容颜。愿怀感恩之心，在喧嚣扰攘之世，坐拥书城，沉潜学海，“万卷古今消永日，一窗昏晓送流年”，上无愧师长教诲，下以偿平生夙愿。人生若此，自是至乐，夫复何求？

何如月

2010年4月于古城西安

么可能说得清呢？她是个生物学博士，刚刚回国不到一个月，一辈子都没和商业或金融打过交道，更不必说秘密商业调查了。但Steve并不打算施舍丝毫的怜悯。他用冰冷的目光，狠狠盯住那双美丽而惶恐的眼睛。这本来就是一个弱肉强食的世界。做不了猎手，就只能做别人的猎物。他用低沉而冰冷的声音对她说：

“我们的产品，是秘密。值钱的秘密。”

第一稿，2014 年 10 月 11 日

第二稿，2014 年 11 月 20 日